普通高中新课程新教材实施国家级示范区（常州）实践探索丛书

普通高中教师专业发展的实践探索

本册主编
姚 奕
本册作者
张 玲 孙 旭

U1002434

江苏鳳凰教育出版社
Phoenix Education Publishing, Ltd

图书在版编目(CIP)数据

普通高中教师专业发展的实践探索 / 完利梅，戚宝华主编. --南京：江苏凤凰教育出版社，2023.12

ISBN 978-7-5743-0278-5

Ⅰ. ①普… Ⅱ. ①完… ②戚… Ⅲ. ①高中-教师-师资培养-研究 Ⅳ. ①G635.12

中国国家版本馆 CIP 数据核字(2024)第 023828 号

书　　名	**普通高中教师专业发展的实践探索**
主　　编	完利梅　戚宝华
责任编辑	郝春意
装帧设计	许　畅
出版发行	江苏凤凰教育出版社(南京市湖南路 1 号 A 楼　邮编 210009)
苏教网址	http://www.1088.com.cn
排　　版	南京展望文化发展有限公司
印　　刷	江苏凤凰数码印务有限公司(电话：025－83657300)
厂　　址	南京市鼓楼区湖北路 83 号
开　　本	787 毫米×1092 毫米　1/16
印　　张	13
版　　次	2023 年 12 月第 1 版
印　　次	2023 年 12 月第 1 次印刷
书　　号	ISBN 978－7－5743－0278－5
定　　价	52.00 元
网店地址	http://jsfhjycbs.tmall.com
公 众 号	苏教服务(微信号：jsfhjyfw)
邮购电话	025－85406265，025－85400774
盗版举报	025－83658579

苏教版图书若有印装错误可向出版社调换

编 委 会

主 编

完利梅 戚宝华

副主编

邓小进 韩志祥 潘正凯 丁 静

编 委

曹新跃 姚 奕 黄惠涛 周冬英 朱禾勤

目录
CONTENTS

第一章
教师专业发展综述

教师是教育发展的第一资源，他们不仅是知识的传授者，更是学生成长的引导者。人们一致认为，教师的质量就是教育的质量，教育的差距归根结底是教师的差距。教师专业发展对于提高教育质量、促进学生成长、适应教育变革和推动社会进步具有重要意义。通过专业发展，教师可以持续更新教育理念和教学方法，获得更丰富的教学经验，提升专业素养，得到专业认可，增强职业幸福感，实现个人的社会价值。同时，也可以为教育改革提供有力支持，促进教育体制改革。

第一节　基于时代背景的教师专业发展

党和国家历来高度重视教师工作，坚持把教师队伍建设作为教育的基础工作抓紧抓实，采取了一系列措施来提高教师素质和提升教师地位，指导引领新时代教师专业发展，取得了历史性成就。教师教育制度体系逐步健全，教师教育改革不断深化，教师队伍整体素质和专业化水平持续提升，强有力地支撑起世界最大规模的教育体系，源源不断地为我国经济社会发展提供着智力支持。

一、指导思想

百年大计，教育为本；教育大计，教师为本。教师承担着传播知识、传播思想、传播真理的历史使命，肩负着塑造灵魂、塑造生命、塑造人的时代重任，是国家富强、民族振兴、人民幸福的重要基石。党和国家历来高度重视教育事业和教师工作。

党的十八大报告强调，“教育是民族振兴和社会进步的基石”，并明确提出，“加强教师队伍建设，提高师德水平和业务能力，增强教师教书育人的荣誉感和责任感”。这一重要论述，既延续了长期以来党和国家对广大教师的期许和希望，也是在办好人民满意的教育、服务全面建成小康社会总体目标的基础上，对教师专业发展提出的新要求。要推动教师专业发展，必须深入学习、贯彻落实党的十八大精神，准确把握教育发展的新形势，准确理解十八大报告关于教师专业发展的新要求，并准确定义教师专业发展的新内容，切实提高教师的师德水平和业务能力，增强教书育人的荣誉感和责任感。“努力办好人民满意的教育”是教育发展的新任务，也是教师专业发展面临的新要求，教师专业发展必须与时俱进，努力实现十八大报告提出的各项教育目标和任务。

党的十九大报告指出，“建设教育强国是中华民族伟大复兴的基础工程”，并明确提出“加强师德师风建设，培养高素质教师队伍，倡导全社会尊师重教”的要求。在十九大胜利闭幕后一个月召开的十九届中央全面深化改革领导小组首次会议上，审议通过了《关于全面深化新时代教师队伍建设改革的意见》，系统阐述了全面深化教师队伍建设的战略意义、指导思想、基本原则，对新时代教师队伍建设提出了新要求、新任务，并指明了工作目标、重点以及落实的新路径。这对新时代的教师队伍建设进行了前瞻性的谋划，体现出党中央对教师工作的高度重视，饱含着习近平总书记对广大教师的殷切关怀。

进入新时代后的第一次全国教育大会上，习近平总书记对教师队伍建设提出了新的要求。会议强调，要深入贯彻《关于全面深化新时代教师队伍建设改革的意见》，全面落实高素质、专业化、创新型的教师队伍建设目标。对于教师培训工作，会议提出，要继续坚持内涵式发展，强化师德师风建设，持续完善和落实教师培训、评价等制度，积极践行线上线下相结合的混合模式，注重发挥关键人群的带动和领先模式的示范作用，落实经费和制度保障，满足教师专业发展需要，让广大教师安心从教、热心从教。

习近平总书记在全国政协十三届四次会议医药卫生界、教育界联组会上强调："有高质量的教师，才会有高质量的教育。做好老师，就要执着于教书育人，有热爱教育的定力、淡泊名利的坚守，就要有理想信念、有道德情操、有扎实学识、有仁爱之心。"习近平总书记对教师群体的角色定位和使命担当提出新的更高要求，为教师专业发展指明了目标和方向。有理想信念、有道德情操、有扎实知识、有仁爱之心，争当"四有"好教师，这是新时代对广大教师提出的新要求，也是广大教师内化于心的使命与担当。

党的二十大报告提出"加快建设高质量教育体系，发展素质教育，促进教育公平"，"加强师德师风建设，培养高素质教师队伍，弘扬尊师重教社会风尚"。可见，"围绕教育大方向、大方针、大任务、大目标，只有加快建设高质量教育体系，才能更好地发展素质教育，才能有效地促进教育公平。而建设高质量教育体系，需要教育的要素优化、结构调整、模式创新、机制改革、方法更新、功能强化，从而为党育人、为国育才，并为科技的自立自强、人才的引领驱动，注入强大的生机与活力。在各教育要素中，最活跃、最关键的要素是教师，教师素质的高低在很大程度上决定着教育质量的高低"。教师队伍是科技强国的关键支撑，也是人才强国的重要保障，新时代迫切要求打造高素质专业化创新型教师队伍，教育综合改革推进迫切需要打造充满活力的教师队伍。推进新时代高质量教师队伍建设，要坚持党对教师工作的全面领导，加强教师思想政治与师德师风建设；要营造尊师重教的浓厚氛围，不断提升教师职业吸引力；要推进实施新时代基础教育强师计划，为基础教育培养立德树人之师；要应对教育发展新形势，优化调整教师队伍建设布局。

党的二十大报告高位谋划了全面建设社会主义现代化国家的路径，就建设教育强国、科技强国、人才强国做了重要部署。教师是教育高质量发展的第一资源，是科技自立自强的关键支撑，是人才队伍建设的重要保障，贯彻落实党的二十大精神需要打造新时代高质量教师队伍。

在第三十九个教师节到来之际，习近平总书记致信全国优秀教师代表，向全国广大教师致以节日的问候与诚挚的祝福。习近平总书记在致信中，鲜明地指出了中国特有的教育家精神的深刻内涵，即“心有大我、至诚报国的理想信念，言为士则、行为世范的道德情操，启智润心、因材施教的育人智慧，勤学笃行、求是创新的躬耕态度，乐教爱生、甘于奉献的仁爱之心，胸怀天下、以文化人的弘道追求”。他还在信中勉励全国广大教师要以教育家为榜样，大力弘扬教育家精神，牢记为党育人、为国育才的初心使命，树立“躬耕教坛、强国有我”的志向和抱负，自信自强、踔厉奋发，为强国建设、民族复兴伟业做出新的更大贡献。习近平总书记的重要指示，不仅为教师队伍建设提供了根本遵循，也为教育强国建设注入了强劲动力。

在教育现代化发展的进程中，我国始终坚持党对教师专业发展的领导，强化党对教师专业发展领导的方向性、战略性、全面性；坚持贯彻兴国必先强师的优先发展理念，构建优质均衡高效的教师培养体系，持续提升教师教育的战略地位；推进“融合的教师教育”，深化知行合一理念，推进理论学习与实践运用互相促进；深化全面发展理念，推进学科素养与教育素养同频共振；全面深化教师教育改革，加大财政投入、扩大规模体系、新增多元培养方案，促进教师教育机构与教育模式的改革升级，促使教师教育体系从“有质量”向“高质量”发展转型，努力办好人民满意的教育。

二、顶层设计

党的十八大以来，以习近平同志为核心的党中央以更加深邃的眼光和宽广的视野，对新时代教师专业发展做出顶层设计，使教师发展愈发规范化、科学化和体系化，教师队伍建设取得显著成效。教师的初心是立德树人，使命是为党育人、为国育才。教师队伍建设的总体目标是建设高素质专业化创新型教师队伍，主要内容是加强师德师风建设、提升专业素质、完善管理制度、提高地位待遇，根本保障是加强党的全面领导。

（一）关于教师专业发展的重大专项政策

1.《关于全面深化新时代教师队伍建设改革的意见》（中发〔2018〕4号）

为造就党和人民满意的高素质专业化创新型教师队伍，2018年1月20日，中共中央、国务院印发《关于全面深化新时代教师队伍建设改革的意见》（以下简称《意见》）。《意见》亮点突出、目标明确、任务清晰，是新中国成立以来，首个以党中央、国务院名义印发的专门面向教师队伍建设的里程碑式政策文件，也是今后全国加强教师队伍建设的根本指南和纲领性文件，开启了新时代教师队伍建设的新征程、新气象、新篇章，标志着我国教师队伍建设朝着高标准、高质量方向迈进，具有重大的历史和现实意义。

《意见》抓住新时代社会主要矛盾的变化和教育领域主要矛盾的转变，抓住教师队伍建设中亟待解决的关键问题，以踏实的行动，推动切实解决好制约教师队伍建设改革的深层次问题和弥补体制缺憾，把教师队伍建设改革推向新的高度。《意见》强调着力提升教师的思想政治素质，全面加强师德师风建设；大力振兴教师教育，不断提升教师专业素质能力；深化教师管理综合改革，切实理顺体制机制；不断提高地位待遇；切实加强党的领导，全力确保政策举措落地见效。这是我们实现高起点谋划和推进教育改革的重要纲领性文件，是推动教育改革向前发展的“牛鼻子”，标志着教师队伍建设的“极端重要性”战略地位成为共识，教师队伍建设改革迎来重要的战略机遇期。《意见》为全面加强教师队伍建设指明了方向，强调要把全面深化新时代教师队伍建设作为教育“奋进之笔”的攻坚战和持久战，从战略和全局高度充分认识教师工作的极端重要性，把全面加强教师队伍建设作为一项重大政治任务和根本性民生工程切实抓紧抓好，从而加快教育现代化、建设教育强国的新征程，以更美好的教育新时代助力中国特色社会主义的新时代。

2.《新时代基础教育强师计划》(教师〔2022〕6 号)

为贯彻落实习近平总书记关于教育的重要论述，特别是关于教师队伍建设的重要讲话精神，全面深化新时代教师队伍建设改革，加强高水平教师教育体系建设，培养造就高素质专业化创新型中小学教师队伍，着力构建优质均衡的基本公共教育服务体系，推动教育高质量发展，2022 年 4 月 2 日，教育部、中央宣传部、中央编办、国家发展改革委、财政部等八部门联合印发《新时代基础教育强师计划》(以下简称《强师计划》)，明确涵盖提升教师能力素质、推动优质师资均衡、加强教师教育体系建设、深化管理综合改革等方面的 15 条措施，进一步加强基础教育教师队伍建设。

《强师计划》以高素质教师人才培养为引领，以高水平教师教育体系建设为支撑，以提升教师思想政治素质、师德师风水平和教育教学能力为重点，提出新时代基础教育教师队伍筑基提质、补短扶弱、做优建强的思路举措，促进教师数量、素质、结构协调发展，推动教师队伍建设创新：一是以高水平师范院校为引领，加强教师教育体系建设。二是以创新人才培养为目标，提升教师培养层次。三是以中西部欠发达地区教师为重点，推动师资优质均衡。四是以深化评价改革为牵引，提升教师队伍治理水平。落实教育评价改革要求，严格落实师德师风第一标准。五是以信息技术应用为抓手，推动教师队伍建设提质增效。

立足“十四五”、面向 2035，《强师计划》提出，到 2025 年，建成一批国家师范教育基地，形成一批可复制可推广的教师队伍建设改革经验，培养一批硕士层次中小学教师和教育领军人才，完善部属师范大学示范、地方师范院校为主体的农村教师培养支持服务体系，欠发达地区中小学教师紧缺情况逐渐缓解，教师培训实现专业化、标准化，教师发展保障有力，教师队伍管理服务水平显著提升。到2035年，适应教育现代化和建成教育强国要求，构建开放、协同、联动的高水平教师教育体系，建立完善的教师专业发展机制，教师数量和质量基本满足基础教育发展需求，教师队伍整体素质和教育教学水平明显提升，尊师重教蔚然成风。

（二）对教师地位与价值的高度肯定和深刻阐释

党的十八大以来，党和国家从新时代发展的要求出发，从国家富强、民族振兴、人民幸福、教育事业发展等多重维度高度肯定了新时代教师的地位与价值。

从教育事业发展维度来看，教师在教育事业中的地位与价值不可忽视。教师是社会发展的重要支柱，对学生的成长和社会的进步起着至关重要的作用。党和国家始终强调，教师是教育发展的第一资源，是培养社会主义建设者和接班人的重要力量，承担着培养人才、传播文化、引领社会进步的重要责任，要始终保持对教师地位和价值的高度重视，并呼吁全社会共同关心、支持和尊重教师，为教育事业的发展提供有力支持。2013年，习近平总书记在教师节给全国广大教师的慰问信中就强调"教师是立教之本、兴教之源"。在2018年全国教育大会上，习近平总书记又把对我国教育事业的规律性认识概括为"九个坚持"，其中就包括"坚持把教师队伍建设作为基础工作"。2019年，中共中央、国务院印发的《中国教育现代化2035》中指出："高素质专业化创新型教师队伍是加快教育现代化的关键。要坚持把教师队伍建设作为基础工作。"诸如此类的政府文件还有很多，肯定了教师的地位和价值，旨在保障教师的合法权益，提高教师的职业素养和专业水平，促进教育事业的发展。

从国家富强的维度来看，"国将兴，必贵师而重傅"。《意见》指出，要"坚持兴国必先强师，深刻认识教师队伍建设的重要意义和总体要求"，"时代越是向前，知识和人才的重要性就愈发突出，教育和教师的地位和作用就愈发凸显"。作为国家教育事业的中坚力量，教师通过培养人才提升综合素质、促进社会稳定和推动文化传承与创新等方面的工作，为国家的富强和发展做出了积极的贡献。

从民族振兴的维度来看，教师不仅是中华民族文化和精神的学习者、继承者，更是传播者、创新者。2014年，习近平总书记在同北京师范大学师生代表座谈时指出："一个民族源源不断涌现出一批又一批好老师则是民族的希望。"2018年，习近平总书记在全国教育大会上强调："长期以来，广大教师……为国家发展和民族振兴做出了重大贡献。教师作为传承民族文化、培养爱国情怀、培养创新人才和促进教育公平的重要力量，在民族振兴中具有不可替代的地位和价值。他们通过教育将民族的语言、历史、传统和价值观传授给学生，引导学生了解国家的历史、发展和成就，培养学生对自己民族文化的认同感和自豪感，激发学生对祖国的热爱和责任感，为培养具有民族自豪感和使命感的新一代做出贡献，推动民族文化的传承和发展，为民族振兴的实现提供坚实支撑；教师的工作对于培养具有民族自豪感和使命感的新一代有着重要的影响。”

从人民幸福的维度来看，教师是学生灵魂的塑造者，是学生健康成长的引路人，他们以人育人，用自己平凡而幸福的人生去引导学生过一种幸福完满的生活。2014年，习近平总书记在同北京师范大学师生代表座谈时指出："一个人遇到好老师是人生的幸运。"2020年9月教师节前夕，习近平总书记在给全国广大教师和教育工作者的慰问信中指出："全国广大教师用爱心和智慧阻断贫困代际传递，点亮万千乡村孩子的人生梦想。"教师作为推动教育公平的重要力量，他们致力于为每个学生提供平等的教育机会，关注弱势群体的教育需求，努力缩小城乡、地区和贫富差距，确保每个人都能享受到优质的教育资源。教师通过培养学生的能力和素质，为人民提供更多实现个人价值和幸福生活的机会。这不仅有助于学生个人的成长和发展，也为社会提供了更多的就业机会和经济发展的可能性，为社会培养各个领域的专业人才，为社会的发展和进步做出积极贡献，推动社会公平的实现。

国家繁荣、民族振兴、教育发展，需要我们大力培养造就一支师德高尚、业务精湛、结构合理、充满活力的高素质专业化教师队伍，需要涌现一大批好教师。没有一流的教师，就培养不出一流的人才；没有高水平的教师队伍，就办不好人民满意的教育。为此，要从战略和全局高度充分认识教师工作的极端重要性，把全面加强教师队伍建设作为一项重大政治任务和根本性民生工程切实抓紧抓好。

（三）对教师发展总体目标的高度概括和创新发展

步入新时代，党和国家对教师队伍建设提出的总体目标是建设一支高素质专业化创新型教师队伍。

"高素质"要求教师不仅道德修养高，而且具备良好的教学能力，能够将复杂的学科知识转化为易于学生理解和吸收的形式，设计并实施有效的教学活动，激发学生的学习兴趣和积极性。高素质教师拥有先进的教育理念和教育方法，能够关注学生的全面发展，注重培养学生的创新思维、问题解决能力和合作精神，积极探索适应时代需求的教育模式和方法，提升教学效果。高素质教师还应具备积极阳光的人格魅力，成为学生的榜样和引领者，关心学生的成长和发展，给予学生充分的关怀和支持，建立良好的师生关系，激发学生的自信心和积极性。高素质教师还有不断学习和自我提升的意识，关注教育领域的最新研究和发展动态，不断提高自己的教育水平和专业能力，他们积极参与教育培训和学术交流，与同行分享经验和教学方法，推动教育的进步和创新。

"专业化"既包括教师知识与能力的专业化，也包括教师教育理念与教育情怀的专业化。专业化教师对所教授的学科具有深入的理解，熟练掌握学科的核心概念、原理和方法，并能够将这些知识有效地传授给学生，同时不断更新学科知识，关注学科研究的最新进展，能够设计并实施有效的教学活动，根据学生的不同特点和需求采用合适的教学方法和策略组织管理教学过程，激发学生的学习兴趣和积极性。专业化教师还具备教育评估和反馈的能力，能够准确评估学生的学习情况和进展，及时给予学生个性化的反馈和指导，帮助他们发现问题、改进学习方法，并提供有效的学习支持和辅导。专业化教师还具备教育研究和创新的能力，他们应该积极参与教育研究活动，关注教育领域的前沿问题和挑战，探索适应时代需求的教育模式和方法，并将研究成果应用到实际教学中，不断改进和创新教育实践。专业化教师具备专业发展和合作的意识，他们不断提升自己的教育水平和专业能力，通过参加培训、研讨会和学术交流等方式不断更新知识和积累经验，注重与同行进行沟通交流，分享经验和教学方法，共同推动教育的进步和发展。

"创新型"不仅需要教师具有创新精神、创新能力，创造性地解决教育教学中遇到的实际问题，还需要教师树立终身学习的信念。创新型教师能够突破传统的教学模式，尝试新的教学方法和策略，运用现代化技术手段，设计多样化的教学活动，例如利用互联网资源、虚拟实验室、在线协作等，激发学生的学习兴趣和创造力。创新型教师能够将不同学科的知识和概念进行有机结合，开展跨学科的教学活动，帮助学生建立知识之间的联系，培养学生的综合思考和解决问题的能力。创新型教师能够探索和应用新的评估方法，例如项目制评估、综合素质评价等，注重学生的综合能力和创新能力的培养，鼓励学生独立思考、自主学习，并通过多种方式对学生的学习成果进行评估。创新型教师善于运用教育科技工具和资源，例如在线学习平台、教育应用程序等，为学生提供更加个性化和灵活的学习环境，同时利用数据分析和人工智能等技术手段，对学生的学习情况进行精准分析和个性化指导。创新型教师积极参与教育研究活动，关注教育领域的前沿问题和挑战，深入研究教育理论和实践，提出新的教育观点和方法，并将其应用到实际教学中。总之，创新型教师具备创新教学模式、跨学科教学、创新评估方法、创新教育研究等能力，能够不断探索和尝试新的教育理念和方法，注重学生创新能力的培养，为学生的未来发展提供更多可能性。

（四）对教师发展主要内容的不断丰富和日趋务实

进入中国特色社会主义新时代以来，围绕建设一支高素质专业化创新型教师队伍这一重要任务，中共中央、国务院多次出台相关政策，不断丰富教师队伍的建设内容。

1. 深化师德师风建设，提升教师塑造灵魂的能力

习近平总书记多次强调“评价教师队伍素质的第一标准应该是师德师风”。新时代对师德师风建设提出的总体要求是以“四有”好教师为统领，以“四个引路人”为导向，以“四个相统一”为要求，以“六要”为保障，践行教育家精神，为建设教育强国贡献力量。

“四有”好教师即教师要有理想信念、有道德情操、有扎实学识、有仁爱之心。“四个引路人”即广大教师要做学生锤炼品格的引路人，学生学习知识的引路人，学生创新思维的引路人，学生奉献祖国的引路人。“四个相统一”即要加强师德师风建设，坚持教书和育人相统一，坚持言传和身教相统一，坚持潜心问道和关注社会相统一，坚持学术自由和学术规范相统一。“六要”强调的是思想政治理论课教师做到政治要强、情怀要深、思维要新、视野要广、自律要严和人格要正。

加强教师队伍建设，大力弘扬教育家精神，需要一体化提升教师政治素质、师德师风、教书育人本领；强化“心有大我、至诚报国”的理想信念，将习近平新时代中国特色社会主义思想融入教师培养培训全过程；以“言为士则、行为世范”为导向，完善师德师风建设长效机制；聚焦新课程、新教材，以解决真实情境中教育教学实际问题的基层实训为主要载体，全面提升教师立德育人的能力。

2. 厚实教师专业素质，提升教师教书育人的能力

习近平总书记强调，“扎实的知识功底、过硬的教学能力、勤勉的教学态度、科学的教学方法”是教师的基本素质。作为一线教师，要始终保持学习状态，关注前沿知识，严谨笃学，不断充实提升自己。教育的最高境界不是教师刻意地去教别人，而是教师不断教自己，并且以自己扎实丰富的知识、进取乐观的态度、幸福优雅的人生来唤醒和影响学生，先教己后教人，以教己成教人。

3. 完善教师管理制度，激发教师干事创业的活力

第一，严格教师资格准入制度。严把入口关，遴选乐教适教善教的优秀人才进入教师队伍。第二，优化教师队伍结构。一是优化教师编制结构，二是优化教师岗位结构，三是优化教师学科结构。第三，深化教师职称和考核评价制度改革。坚持德才兼备、全面考核，突出教育教学实绩，引导教师潜心教书育人。第四，引导教师合理有序流动，促进优质资源均衡化。第五，解决教师生活实际困难。同时依托大数据助力教师队伍建设决策，优化教师管理信息平台建设，完善数据的统计和分析功能，丰富大数据驾驶舱应用场景，采集教师优势属性数据，为教师精准画像，推动优质资源高效配置；加大教师表彰力度，积极选树宣传典型，引导教师勤修乐教爱生、甘于奉献的仁爱之心；落实教育优先发展战略，大力弘扬尊师重教的优良传统，切实减轻教师负担，营造有利于教育家脱颖而出的政策环境。

4. 提高教师地位待遇,提升教师职业的吸引力

习近平总书记多次强调,“要在全党全社会大力弘扬尊师重教的社会风尚”,努力提高教师的政治地位、社会地位、职业地位,让广大教师享有应有的社会声望。党的十八大以来,党中央、国务院采取一系列务实举措,不断提高教师的地位、待遇,极大地提升了教师职业的吸引力。同时深化推动“小范围、重需求、强效度”的教师交流轮岗,让教师在与广泛而鲜活的教育群体的相遇中涵养启智润心、因材施教的育人智慧;关注学校环境对教师成长的影响,针对教师的群体特点和任教学段特征,统筹推进年级组服务协同、学科组知识体系贯通、区域教研巩固提升、开放在线研修经验共享等实践整合,引导教师终身秉持勤学笃行、求是创新的躬耕态度,在教育实践中构筑有利于教育家成长的良好生态。

(五)旗帜鲜明地坚持党对教师队伍建设的全面领导

教师队伍建设的根本保障是加强党的全面领导。中国共产党是新时代中国特色社会主义事业的领导核心,始终处在总揽全局、协调各方的地位。党的领导是引领新时代中国特色社会主义教育事业不断前进的最大政治优势,是建设高质量教育体系,办好具有中国特色、世界先进水平的现代化教育的根本保障。只有旗帜鲜明地坚持党对教师队伍建设的全面领导,才能在更高水平上实现教育战线思想上、政治上和行动上的一致,才能确保教师队伍建设的正确方向,才能更加坚定地走好高素质专业化创新型教师队伍建设的道路。

“教师是人类历史上最古老的职业之一,也是最伟大、最神圣的职业之一。”新中国成立以来,特别是党的十八大以来,党和国家高度重视教师工作,始终坚持把教师队伍建设作为基础性工作,推动全社会用实际行动营造尊师重教的良好氛围,教师正在逐渐成为令人羡慕的职业。正如《意见》所展望的:“到 2035 年,教师综合素质、专业化水平和创新能力大幅提升,培养造就数以百万计的骨干教师、数以十万计的卓越教师、数以万计的教育家型教师……尊师重教蔚然成风,广大教师在岗位上有幸福感、事业上有成就感、社会上有荣誉感,教师成为让人羡慕的职业。”

第二节　基于区域背景的教师专业发展

全面深化新时代教师队伍建设，是中国特色社会主义进入新时代的必然要求。经济全球化、社会信息化、科技智能化的时代趋势给教师的专业发展带来巨大的挑战，对教师的专业发展提出了更高的要求，促进教师专业发展成为每一位教师和教育部门的职责和使命。

江苏作为教育大省，历来高度重视教师队伍建设，将教师作为办好人民满意的教育、建设现代化教育强省的重要力量和第一资源，着力建设高素质教师队伍，为教育事业持续健康发展提供了有力保障，并为社会经济发展做出了积极贡献。

常州作为普通高中新课程新教材实施国家级示范区，拥有丰富的教育资源和优质的教育环境，围绕“促进公平、提高质量”两大主题，积极推进教育改革，注重创新教育模式和教学方法，不断优化师德师风建设长效机制，全面提升教师综合素养和专业水平，持续激发教师队伍的发展活力和从教动力，全力打造“常有优学”民生名片。

一、政策支持

1. 中共江苏省委、江苏省人民政府印发《关于全面深化新时代教师队伍建设改革的实施意见》（苏发〔2018〕33 号）

2018 年 12 月 27 日，为全面落实全国教育大会决策部署，中共江苏省委、江苏省人民政府配套出台了《关于全面深化新时代教师队伍建设改革的实施意见》（以下简称《实施意见》），为做好新时代江苏教师队伍建设工作指明了方向。

《实施意见》提出，计划经过 5 年左右的努力，实现教师培养培训体系基本健全，职业发展通道比较畅通，事权人权财权相统一的教师管理体制普遍建立，待遇提升保障机制更加完善，教师职业吸引力明显增强，教师队伍总体上师德高尚、业务精湛、结构合理、充满活力。

推进新时代江苏教师队伍建设改革的重点任务包括：着力提升教师思想政治素质和师德水平、改革创新教师编制管理、大力振兴师范教育、整体提高专任教师能力水平、全面深化教师管理体制机制改革、不断提高教师地位待遇等。

《实施意见》将教师队伍建设作为教育工作的重中之重，对教师专业发展设定更高标准、提出更高要求，为江苏教育改革发展奠定坚实基础，为现代化教育强省建设贡献不竭动力。

2. 江苏省教育厅、省发改委、省财政厅、省人社厅、省编办印发《江苏省教师教育创新行动计划（2018—2022年）》（苏教师〔2018〕9号）

2018年4月8日，为认真贯彻党的十九大精神，全面落实中共中央国务院《关于全面深化新时代教师队伍建设改革的意见》和教育部等五部委联合印发的《教师教育振兴行动计划（2018—2022年）》，省教育厅等五部门联合印发《江苏省教师教育创新行动计划（2018—2022年）》（以下简称《行动计划》），实施教师教育创新行动计划。

《行动计划》以培养“四有”好教师为目标，以提升教师教育质量为核心，以加强教师教育体系建设为支撑，以教师教育创新改革为动力，力争到2022年，构建完善的师范生培养体系，办好一批高水平、有特色的师范院校和师范专业；构建教师专业发展支持体系，全面提升教师专业发展服务能力；建立教师教育协作机制，形成具有江苏特色教师教育工作新模式，为高水平普及15年基础教育、实现教育现代化提供强有力的师资保障。

3. 江苏省政府办公厅印发《江苏省“十四五”教育发展规划》（苏政办发〔2021〕115号）

为全面落实教育优先发展战略，建设高质量教育体系，加快推进教育现代化，根据《江苏省国民经济和社会发展第十四个五年规划和二〇三五年远景目标纲要》《江苏教育现代化2035》，江苏省教育厅印发《江苏省“十四五”教育发展规划》（以下简称《发展规划》）。

《发展规划》指出，以培养补充教师为基础，以高层次人才队伍建设为引领，以保障待遇为关键，推动全体教师共同发展，引导广大教师争当“四有”好教师，全力打造高素质专业化创新型教师队伍。一是健全师德师风建设长效机制，二是推进教师教育改革创新，三是提升教师教书育人能力素质，四是优化完善教师管理机制。

4. 常州市政府办公室印发《常州市“十四五”教育发展规划》（常政办发〔2021〕133号）

为办好人民满意的教育，加快推进教育现代化，服务国家和区域发展战略需求，推动高质量发展走在前列，依据《江苏省教育现代化2035》《常州市国民经济和社会发展第十四个五年规划和二〇三五年远景目标纲要》《常州教育现代化2035》，编制《常州市“十四五”教育发展规划》，并于2021年12月24日由常州市人民政府第73次常务会议审议通过。

《常州市“十四五”教育发展规划》提出，到2025年，教育现代化水平明显提升，教育更加公平、更加优质、更具活力，教育创新能力显著增强，教育在全国的影响力持续提升，教育和人力资源发展水平走在全省前列，为2035年全面实现教育现代化奠定坚实基础。在教师发展方面，要造就新型教育人才队伍。

一是强化师德师风建设。坚持将师德师风作为评价教师素质的第一标准，健全师德建设长效机制。强化教师思想政治教育，推进师德师风提升工程，健全教师荣誉制度，大力宣传优秀教师先进事迹，充分发挥典型引领示范和辐射带动作用，积极营造尊师重教的良好氛围。建立师德失范负面清单，严格落实"一票否决"制度。进一步完善师德师风监督网络，定期开展专项督导，依法依规处理教师违规违纪行为。

二是促进队伍创新发展。出台《"龙城教育英才"引育实施办法》，制订教育人才战略合作方案。健全教育行政部门、教师发展机构、学校、教研组、年级组"五位一体"的教师教育体系，增强教师教育的规划性、针对性、有效性、实践性。完善名特优教师引培机制，打造具有国际视野和竞争力的教育领军人才。创新培养模式，吸引优秀高中毕业生报考师范。组织万名教师交流轮岗，促进区域、城乡、校际师资队伍优质均衡。配齐配足心理、音乐、体育、美术、书法和劳动等学科专任教师，深化新时代中小学思想政治理论课教师队伍、职业教育"双师型"教师队伍建设。

三是深化管理制度改革。深化"局管校用""区管校聘"人事制度改革，实现教师编制管理、教师招聘引进、岗位设置管理、绩效工资分配"四个统筹"，促进教师由"学校人"转变为"系统人"。加强编制统筹，动态调整学校教师数量，推进教师跨区域、跨学校、跨学段流动。夯实多元人才招引制度，严格教师入职门槛，探索教师准入教育职业素养评估机制，建立结构性短缺教师补充机制和紧缺教师预警机制。加大岗位管理统筹力度，推动教师岗位能上能下、人员能进能出。完善教师待遇保障机制，健全中小学教师与当地公务员工资收入增长长效联动机制，确保义务教育教师平均工资收入水平不低于当地公务员平均工资收入水平，统筹考虑高中和学前教育教师工资待遇。深化教师评价改革，建立教师教学述评制度。切实减轻教师过重负担，积极探索中小学教师"弹性上下班"机制，保障教师身心健康。

5. 2021年、2022年和2023年常州教育工作要点

《2021年常州教育工作要点》指出，要加强队伍建设，促进教师能力提升。一是加强师德师风建设。探索新时代师德建设特点和规律，建立师德规范长效机制。持续开展师德师风建设"六个一"专项行动，针对突出问题进行全面督查。建立"百名优秀教师"线上课程库，以网络培训形式展播先进事迹。持续开展拒绝有偿补课承诺活动，建立校、区、市联动查处机制，定期通报各地各校举报反映数量和查实结果。二是呵护教师身心健康。实施"教师关爱"工程，完善"教师疗休养"制度，切实保障教师权益。建立"教师健康卡"档案，落实教师健康体检制度。成立教师心理疏导专家团，推进心理健康专题讲座进校园，促进教师身心健康。统筹规范各类检查评比、相关报表

填写等，切实减轻中小学教师负担，进一步营造教育教学良好环境。三是推进思政课教师队伍建设。打造思政课教师“人才梯队”，实施“思政课后备人才培养专项支持计划”“思政课骨干教师提升计划”，提高思政课教师队伍整体水平。发挥在常高校马克思主义学院辐射作用，开发专门培训项目，走进中小学校开展教学实践，助力中小学思政课教师队伍建设。建立思政课教师“学研平台”，加大思政课课程资源开发，让广大教师共享优质课程资源。优化思政课教师培训体系，开展网络学习、专题讲座、实地探访、事迹报告等形式多样的专题培训。四是加快教师提质培优。优化人才引进制度，实行优秀特需人才试点改革。完善“三名一好”管理体制机制，开展名校长和好书记评选。持续推进“五级梯队”名教师培养、名班主任培育以及“龙城十佳”培优工程。推动优秀教师向乡村学校流动，继续实施乡村骨干教师培育站、优秀教师城乡牵手行动、优秀教师跟岗锻炼等项目，培养一批扎根乡村、师德高尚、业务精湛的乡村骨干教师。五是深化教师管理改革。深化“局管校用”制度改革，以局属学校教师队伍现状为课题，研究编制统筹管理的有效路径，努力提高编制使用效能。优化岗位管理机制，深化教师聘后管理研究。不断完善绩效分配方案，注重多劳多得、优劳优酬，切实保障教师薪酬待遇。坚持实绩导向，细化人才奖励办法，加大对高层次人才、优秀团队的奖励力度。

《2022 年常州教育工作要点》强调，要全面建设更高素质的师资队伍。一是加强师德师风建设。坚决将师德师风作为评价教师的第一标准，全面落实新时代教师职业行为十项准则，深入开展师德师风建设“六个一”专项行动、师德专题教育“六大行动”和违反师德师风专项治理工作。探索教师准入职业素质评估机制，建立新教师入职宣誓制度。充分发挥师德榜样引领作用，建立从教三十年“龙城荣誉教师”制度，选树一批长期坚守一线、师德高尚、业务精湛、学生喜爱、家长满意的优秀教师。新增“龙城十佳”60 名、优秀教育工作者 400 名、师德标兵(模范)70 名。完善师德师风承诺书公示制度，加强师德失范问题常态化督查，建立健全违反师德师风问题“零容忍”机制。二是配齐配强教师队伍。采取多种形式增加教师总量，加大力度配备心理健康、艺体教师，满足教育高质量发展要求。增强挖潜力度，盘活编制存量，扩大编制“周转池”，逐步推进教师跨区域、跨学校、跨学段流动，提高编制使用效能。加大人才招引力度，出台“龙城教育英才”引育实施办法，畅通紧缺学科教师、拔尖创新后备人才特需教师引进渠道，实施“优才计划”，深化优秀高中毕业生报考师范项目培养机制。完善义务教育教师交流轮岗机制，促进师资队伍优质均衡。三是加快教师提质培优。加强教师教育统筹规划，强化市、区、校联动机制，夯实校本培训职能，将师德师风教育、心理健康教育、家庭教育指导、心肺复苏急救知识等纳入教师全员培训，提升教师教育的针对性、适切性、实践性。启动新教师实境培训、“名师导教”等青年教师培育项目，持续开展“四有”好教师团队、五级梯队、名师工作室、乡村骨干培育站、城乡牵手等骨干教师培育项目，深入推进博导工作站、高校访学、青年教师英才等领军人才培育项目。新增省级名师 20 人、市级优师 500 人、市优秀班主任 170 人。四是激发教师成长活力。深化“县管校聘”管理机制改革，完善中小学教师岗位管理，推动教师岗位能上能下、人员能进能出。深化新时代教师评价改革，系统优化职称（职务）评聘、岗位聘用、评优评先等教师评价体系。完善教师待遇保障机制，优化绩效分配制度，落实中小学课后服务补助，切实保障教师薪酬待遇。切实减轻中小学教师负担，探索教师弹性工作制，进一步营造教育教学良好环境。

《2023 年常州教育工作要点》中关于教师发展的政策：一是强化师德师风“第一标准”，将师德师风教育贯穿教师发展全过程，实施师德失范行为定期公示制度，对师德失范行为实行“零容忍”。二是出台《常州市深化新时代中小学教师培训工作实施意见》《常州市关于深入实施职业学校教师素质提升行动计划的意见》，增强教师培训工作系统性、实践性、有效性。三是启动组建首批“新锐—卓越—领军”教师成长营，组织 100 个“四有”好教师团队、86 个名师工作室、18 个“名师导教”项目展评活动，推进 12 个乡村骨干培育站、140 个优秀教师城乡牵手、100 个教师跟岗锻炼项目建设，助推教师队伍优质均衡发展。四是加大师资配备市域统筹力度，探索区域间教师选聘调配机制，深化义务教育 2 000 名教师交流轮岗。五是贯通使用中级和初级教师岗位，落实乡村教师岗位倾斜政策，积极探索岗位能上能下、人员能进能出的灵活用人机制。六是将教师待遇保障纳入各级人民政府履行教育职责督导评估体系，不断完善绩效分配制度，充分体现“优绩优酬”的激励导向。七是统筹规范各类涉及中小学校的督查检查评比考核创建事项，实行年度清单管理和审批报备制度。八是广泛开展教师健康关爱行动，优化教师心理健康普测服务，畅通教师关爱绿色通道，保障教师合法权益，积极营造全社会共同关心关爱教师的良好氛围。九是研制《常州市中小学教师评价改革实施意见》，构建促进教师队伍多元化、可持续发展的评价机制。

6. 常州市教师发展学院编制《“十四五”发展规划》

为适应经济社会发展对教育提出的新要求，贯彻落实党中央关于建设高质量教育体系的重要决策，提升常州教师队伍和校长队伍建设水平，促进常州市教师发展学院的高质量可持续发展，依据《中共中央 国务院关于全面深化新时代教师队伍建设改革的意见》《中共江苏省委 江苏省人民政府关于全面深化新时代教师队伍建设改革的实施意见》和《常州市“十四五”教育发展规划》等文件精神，常州市教师发展学院制定《“十四五”发展规划》。

(1) 勇担党校使命，引领高品位教师队伍建设

——抓好党校建设，铸龙城师魂。在各级各类师训干训项目中，加强意识形态建

设，努力提高培训课程思政水平。对标“四有”好教师标准，把师德师风教育列为各类培训项目的“第一课”。在全市创新建设100个市级以上“四有”好教师团队、50个师德教育基地和50个师德教育示范点，加强教师理想信念教育，大力开展教师职业道德全员培训和思想政治教师队伍专题培训。

——做强网络党校，促基层党建。充分利用常州市教师发展学院与国家教育行政学院合作共建的常州市中小学网络党校，探索线上线下混合式干部培训；进一步规范入党积极分子培训，推进全市教育系统党员轮训，完成党员干部全员培训；协助市委教育工委推进“好书记”培养工程项目，做好“好书记”工作室的管理工作，打造“书记成长共同体”，提高教育系统党组织书记党建工作的能力和水平。

(2) 聚焦“六大平台”，筑造高水平专业支持系统

——完善提升“六大平台”。建设完善教师成长学习平台、教育干部研训平台、教师发展研究平台、师资管理服务平台、教师教育资源平台和教育人才展示平台，为全市教师发展提供专业支持服务。对常州市教师发展学院在全市乃至全省教师发展体系中的职能与作用进行全新的定位，突出对教师发展的专业支持。

——构筑专业支持系统。勇于改革创新，基于“六大平台”的打造与升级，建构具有国际视野、常州特色的教师专业发展支持系统。以师资管理服务平台为“基质”，以教师发展研究平台、教师教育资源平台为“营养源”，以教师成长学习平台、教育干部研训平台为“生长点”，以教育人才展示平台为“花与果”，培植支持教师专业发展全周期的“生命之树”。

(3) 推进协同合作，建构高效能师训干训体系

——优化纵向体系。努力推进“省—市—县—校”师训干训体系的优化完善，合理配置培训资源，提升培训整体效果。密切与国家级、省级教师与校长培训专业机构及相关高校的联系、交流与合作，主动接受高端引领，促进培训资源共享。加强对辖市(区)教师培训机构的业务指导与协调配合，优化对基层中小学校本培训工作的指导和管理，做强教师发展示范基地校，充分发挥其示范辐射作用，助力各级各类学校提高教师队伍建设水平。

——探索横向合作。积极响应国家长三角区域一体化发展战略，主动融入长三角教师教育区域一体化发展实践，共同探讨协作机制，加快落地实践。与苏州、无锡、南通等省内外长三角教师发展机构建立更紧密的合作关系，尝试开展跨区域联合培训、实践基地共享、师资互聘交流、课题协同研究等实践探索。为教师和校长搭建更广阔的提升平台，为区域教师教育协作发展探索路径、积累经验。

(4) 凝练常州经验，做强高质量课程项目品牌

——提升高端项目。协助推进“三名一好”工程建设，优化提升名校长培养基地、

乡村骨干教师培育站、特级教师后备人才培养计划、青年教师英才培养计划等品牌项目，并结合教育发展和教师队伍建设新要求孵化培育更多的创新品牌项目。有效开展名校长、名教师典型经验和优秀教育教学成果的培育、孵化和推广工作，使“三名一好”工程的经验和成果惠及全市教师，激励和引领更多教师的高端发展。

——创新品牌课程。建设和完善常州市教师发展学院承担的师训干训课程体系，干部培训形成从青年干部培训、中青年干部培训、校长岗前培训到骨干校长培训、卓越校长培训及教育家型校长培训的全周期干部培训梯级，在项目实施中不断优化干训课程，形成50门干训专题主干课程。改进和完善新教师培训、骨干教师培训、卓越教师培训等教师培训课程体系，特别是升级以选择性学习为导向的“名师大学堂”教师自主选学课程、创新以强化实践性课程为突破口的新教师培训。建立师训干训项目设计、课程开发、培训实施和质量评价的规范体系，创新培训模式与方式方法，特别是在后疫情时代，更积极地探索和实践线上线下一体化的混合式培训。

——拓展延伸服务。精心打造以“常州公开课”为主阵地的常州城市文化大课堂，营造良好的城市文化生活氛围，促进教师综合素养提升。

(5) 着眼技术赋能，营造高品质智能学习生态

——促进教师自主智能学习。充分利用云计算、大数据、虚拟现实、人工智能、区块链等新技术，推进教师教育信息化学习平台建设和应用。依据《中小学教师培训课程指导标准》，实施教师教育在线开放课程建设，推动在线开放课程的广泛应用和共享。实施中小学教师信息技术应用能力提升2.0工程，引领和带动中小学教师、校长将现代信息技术有效运用于教育教学和教育管理。对接国家、省教师管理信息系统，加强在职教师培训信息化管理，建设教师专业发展的个人成长档案。逐步构建以学习者为中心，以学习行为设计为核心的，基于培训课程指导标准，开放发展和智能生长的课程体系。教师基于智能终端，实现人人皆学、处处能学、时时可学的良好局面，在智能互联的混合式学习中，进行智能评价，促进教师自主和个性化发展。

——形成教师发展年度报告。在建立全市教师发展电子档案、形成教师专业发展数据库的基础上，对数据进行基于现代技术手段的专业化分析，研究教师专业发展的问题和瓶颈，每年形成一份《常州市中小学教师专业发展年度报告》，为教育行政部门的改革和科学决策提供数据支持和分析建议。

(6) 加强内涵建设，打造高素质专业人才队伍

——加强学院师资队伍建设。建设一支德才兼备、高素质的培训者队伍。加大力度引进优秀教师、学科专家充实培训者队伍，五年内使学院的专业教师比例提高到90%以上，引进或培养3名以上特级教师、正高级教师或博士；为教职工搭建专业发展

的平台，通过选送外出学习、深入中小学挂职实践等途径，不断提高业务水平，把学院教师培养成为集学科名家、培训专家和管理行家于一身的高素质专业化创新型的复合型人才。

——加强教师和校长成长规律研究。孵化并申报省级及以上课题，取得有影响的研究成果并推广辐射。结合课题研究工作，出版和发表一批高质量的成果。对学院多年来的师训干训经验成果进行系统提炼、提升，凝练常州教师发展成果，形成常州教师发展经验，适时申报省级以上教学成果奖。

以上政策文件对教师职业属性赋予了更高的定位，对教师的综合素质、专业化水平和创新能力提出了更多要求，把提高教师地位待遇作为增强教师职业吸引力的根本举措，切实保障了教师的基本权益，消除了教师的后顾之忧，为培养有理想信念、有道德情操、有扎实学识、有仁爱之心的"四有"好教师奠定了坚实的物质基础，为新时代教师的专业发展指明了前进方向。

二、赋能策略

1. 制度赋能

制度赋能指的是借助相关制度和机制的建立以达到为教师赋权增能的目的。当前，我国日益重视教师制度体系在教师专业发展过程中的重要性，强调构建贴合实际的符合教师专业发展的标准体系，突出教师发展制度的科学性和可操作性。首先是教师资格的准入制度。不仅要建立严格的教师资格证考试制度，同时学校自身也要严格把关，教师的准入标准不能仅凭教师资格证，还要看其实际的教学能力，而专业师范院校也应继续加强对师范生的培养，提高师范生的从教热情。其次是教师职后的评价制度。传统的教师评价制度主要以学生的学习成绩为标准，评价方式比较单一，就目前对教师专业能力的要求来看，应实行多元化的教师评价制度，但仍应持续加强落实与创新，不仅要关注学生的学习成绩，也要把教师的科研能力、创新能力、教学能力等作为教师的评价标准。最后，根据教师的师资结构结合学校的发展状况继续完善教师的退出机制。良好的师德师风是学校发展之根基，更是社会进步之要求，而当前师德师风建设仍存在着不少现实问题，因此，需要建立合理的教师退出机制，制定相关的评价标准，推进教师队伍实质性的提升。

2. 组织赋能

组织赋能需要形成多元互助的支持网络，由多元主体的参与和共同发力为教师专业发展提供良性环境支持，所涉及的多元主体包括政府、学校、社会、教师和家长等。政府不仅是教育环境的动态监督者，同时也是教育资源的供给者和政策的制定者，要引领中小学管理体制改革，营造公平公正的发展环境。学校要获得更多的自主权，应该调整治理结构和治理模式，鼓励教师的多元化选择，鼓励教师努力实践自己的想法，避免任何形式的同一性和一元化，让教师自主决定自己的教学理想，自我引导发展个性。从社会环境支持角度出发，重构教师形象，实现理性沟通，让大众正视教师职业，是构建良性教育生态的重要组成部分。教师是教育实践活动的参与者，应有意识地锻炼系统思维能力，建立教育共同体思维模式，用全面的视角分析自身专业发展与学校协同发展的问题。家长是教育活动的支持者和配合者，与学校和社会一道形成教育的立体网络，构建多元化的治理格局，为教育教学质量的提升与教师专业能力的发展提供重要支持。

3. 技术赋能

科技迅速发展的今天，教师要不断进行自我更新，充分利用技术手段武装自己，同时，善于利用强大的网络进行信息资源的共享。信息化背景下的教师赋能主要体现在以下两方面：一是有深度的课堂设计。教学是教师专业能力的重要组成部分，也是教师职业发展过程中的重要体现。教师借助技术将线上线下、课内课外的学习资源进行整合，并通过有深度的课堂教学传播知识，提升学生自主学习的能力，引导学生进行有深度的学习。二是科研能力的提升。教师专业能力培养的另一重要体现就是其研究能力的提升，充分利用网络资源平台，培养教师的研究自觉，树立教师的研究信心，提升教师的研究能力，推动教师的研究进程。

4. 文化赋能

文化是一所学校的精神灵魂与基因密码，是学校的核心价值观、信念和行为准则的集合，它对学校内部成员的思维方式和行为具有深远的影响。学校文化对于学校的发展和教师的成长至关重要。积极、支持和多元化的学校文化有助于建立良好的学习环境和人际关系，提高教学质量，促进学校的可持续发展。文化赋能是教师赋能策略的核心，也是提升教师的文化自信和教育自信的重要保障。文化的发展是看不见、摸不着的，文化氛围的营造，需要一个支持型的组织环境以推动师生成长共同体的形成，同时构建多元化的教师自我实现体系，利于教师持续刷新自我，从而构建全员育人、自主管理的生态体系。

第三节　基于个体背景的教师专业发展

从全球范围内来看，对于教师职业专业化意识的相关研究，是随着教师队伍素质在提高教学质量中的作用日益重要而凸显出来的，但至今学术界对教师专业发展内涵的界定并不统一，本节是对"专业""教师专业"及"教师专业发展"这三个概念的内涵的理解和阐释。

一、基本概念

（一）专业

在《现代汉语词典》中，"专业"是指"专门从事某种工作或职业的"，其活动的内容、目标、范围、方式以及活动的伦理规范都非常明确，能够与其他活动区别开来。"学术"和"专业"这两个概念经常纠缠不清，"学术"致力于发展更多或更接近于真理的知识，追求的是学问；"专业"则关注用行动或实践带来变化，追求的是实践或行动的改善。当我们评价某个实践者的行动是否"专业"时，实际上是在评价其在某一领域中实践的精熟程度。

（二）教师专业

教师专业是指把教师视作专业技术人员，从事创造人精神生命的工作。工作的复杂性和不确定性、工作对象的生命性和主动性、工作目的的价值取向和导向性等，使教师专业区别于其他专业。在学校情境中，术有专攻的教师作为专业人员，面对国家课程标准的要求、学生的发展需求，发生一系列的引起学习、维持学习或促进学习的行为。这些行为与家长教子女做饭、警察教行人遵守交规是有区别的，家庭、社会主要是通过日常经验、公共规训、技能示范、应景提示等方式实施教育的，而教师是通过专业化的教学来实施教育的，一个是经验做法，另一个是专业实践。教师服务于学生，"以学习者为中心"，主要关注两个方面：一是个体学习者——关注学生的遗传、经历、背景、天赋、兴趣、能力和需求等；二是学习者的学习——关注学生如何最有效地开展学习以及这种学习是如何发生的，即关注学习过程与结果。教师不仅要像学者那样深入探究所教学科，但并不局限于执教学科或教育学中的学术问题，还要能像心理专家那样分析学生的精神状态和心理需求，努力促进学生的发展，这也是教师与校外培训机构的讲师、家教的区别。当一个教师能够熟练运用习得的专业知识和积累的反思经验，发现并有效地解决了教育教学上的问题，促进了学生的发展时，我们就认为这个教师很专业。

（三）教师专业发展

教师专业发展即教师不断接受新知识和提高专业能力的过程，它包含教师在其职业生涯中为提升其工作能力而做的所有活动。具体而言，指教师个体通过自主的、有目的的学习或专业训练，使自己的专业知识不断增加，技能不断成熟，职业道德、伦理素养不断提高，并达到国家教师专业标准的一个不断提升和发展的动态过程。就教师个体而言，他需要在原有的认知基础上不断引入和增加新的知识与技能，对原有经验进行更新迭代，从而让自己的专业知识与技能与时俱进，走在教学改革的前列。

二、主要特点

（一）教师专业的特点

与其他专业相比，教师专业具有以下特点：第一，以复杂的脑力劳动为主，教师的教学工作和学生管理工作均以脑力劳动为主，情况各异的学生使得脑力工作变得更复杂。第二，具有极大的创造性，教师能够综合利用各种学科不同的知识创造性地促进学生精神世界的发展。第三，具有显著的示范性，教师通过自己的言传身教向学生示范知识的输出和应用、问题解决方法及处世态度。第四，具有鲜明的个性，由于教师的个人生活和其专业生活密切相关，教师个人生活的体验和感悟都会融于教师的专业发展中，使其具有鲜明的个性化色彩。第五，具有长期性和长效性，教师对学生的影响不只是考试分数的增长，更是素质的全面提高；影响持续的时间也不只是教学生的那几年，可能会伴随学生的一生。第六，具有不可替代性，教师专业具有其他职业不具备的价值，它能唤醒学生的精神世界，促进人的全面发展。

相比于幼儿园和小学的教师专业，初、高中教师专业有其自身的特点。中学教师的入职标准高于幼儿园、小学教师，体现出学历水平更高、学养水平更高的特点。初、高中学生相比于幼儿园、小学的学生而言，成长更快，吸收知识能力更强，有自己的思维方式和个性，这对教师的专业知识和专业能力挑战更大，中学教师需要更多的团队力量来支持自己的工作，集体备课的频次更高。更重要的是，初中有中考的压力，高中有高考的压力，这导致中学教师面临的压力非常大，时间安排紧、任务重，教师自由时间非常少，以致中学教师参加专业发展活动、听专家报告、参与课题研究的频率远低于小学，尽管中学教师在专业知识和技能发展上有更高的需求。

（二）教师专业发展的特点

1. 整体性

教师专业发展即专业实践的改善。教师的专业实践是教师的知识、认知、行为以及伦理在特定的情境中共同作用的过程，也是教师的理论、经验、技术，以及对实践情境的感知、洞察力共同作用的过程。每一方面的提升或许都能够部分地改善教师的专业实践，但不能决定教师的专业实践，因此，教师的专业发展是整体性的，需要各方面综合改善以达到专业发展的目的。

2. 自主性

教师专业发展的核心是教师个体的专业发展，是自主专业发展，是教师作为主体自觉、主动、能动、可持续的建构过程，这是由教师专业劳动的个体性所决定的。教师自主专业发展是指教师具有自我发展的意识和动力，自觉承担专业发展的主要责任，通过不断的学习、实践、反思、探索，使自己的教育教学能力不断提高，并不断向更高层次发展。

3. 长期性

教师专业发展是一个漫长的改善过程，其间既有教师专业知识、能力和素养的发展，又有独立个体的发展，是从新教师蜕变为成熟教师的过程。教师专业发展是一个不间断、循序渐进的实践过程，这个过程有目标指向，却没有设置终点，贯穿教师的整个教学生涯。

三、划分维度

（一）专业理念

专业理念对教学活动具有指导和引领作用。教师的专业理念从对象上划分，可以分为职业观、学生观、教学观和道德观四个方面。

职业观是教师对教师职业所持有的态度和理解。例如，一名高中地理教师首先要理解高中地理教师工作的内容、规范、意义、职责及职业发展的方向等。其次，在已有工作经验的基础上结合自己的兴趣爱好及目标理想对自己从事的教师行业进行反复思量：自己适合这个职业吗？能在这个职业上取得良好的发展吗？真的热爱这个职业吗？再次，明确自己的职业发展方向，规划自己的职业发展路径。最后，在实践中进行学习、反思和改进。

学生观是教师在教学相长的过程中对学生身心发展、学习认知规律及人格尊严的总体认识。教师必须对学生的身心发展、学习认知规律有基本的了解，在教学过程中有意识地去关注和了解学生，在与学生的和谐相处过程中形成科学的学生观。

教学观是教师对教学目标和理念的认识。教师在具备丰富的教育学、课程论、教学论、教育心理学等方面的知识且对我国的基础教育政策有较好理解的基础上，结合自己的教学实践经验和对教育教学的理解，形成自己的教学观。

道德观是教师对个人在教学活动中的教学态度和行为状态进行约束的观念。如果一个教师怀揣教育事业理想，对工作具有极大的热情和认同感，勤于反思和学习，不断进取，对学生富有责任心，积极乐观、有亲和力，行为举止文明礼貌，那他一定是一名具有良好道德观的教师。

（二）专业知识

良好的专业知识是成为一名合格教师的基石，是教师能够向学生"传道受业解惑"的基础。教师应具备所教学科的专业知识、相应的教育学和心理学知识、在具体的教育情境中促进有效教学的个体性知识。学科知识为教师的专业发展奠基，坚实的学科知识背景是教师专业顺利发展的前提条件。良好的教育学和心理学知识背景可以帮助教师更好地了解学生的身心发展水平、关注学生的个体差异，进而帮助教师合理教学。高效的课堂教学往往渗透着极强的教师个体性知识(教师的话语、教师的教学手势、教师独特的人格魅力等)，对教师教学水平的发展提升具有重要作用，需要有意培养。

（三）专业能力

专业能力是教师专业特征中最重要的特点，不论教师的专业理念与师德以及专业知识多么优秀，最终都得高效地落实到教学实践中去，而教学实践的成功与否是由教师的专业能力决定的。根据教师的工作内容，可以把教师的专业能力细分成以下几个部分。

教学设计能力是一名合格教师的必备能力，教师在课前应能在充分理解课标、分析教材和了解学生学情的基础上，根据相关教育理论对相应的学科知识进行加工重组，制订适宜的教学目标，选择最佳的教学方法、教学媒体，通过优秀的教学设计，达到良好的教学效果。

教学实施能力是教师在学科教学实践中所有能力的总称，是教师进行有效教学、深度教学的基本能力，是一名教师各项能力的综合体现，也是教师的关键能力。

班级管理与教育活动能力是教师的基本能力之一。无论是在日常教学中的课堂管理，还是作为班主任的班级常规事务管理，都需要教师具有较强的班级管理能力，去引导和激励学生朝着积极向上的方向发展，创造一个良好的班级文化氛围。

教学评价能力是指教师能够依据学科教学理论与课程标准，通过一定的方法和手段，对学科活动的各个要素，包括教师自身、学生、教学媒体、教学环境、教学目标、教学方法、教学过程等进行价值判断，为不断提升自我教学水平提供依据的能力。教学评价具有诊断和调控、激励和管理等功能，精准的教学评价对促进教学有效性和实现教师专业发展具有非常重要的意义。

沟通与合作能力是实现教学有效性的实践基础，这是由教师这个职业的工作对象决定的。教师不仅需要面对个性各异、学习需求多样的学生群体，还需要与家长、同事、领导、社会公众等进行沟通交流。良好的沟通与合作能力有利于促进教师了解学情，从而促进有效教学。

教学反思能力是教师专业发展必备的关键能力。教学反思使教师认识自我、发现不足，帮助教师改进教学方式，转变教学理念，提高教学水平，实现自主专业化发展。没有教学反思就没有教师的专业发展。

四、发展阶段

作为一名教师，在从新教师向成熟教师发展的道路上需要结合自身优势，逐步进阶，创设属于自己的教学风格。

（一）入格——建立“格”的雏形

对于新教师而言，他们拥有的知识和技能有限，在复杂多变的教育实践场域中显得有心无力。一方面由于新入职教师缺少对课堂情境的了解，缺乏敏锐的洞察与判断，所以对教学中可能遇到的问题也缺乏相应的预见；另一方面他们不会恰当地使用语言或非语言的行为来调控学生的注意力，来持久地维持课堂的基本秩序；更别说对课堂的偶发事件进行机智巧妙的化解，反而有可能在处理学生问题行为时激化矛盾，引发课堂冲突，导致长时间中断教学，无法完成教学任务。因此，他们会经常为突如其来的事件和问题而感到不知所措，实践智慧的匮乏致使一些新入职教师在传统、保守的教学观念支配下，崇尚严格管理，让学生无条件地服从自己，因而造成恶性循环，引起学生抵触情绪，产生冲突对立，使师生关系紧张。新教师尽管也曾用心学习过优质的教师教育课程，但仍然难以准确地将自己的真实意图体现在教学中。在现实的冲击下，教师们需要对自己原有的教育理想和观念等进行梳理和反思，决定要修正到何种程度。此时，新教师对新工作环境的融入程度、从专家同行那里获得的新经验和新认识的多少以及新教师的愿望和能力都对其初期的发展有着重大影响。所以初登讲台的教师要先入格，见贤思齐，谨慎行事，凡事多请教，扬长避短，从而不断找到自信，较好地跨越迷惘期，顺利度过适应期。

（二）定格——理解“格”的作用

走过适应期的教师在专业能力和专业角色认同方面开始进入稳定发展阶段，教师的能力发展将保持平稳提升，实现自我发展的定格。

随着教育教学经验的积累，教师对教学过程的驾驭逐渐轻松，对教学环境已经逐步了解与熟悉，教学能力和教学智慧迅速且稳定发展，有相当一部分教师开始形成自己的教学风格。教学风格是指教师教学活动的特色，是教师的教育思想与个性特点在教育教学过程中的综合体现。教学风格的形成是一个教师在教学艺术上趋于成熟的标志。新教师在掌握了一系列教学方法和技能后，能够依据教学目标、学生的学情，适时、灵活地加以运用，开始有精力去了解学生的复杂性并调控好课堂节奏，并不断寻求新的教学技巧与新的问题解决方案，以满足学生的各种需要。

这个阶段的教师开始有了一定的专业见解和判断力，能更精确地预测事件，对教学情境有了直觉的把握、理智的回应，能够按照个人的教学理念相对自由地处理事情，开始创造和尝试新的教学策略，经常参加各种交流会和教师培训计划，积极获取新知识，充满工作热情，能从工作中获得满足感和成就感。专业发展较快的教师，已能摆脱教学常规的羁绊，依据具体情况灵活掌握规则，教学过程中还能不时表现出愉悦和幽默，充满自信和安全感。

当然，并非所有的资深教师在课堂上对各种问题的处理都能够做到游刃有余，因此，教师必须要注意不断地积累知识、经验，总结反思。

（三）出格——追求“格”的随性

当教师经历过前两个阶段后，其练就的技能可以游刃有余地应对一天天相似的工作时，如果教师没有探究新的领域或制订新的挑战目标，那将会进入职业发展相对平寂、止步不前的瓶颈期。瓶颈期的教师其实也迎来进入创造期的时机，如果教师能够从自身所擅长的知识领域或能力特点出发，将自己的实践反思上升到理论层面，通过教科研的形式提炼出一种行之有效的教学模式并进行推广，找到自身新的增长点，从而可以实现自身职业发展的出格。例如，一些优秀教师基于自身的教学实践研究、探索，通过不断的反思和总结，不仅成为功底深厚、风格鲜明的教学大家，而且具备了深刻的专业见解，形成自己的教学体系，实现了教学实践的自由创新。

五、影响因素

教师培训与工作环境是教师个体发展的外部因素，教师个体的主观能动性是其发展的内部动力。自主专业发展是教师专业发展的内在需求和关键因素，外在因素是教师专业发展的平台与保障条件，二者相得益彰，缺一不可。

(一)外部影响因素

1. 政策制度

(1)教学改革

教师教育教学要顺应时代发展、满足国家需要、积极响应国家教学改革,保障学生未来发展。综观近四十年的教学改革,课堂教学依次经历了从获得知识、发展学力到提升素养的"基因"演变。教学改革表现出了回归教学核心的基本特征,并伴随知识的"功能扩大"与"意义挖掘",教学从传统的"三中心"逐步走向"深度"。教师在教学改革进程中,经历了从"教书人"到"教学者",再回归"教育者"的角色变化。这个过程中,教师的"专业知识"与"专业能力"的内涵在不断地发展,教师的专业发展也在不断进行。

(2)教师待遇

教师工作首先是为了谋生,其次才是实现自身理想与个人价值。在生活中,人们往往以收入的多少来衡量一个人或一个职业的社会地位,因此,教师的工资待遇在很大程度上决定了教师的社会地位,从而影响到教师的精神状态及专业化学习方式、学习时间、学习动机,也影响到教师的工作质量、职业生涯的长短及稳定性。国家出台了许多法律和政策保障教师的薪资待遇,这对教师的专业发展有积极的影响。国家统计局于 2022 年 5 月公布了 2021 年的工资数据(税前收入),在我国的各行业收入中,教育就业人员的年平均工资排在非私营单位的第 7 位,相对较高,这体现了国家对教育的支持。不过,统计数据给出的是平均值,在很多地区,教师的付出与回报并不成正比,使得教师的职业幸福感不断降低,职业倦怠感不断增加。东西部地区间、城市教师与乡村教师之间的报酬差异很大。这都将对教师专业化发展的动机和动力产生非常严重的消极影响,不利于我国教师整体教学水平的提升和教师资源的优化分配。因此,提高我国教师的收入和缩小不同教师之间的收入落差对于坚定教师的职业理想、促进其专业化发展依然具有非常重要的作用,对于提高我国学校教育教学水平也具有重要意义。

(3)晋升与评价机制

晋升与评价机制关系到教师的工资待遇与社会地位,也直接影响到教师的专业发展动力和职业生涯规划。由于受当前学术研究中部分人浮躁、投机与急功近利心态的影响,一些教育行政领导和教育界的专家在教师的专业发展计划中表现出很强的"目标—动力"导向,即过于强调发展计划对教师晋级、评优等方面的价值和影响,或依靠硬性指标、外部利益驱使教师参与各种专业进修和培训,忽视从专业本身引导教师自觉提升个人能力。有些地区职称名额紧张,教师职称晋升通道受阻,许多教师深感晋升无望,从而在教师专业发展上消极怠惰。当前不断改进的教师专业发展评价机制，侧重实施发展性评价，与以往的奖惩性评价相比，这种评价方式在提高教师对专业发展的期望、激励其不断进取和自主参与等方面成效显著。

2. 学校管理

学校管理影响着教师专业发展，学校应建设良好的专业支持制度，以持续地促进学校教师专业发展。第一，废除那些对教师专业发展明显不利的制度，与时俱进，不断完善那些能促进教师专业发展的新兴制度，为学校教师专业发展创造一个宽松和谐的制度环境，给教师更多的自由发展空间，激发其积极性和创造性；第二，将学校的教师专业发展与学校常规的、核心的制度挂钩，把促进教师专业发展的活动融入学校的日常教学活动；第三，创立一种新的决策制度或行为模式，鼓励教师大胆创新实践，不断突破自我。

学校课程管理是为实现学校培养目标而进行的课程设计、编制、实施、评价及校本课程和课程资源开发等一系列的管理活动。学校课程管理要在教师自我管理的基础上充分调动教师的工作积极性，给予更多的自由空间，切实赋予教师在新课程中更多的职责与权利，满足教师的合理需求，强化教师专业发展动机，达到促进教师专业发展的管理目标。

学校的文化建设影响着教师的工作氛围。教师专业发展本质上是与学校变革互为一体的，学校组织、文化的变革与课程教学的新文化形成过程本身就是一个教师专业发展的过程。教师专业发展要基于学校的具体情境，要与教师的教学工作直接相关，突出教师在专业发展问题上的主体地位。教师是浸润在学校的管理制度和组织文化当中的个体，他的感受、关注点、所受的激励都受之影响，他的专业发展方向和程度是植根于学校情境中的。良好和谐的校园环境、人性化的校园制度、学习氛围浓厚的工作环境将会给教师的专业化发展带来强大的正能量，会不断激励其进行专业化发展。而动荡的校园环境、迂腐的学校制度、堕落散漫的学习氛围也会让一个教师对其工作和职业失去兴趣和动力。

3. 校本研修

校本研修是教师学习共同体的一种有效活动形式，其特点是灵活方便且活动成本低，实现了研修与教育教学工作一体化、个体与群体结合、实践与理论结合，提升教学质量和教师专业发展并举。它有助于唤醒教师的专业意识，增强教师的研修能力，促进教师专业发展。

由学校直接组织或主导的教师专业发展活动，如公开课展示、听评课、教研组集体学习、集体备课、课题研究等，是当前教师专业发展中典型的校本研修活动，占据重要地位。

对于教师而言，最直接的影响源和信息源就是周围的小环境和直接主管，因此，教师的专业发展受到所在备课组和教研组的影响，优质的公开课资源是教师专业发展的宝贵财富。教师的教学行为和信念的改变在公开课的备课、磨课、上课、听课、评课中发生。同一个学校内，不同教研组的教学方式、教研文化存在很大差异，教备组形成专业协助的力度和品质在不同程度上也对教师教科研发展产生了巨大影响。

非典型的校本研修活动有两类，一是个人行为，如自发阅读教育教学文献以及与同事探讨学术问题；二是学校安排的集体活动，如参加研修班学习、外出考察研讨、听专家报告等。通常教师对这些非典型校本研修活动的兴趣和效果评价都高于典型的校本研修活动，他们认为这些活动对自己专业发展的促进作用要比典型的校本研修活动大。

学校可以从两方面努力，使学校的教师专业发展活动能够满足教师需求：第一，学校在设计和组织有关活动之前，需要认真分析教师的专业发展需求，做到有所为，有所不为，集中资源（包括时间、空间、经费、人力等方面的投入）重点满足那些能够真正带来专业能力提升的教师专业发展需求。而对那些教师参与兴趣不高又不能够有效提升教师专业能力的活动，尽可能少组织甚至不组织。第二，学校对教师某些过于功利和短视的专业发展需求应持包容态度，比如只关注提高考试成绩的培训，但应给予正面的引导。学校需通过一些努力让教师感知和理解专业发展活动的价值，并针对教师的专业发展需求设计活动。根据成人学习理论，教师一旦感知到这样的专业发展活动的价值和意义，就会愿意投入更多的时间、精力去参与，学校教师专业发展的质量也就会有一个质的提升。

4. 信息技术

信息技术的飞速发展对教师各方面知识的更新起着积极的促进作用，科技的创新打破了教育在空间和时间上的限制，我国的教育模式因此发生了前所未有的变化，这对教师的专业发展提出了更高要求。教师除了掌握专业的基础知识和技能，还需要掌握更多的信息技术使用技能，并切实地落实到日常教学中。一旦掌握这些能力，将对教师的信息资源收集获取、个人知识管理、与专家同行的交流等方面产生极大便利，促进教师终身学习和教师专业发展。不过，我国的在线教育资源目前仍旧比较匮乏，需要教师花费大量的时间去制作并打磨在线课程，而这无形中增加了教师的工作量。

（二）内部影响因素

教师生命质量的提升、精神的解放、主动发展和教育创造是教育质量提升、学生精神解放、学生主动发展的关键。所以，内部影响因素是教师专业发展的关键因素。

1. 职业动机

教师的职业动机与职业理想、教学工作能否满足某种心理需要密切相关，是直接关系到教师去留的重要因素。我们可以根据职业动机的不同将教师划分为以下三种不同的类型：谋生型教师视教师为知识的“搬运工”，视教师职业为谋生的选择，教学理念、方法僵化落后，对教学工作没有热情和兴趣，持应付态度，让教学工作变成一种煎熬和痛苦，缺乏专业发展动力；兴趣型教师视学生的成长为最大的快乐，在付出和给予中获得内心满足，热爱教师职业，喜爱与学生在一起的感觉，专业发展动力较强；理想型教师视教师为教育教学活动的反思者和研究者，视教师职业为实现自身发展的职业，对教育事业充满理想和抱负，追求成为专家型教师，专业发展动力十足。

2. 职业定位

职业定位是教师在其职业生涯发展中的总体规划。不同的教师在自身的职业发展定位上具有明显的差异。有的人追求安全、稳定、未来有保障的生活，有的人希望获得自尊和他人的尊重，还有人是为了获得在教育事业上的成功。职业发展定位的不同对教师专业发展具有不同的指向作用，在不同职业发展定位的驱使下其专业发展的程度、水平也不同。寻求安稳生活的人，只想本分地做一名普通教师，把自己每天的工作做好，按时上下班，达到学校的要求；希望获得自尊和他人尊重的人，想在学校或学校所在的地区成为一名优秀的教师；而渴望在教育事业上施展抱负的人，想让自己在教育工作上有所建树，并取得创造性突破，最终成为一名全国知名的专家型教师。

3. 人格特征

人格特征是指教师在面对学生、教育教学事务以及自身时行为内部倾向性和心理特征，对其专业发展具有重要影响。在日常教学活动中，我们可能会遇到不同风格的教师，有的严谨认真，有的幽默风趣，有的激情四射，有的灵活生动，有的博学多识，也有的枯燥乏味、呆板僵硬。而这些不同的教学风格往往反映了教师的人格特征。具有开朗、幽默、热情、自信、真诚的良好性格特征的教师，在教学活动中必将受到学生的爱戴和尊重，教学工作开展顺利，工作成就感强，专业发展动力也更强；而在工作中认真负责、乐于钻研并具有创新精神和能力的教师，必然能成为一名优秀的专家型教师。

4. 思维品质

思维品质是教师在思维活动过程中表现出的特点，对教师的专业发展也有重要影响。教师要把学科知识生动灵活地传授给学生，并培养学生良好的学科学习能力和创新能力，就必须在课前对教学资源进行分析、加工和整合，使分散、难懂的学科知识条理化、逻辑化和系统化。而不同思维层次的教师在发现问题、分析问题和解决问题的思维、方法与途径上有显著差异，直接影响到课堂的教学效果。一般来说，思维品质强的教师，其教学效能就强，专业发展也越顺利；反之则弱，专业发展越困难。

参考文献

[1] 翁乾明.依靠"明师"才能办出人民满意的教育：党的二十大报告学习与教育反思[J].福建教育学院学报,2022,23(11)：1-5.

[2] 李宜江.党的十八大以来教师政策的内涵阐释[J].教师发展研究,2021,5(1)：1-7.

[3] 李奕.加强教师队伍建设,大力弘扬教育家精神[J].教育家,2023(40)：1.

[4] 李宜江.党的十九大以来教师队伍建设的成就、经验与展望[J].教师发展研究,2022,6(2)：16-24.

[5] 王长远.新时代教师专业发展的政策支持与实践平台建设[J].陕西教育(教学版),2020(7)：8-9.

[6] 石静.新时期教师赋权增能的路径探究[J].教学与管理,2022(9)：43-46.

[7] 魏宝宝,孟凡丽.我国近四十年教学改革特征与教师专业人角色审视[J].当代教育论坛,2021(3)：19-31.

[8] 刘万海.教师专业发展：内涵、问题与趋向[J].教育探索,2003(12)：103-105.

[9] 崔允漷.学校本位教师专业发展：框架及其意义[J].教育发展研究,2011(18)：67-72.

第二章

教师专业发展的时代要求与挑战

在新课程背景下，普通高中育人方式改革的总体要求聚焦于课程改革，以应对时代发展和人才培养的新挑战。课程改革的核心是培养学生的核心素养，从“双基”到“三维目标”再到“核心素养”，教育目标不断深化，强调人的全面发展。教师作为改革的主力军，其育人能力的提升尤为关键。教育部提出强化教师育人能力的培养，要求教师教育课程体系融入社会主义核心价值观，创新培养模式，提升教师综合素质。教师需具备理解学生、分析问题、设计和实施教学程序的能力，以促进学生全面发展。当前，新时代普通高中教育改革旨在通过课程改革，培养学生的核心素养，强化教师育人能力，以适应社会发展需求，实现教育的全面发展和人才培养目标。

第一节　时代对教师专业发展的新要求

一、新课程背景下普通高中育人方式改革的总体要求

学校教育的核心是课程，课程反映并实现教育的目标和价值观。因此，课程改革是教育改革的核心。时代的迅猛发展，科学技术的快速进步以及人们生活、学习和工作方式的不断变化，给青少年和儿童的成长环境带来了深刻的变化，现代人才的形成面临着新的挑战。普通高中教育是国民教育体系的重要组成部分，在人才培养中起着承上启下的关键作用。办好普通高中教育，对于巩固义务教育普及成果、增强高等教育发展后劲和提高国民整体素质具有重要意义。

2014 年教育部颁发了《关于全面深化课程改革　落实立德树人根本任务的意见》，由此揭开了深化基础教育课程改革的序幕。该文件指出，教育部将组织研究提出各学段学生发展核心素养体系，明确学生应具备的适应终身发展和社会发展需要的必备品格和关键能力，突出强调个人修养、社会关爱、家国情怀，更加注重自主发展、合作参与和创新实践。文件要求通过研制学生发展核心素养体系，调整和修正课程方案和课程标准，改善与优化中小学相关学科教材，并提炼出基于不同学科的核心素养。在此，学生发展核心素养是统筹新时代课程标准、教材建设、课堂教学、课程评价等各个环节的中心枢纽，也是破解"重智轻德""唯成绩论"以及学科割裂等实践问题的关键线索，这也就标志着课程改革开始进入"核心素养时代"。

2019 年，国务院办公厅印发了《关于新时代推进普通高中育人方式改革的指导意见》(以下简称《指导意见》)，就推进普通高中教育教学改革、全面提高普通高中教育质量进行了系统设计和全面部署。这是 21 世纪以来国务院办公厅出台的第一个关于推进普通高中教育改革的重要纲领性文件，意义重大，影响深远。《指导意见》坚持目标导向和问题导向，结合我国普通高中教育实际，适应深化课程改革和推进高考综合改革面临的新形势新任务，对新时代推进普通高中育人方式改革进行了整体设计。主要包括六个方面的重点任务：一是构建全面培养体系，进一步突出德育时代性、强化综合素质培养、拓宽综合实践渠道和完善综合素质评价，增强学生综合素质。二是优化课程实施，全面实施新课程新教材、完善学校课程管理，落实好国家课程方案。三是创新教学组织管理，有序推进选课走班、深化课堂教学改革和优化教学管理，满

足学生不同发展需要，减轻学生过重课业负担。四是加强学生发展指导，注重指导实效和健全指导机制，着力提高学生在选修课程、选考科目、报考专业和未来发展方向等方面的自主选择能力。五是完善考试和招生制度，规范学业水平考试、深化考试命题改革和稳步推进高校招生改革，发挥考试招生的育人导向功能。六是强化师资和条件保障，加强教师队伍建设、改善学校校舍条件和完善经费投入机制，创造良好的育人环境和条件。

为深入贯彻落实《指导意见》，统筹推进普通高中新课程改革、高考综合改革和资源建设，全面提高普通高中教育教学质量，不断扩大普通高中办学规模，中共江苏省委办公厅、江苏省人民政府办公厅于2020年出台了《关于新时代推进普通高中育人方式改革和资源建设的实施意见》（以下简称《实施意见》）。《实施意见》提出了七项重要任务：一是构建全面培养体系。突出德育时代性，注重综合素质培养，拓宽综合实践渠道，完善综合素质评价。二是优化课程实施。全面实施新课程新教材，规范实施各类课程，科学统筹安排课程计划。三是创新教学组织管理。引导学生理性选科，深化学科教学改革，变革教学管理方式。四是加强学生发展指导。提高指导实效，健全指导机制。五是完善考试招生制度。重视考试命题研究，稳步推进高校招生改革。六是强化师资和条件保障。完善师资配备，加强教师培训，推进资源建设，加大经费投入。七是推进多样化特色办学。改革星级评估机制，推进高品质高中建设，实施内涵建设项目，开展拔尖创新后备人才培养，推动交流合作共享等。

2019年6月20日，时任教育部基础教育司司长吕玉刚在新闻发布会上表示，在实施普通高中新课程的省份不再制定考试大纲，学业水平选择性考试和高等学校招生全国统一考试命题都要以国家普通高中课程标准和高校人才选拔要求为依据，促进教考有效衔接，防止简单的、片面的考什么就教什么学什么，坚决克服这种倾向。时任教育部教材局巡视员申继亮指出，育人模式改革不仅是简单地改进课堂教学方式，更主要的是还要关注学生成长的机制和途径。这次新课程修订特别强调了学生综合实践能力的培养。新的教育课程进一步强化了培养学生综合素养的必要条件。综合实践活动作为小学一年级到高中三年级的必修科目，在所有科目里占分最高。新时代高等学校教学方法的改革，对提高教师专业性提出了新的要求。因此，教师需要更新他们的教学观念和知识结构，提高课堂教学的组织管理能力，增强教学方法的研究创新，提高课堂教学的整体要求，提高职业意识和自我启发的认知。在课程标准指导下，通过在教科书中学习，教师要让学生改善自己的知识结构，通过教学实践不断优化教学方法，教师要用心融入集体中，寻求专业发展的价值共鸣，不断提高自己的专业能力，并通过自己的专业发展促进学生的综合发展。

二、聚焦核心素养的新课程改革

在新一轮的基础教育课程改革中,从“双基”到“三维目标”再到“核心素养”,经历了很大变化。但这些变化并不代表后者对前者的简单否定,而是对前者的一种扬弃与超越。

(一)重新定义“双基”

“双基”是基础知识、基本技能的简称。主张把基础知识和基本技能作为普通中小学教学内容核心的课程理论,即为“双基论”。这种课程理论植根于中国大地,对我国当代的课程实践产生了深刻的影响。我国基础教育重视“双基”所取得的成就有目共睹,但也存在一定的缺陷。任何学科知识的发展都有一个承前启后的过程,教育科学的发展更是如此,割裂学科知识历史的内在与外在联系,以孤立静止的眼光看待“双基”教学与三维课程目标之间的关系,肯定不合理,也不现实。“双基”教学即教给学生基础知识与基本技能,在一定历史时期,对我们的教育发展起到重要的作用,在批判其时代局限性的同时,我们应该以客观的态度评价其影响,在吸纳中有所扬弃,而非全盘否定。现在,有些人对基础有着狭隘的认识,认为基础只是知识量的积累。随着社会的发展和技术的进步,以及信息化社会的到来,对“双基”的新认识和定位被提出来,它应该被赋予更丰富、更具时代特征的意义。新课程从一开始就没有忽视“双基”,而是以新的视角重新审视、重新定位了基础知识和基本技能的概念。基础知识和基本技能必须符合时代要求,20 世纪 50 年代的基础知识和基本技能不能成为 21 世纪的学生的学习要求。因此,新课程改革重新定义了基础教育阶段非常重要的基础知识和基本技能。

(二)对三维目标的扬弃

三维目标是教育理论中的一个新名词,它是指教育教学过程中应该达到的三个目标维度,即知识与技能、过程与方法、情感态度与价值观。三维目标是一个教学目标的三个方面,而不是三个独立的教学目标,它们是统一的不可分割的整体。三维目标的内涵所要传达的就是一种由“关注学生所学的知识”向“关注学习知识的学生”的主体的转变,也就是由“知识本位”向“学生本位”的根本性的转化。总的来说,三维目标的提出使广大一线教育工作者在关注学生“知识与技能”目标达成的同时,也开始关注“过程与方法”“情感态度与价值观”目标对促进学生全面、和谐、可持续发展的重大意义和价值。然而,在实践中,大多数教师虽然在公开课、示范课和观摩课的教学计划中都是从三个维度来描述教学目标,但在教学中使用的教学计划手册并不是从这三个维度来设计的。此外，许多教师忽视了教育目标的设计，即使设计，也仍然停留在抽象状态的课程描述，不符合实际的课堂教学，而且教育目标的表达不规范，动词的选择也不得要领，因此设计的教育目标是无法达到效果的。

三维目标的核心是谁？它们之间的关系如何？在实践中，人们认为“知识和技能”是最具可操作性的，因此它们是核心，其他是补充的。课程改革设计的初衷是避免这种单一性。从这个角度来看，三维目标似乎是肤浅的。事实上，在知识和技能、过程和方法、情感态度和价值观的三维目标中，难道没有核心素养的基因吗？对目标分裂的认识，导致了实践中的盲目大胆。核心素养的提出被认为是对三维目标的一种修正。

（三）指向核心素养的新课程

2016 年，中国学生发展核心素养研究成果发布会在北京师范大学举行。中国学生发展核心素养以培养全面发展的人为核心，分为文化基础、自主发展、社会参与三个方面，综合表现为人文底蕴、科学精神、学会学习、健康生活、责任担当、实践创新六大素养，具体细化为国家认同等 18 个基本要点。各素养之间相互联系、互相补充、相互促进，在不同情境中整体发挥作用。根据这一总体框架，可针对学生年龄特点进一步提出各学段学生的具体表现要求。

核心素养是课程标准研制(设计)的 DNA，是贯串课程标准修订的一根红线，也是课程实施和教学改革的总纲和方向。伴随着新课标的颁布与实施，一场以核心素养为导向的教学变革拉开帷幕。从“双基”到“三维目标”再到“核心素养”，中国基础教育不断地从“物”走向“人”，逐步回归到落实立德树人的轨道上。指向核心素养的新课程要求教师明晓：教学决不能止于知识，人的发展更不限于掌握知识，教学的根本目的和人的发展的核心内涵是人的素养的提升，也即教学是基于知识、通过知识的学习来提升人的素养的一种教育活动。核心素养概念和命题的提出具有重要的认识论的意义和价值，它意味着教育思维方式的转变，可以说，以核心素养为导向的课程标准修订实质是对课程观、知识观、教学观和学科教育观的重建。它是对“为谁培养人、培养什么人、如何培养人”这一教育根本问题的时代回应。

三、强化教师育人能力培养

教育部在《关于全面深化课程改革　落实立德树人根本任务的意见》中提出了“着力推进关键领域和主要环节改革”的十个项目，其中之一就是“强化教师育人能力培养”。文件指出，要把社会主义核心价值观纳入教师教育课程体系，融入教师职前培养和准入、职后培训和管理的全过程。教师教育院校要创新教师培养模式，着力提升教师综合素质，增强育人能力。地方各级教育行政部门要根据新修订的课程标准，以提升师德修养、育人意识和能力为目的，组织开展教师培训与研修。建立以课程标准研制专家、教材编写专家和一线优秀教师等组成的教师培训团队。研究设计基于新课程标准的培训与研修课程，开发优质资源。各级教师培训与研修要在以本学科为主的基础上，适当兼顾相关学科基本内容。开展校长专项培训与研修，提高校长统筹学校各项育人活动的能力。充分发挥校本教研、区域教研、联片教研、网络教研等多种教研形式在提升教师育人能力中的作用。这种"高校—政府—科研院所—普通高中"协同联动的培养体系，为提升教师专业能力搭建了平台。

的确，新课程改革的成败，关键在于教师。随着新课程改革的深入，一系列深层次的问题也逐步暴露出来，其中一个非常严峻的问题就是作为新课程改革主力军的教师的专业素养和教育教学能力，不适应新课程改革的要求。新课程改革在课程理念上突出了以学生为本的价值观，关注学生的和谐发展和终身发展；在课程目标上，致力于打好基础，促进学生的全面发展；在课程内容上，更加强调基础性、实用性、综合性、创新性；在教学方法上，主张研究性学习，自主探究与合作；在课程评价上，主张建立多元的评价标准，多样性的评价方式。这些变革都要求广大的中学教师必须尽快提高自身的教育教学能力，增强自身的专业素养。

教师的育人能力不仅仅指教学能力而是教师顺利完成育人活动的多种能力的有机结合。其中，一是理解学生的能力。了解学生是教育的基础，需要教师具有良好的观察力、沟通力、共情能力等。二是帮助学生分析问题原因的能力。为了理解和解决学生的问题，必须正确分析学生产生问题的原因，通过综合、具体、明确的优先排序来梳理解决思路。三是设计教学程序的能力。为了促进学生的发展，我们需要一个明确、系统、个性化、有效的教学计划。这就要求教师在确定教学目标、整合教学资源、编制教学内容、选择教学方法、掌握学生现状的基础上，有计划、有步骤地设计教学活动。四是实施教学程序的能力。实施教学程序的能力是教师教育能力集中的表现。教师尤其需要具备与学生、其他教师、社会工作者以及学生父母沟通的能力。教师需要具备整合各种教育要素的能力。此外，教师要有语言表达能力，能够恰当、有效、准确、明确地达到各自的教学目标。总之，教师教学能力的提高，有助于培养学生良好的思想道德品格。我们应致力于提高教师的精神健康水平，充分利用他们的教学能力，提高他们的专业生活质量，减轻他们的职业疲劳，使其获得更强的职业幸福感。

第二节　新课程改革中教师专业发展的现状

一、新课程改革与教师专业发展的适应性分析

（一）教师的高质量发展是课程改革成败的关键

华东师范大学终身教授钟启泉先生有一段话说得好："教育改革的核心在于课程改革，课程改革的核心在于课堂改革，课堂改革的核心在于教师的专业发展。"

在学校生活中，从显性化的学科课程标准、教材、教参，到隐性的不分学科的科技、文体、艺术和综合实践活动等，只要是具有育人目标的"活动"，均可能关乎课程。教师的课程领导力是教师通过规划课程、管理课程、建设课程资源、实施课程、评价课程等活动对学生的身心发展直接或间接地施加影响的过程中表现出来的能力。教师课程领导力的核心体现发生在课堂上。因为对学生来说，学校生活的绝大多数时间在课堂上度过，在教师课程领导力的诸多表现中，教师实施课程的能力，即在班级授课活动中对学生施加学科教育影响的能力，是最为基本和核心的。为此，我们要充分认识到教师课程领导力的核心所在，改变传统的课程管理理念与行为方式，增强教师实施课程的主动性和创新活力，这是深化新课程改革的关键。

教师发展必须和教师教学工作紧密结合起来，教师积极主动在课堂教学中不断学习研究，努力在教学实践与反思中，不断提升教学技能、教学技巧、教学艺术，才能成为学生喜爱的教师。课堂是提高教学质量、深入实施核心素养教育的主渠道。课堂教学再度成为教师发展的聚焦点。教师的文化底蕴，不仅决定着他理解掌握教材的能力，也影响他参与课堂改革实践的认识与能力。教师只有具有丰厚的文化底蕴，才能生成丰富灵动的课堂，才能带给学生广博的文化知识，让他们的思想变得丰富，让他们的思维得到拓展。课堂是教师专业发展的平台。课堂不仅是课程实施的场所，更是进行课程发展与教学实验的实验室。这意味着教师不仅是课堂教学的组织者、引导者，也是课堂教学的研究者、反思者。师生通过互教互学，形成一个真正的学习共同体。

课程改革的方向和性质，直接关系到课程改革的成败。高质量的课堂是教师综合素养的表现。教师一方面要坚守职业道德，爱岗敬业，讲奉献，讲付出；另一方面，教师要在专业知识和专业技能上追求提升。教师要有精深的专业知识、深厚的文化

修养、丰富的教育学和心理学知识，还要有开发课程的能力、良好的语言表达能力、组织管理能力和教学研究能力。基础教育课程改革理念指导下的教师专业化，要求教师具备以下素质：一是专业信念。教师要从新的视角重新发现学生，关注学生自主发展，关注学生的生活经验，提倡让学生进行积极主动、有意义的学习，并结合自己的教育教学经验，重建自己的专业信念体系。二是专业知识。教师要具备宽厚和综合的学科基础，了解和掌握各具体学科的理论知识，而且还要更广泛地学习、了解其他学科领域的理论知识，以及各学科和领域知识之间的关系，在各种不同的理论知识中进行选择、组织、传递和评价，在这个过程中进行知识创新，形成新的专业知识体系，提高教学专业能力，推动新课程向更高层次发展。三是专业能力。面对新课程，除了需要具备与教学实践直接相关的能力，如沟通能力、语言表达能力、课堂组织能力、班级管理能力，教师还需要重视培养自己的课程开发能力、科研能力，善于发现问题，对出现的问题进行探究，对积累的经验进行总结的能力。教师还需要具备反思能力，对自己的教学实践和周围发生的教育现象进行反思，通过反思提高自我觉察能力和自我反省水平。只有教师全面提升自身能力，才能保障课堂转型的高质量实现，推进课程改革的落地生根，促进学生全面而有个性地发展。

（二）课程改革能够成就一批“大先生”

习近平总书记在 2021 年 4 月 19 日考察清华大学时发表重要讲话，他提出，教师要成为“大先生”，做学生为学、为事、为人的示范，促进学生成长为全面发展的人。2022 年 4 月 25 日，习近平总书记在中国人民大学考察时强调：“老师应该有言为士则、行为世范的自觉，不断提高自身道德修养，以模范行为影响和带动学生，做学生为学、为事、为人的‘大先生’，成为被社会尊重的楷模，成为世人效法的榜样。”总书记的话充分表达了对教师的尊重，也是对教师的更高要求，意味着教师肩负着重大责任。做一名教师，首先要有坚定的理想信念，不断提高思想政治教育水平，爱祖国、爱人民，拥护党的领导，为实现中华民族伟大复兴而奋斗。要成为一名“大先生”，教师必须不断提高自己的专业水平，严格治学，培养科学研究的能力，并研究实际问题；坚持理论与实践相结合，提高教育质量。要做一名“大先生”，教师必须把立德树人作为教育的根本任务。教师要不断提高思想觉悟，树立高尚的师德，以身作则，成为学生做学问的榜样、做事的榜样、做人的榜样，引导学生树立理想信念，努力学习，成为祖国的栋梁，培养学生成为德智体美劳全面发展的社会主义建设者和接班人。

“大先生”是建设高质量教育体系、落实立德树人任务、改革课程、提高教育质量和教学质量的需要。新课程改革为广大教师提供了广阔的成长空间和自我提升的舞台，为教师们提供了大胆创新的探索路径和美好人生的机遇。教师要抓住新课程改革的“风口”，在应对“三新”挑战的过程中积累经验、提炼成果，不断促进自己的专业成长，为实现“大先生”的目标而努力奋斗。

（三）教师专业发展促进课程改革深化

“教师是课程改革的主体。”这句话不仅指改革主要由教师来展开，教师要去探寻帮助学生健康成长的更好路径和方法、去建立一套新的课程与教学体系，也是在强调教师自身正是在主动自觉的改革实践中得到成长和发展的。无论课程改革的具体目标是什么，都不可能止于纸上谈兵，终究要落实到教学、落实到课堂中，由一线教师来推进改革的进程、实现改革的目标。一线教师犹如战争中的前线战士，是冲锋陷阵者。没有他们的聪明才智、英勇作战，就不可能打胜仗，课程改革便难见成效。可以说，课程改革终究是教师的课程改革。课程改革的经验和教训，是一线教师积累和总结的；课程改革的酸甜苦辣，也是一线教师来“品尝”和感受的。课程改革可以是一张宏伟蓝图，也可以只是一个动念、一个方向，但具体怎么去实现，要由一线教师来完成。

然而，并不是所有教师都会支持课程改革。对课程改革方案持积极支持态度的教师，在理念上认同、在行动上积极投入，努力将方案变成现实；对改革方案持明确反对意见的教师，行动上便会有抵制、有抵抗。表面看来，反对者是课程改革的不利因素。但他们的存在，使课程改革成为一种天然的对比实验，有利于在对比中凸显改革的进程，评估改革的成效，发现改革方案在科学性、可行性等方面存在的问题。那些持消极态度的教师，行为变革的主动性不足。这些人常被称为“穿新鞋走老路”的人，教学实践中还是“老一套”。即便如此，他们依然以自己的方式参与着课程改革。他们的态度和行为表现倒逼方案制订者反省课程改革作为系统工程的内涵，反思改革目标，调整改革进程，梳理改革各方人员之间的关系；提醒方案制订者关注课程改革发生的背景条件与真实场景，不仅要有理念，更要有可行性、可操作性，要符合教学实际。正因为有不同的态度，课程改革才能逐渐调整，趋向理性和深入。因为有积极追随者，所以有主动的探索与改进；因为有疑惑和反对者，才不至于盲目地随波逐流，避免了革命式、运动式的激情改革，保证了教学实践的平稳运行，保证了教学活动的基本水平与基本质量，保证了课程改革的基本理性。

二、新课程改革背景下教师专业发展的现状与问题

课程改革给教育带来的最大挑战莫过于对教师专业化的挑战。教师在课程改革中是最关键、最活跃的因素。因此，在新课程改革中，我们主要关注的是教师专业发展是不是存在问题，存在哪些问题，应该如何应对这些问题。通过问卷调查、实地观察、教师访谈等方式，我们认为新课程改革下教师专业发展主要存在以下问题：

(一)对新课改理念和新课标认识不到位

虽然总体上广大教师对新课改的理念是认同的,对新课标也有一定的认识,但是仍然有一部分中学教师对新课程理念和标准还不够重视,或在实施新课标过程中存在一些问题。他们通常忽视了学科教学的育人功能,忽视了学科核心素养的培养,片面强调知识技能的掌握,甚至还存在死记硬背、搞题海战术的情况;在课程评价过程中,部分教师过于强调学生的成绩,而忽视了对学生品德和能力的评价;在教学过程中,部分教师依然坚持固有的知识本位、学科本位主义;在实际的教育过程中,部分教师把学生当作流水线上的产品,而不是作为有生命的、有主观能动性的个体。这些都严重背离了新课程的理念。

当前虽然很多学校和教育机构都鼓励和提倡一线教师进行专业化研究,但是在这一过程中,由于教师缺乏来自专家学者的指导,往往会显得乱而无序。在专业化发展的过程中,一线教师可以接触到最原始的信息,这些信息对教师的成长是有益的,可是要通过这些信息提取出具有理论水平的观点和看法,对大部分一线教师来说仍然是困难的。

(二)教师知识结构与素养不适应新课改要求

学界普遍认为教师的知识结构包括四方面:学科性知识、教育性知识、文化知识和实践性知识。教师知识结构陈旧主要表现在学科性知识和教育性知识陈旧。年长的经验丰富的教师对自己的教学经验、学科性知识盲目自信,缺乏对学科新增知识的吸收。新课程理念要求,从“三维目标”走向“核心素养”,迫切要求教师更新教学目标理念。同时,新课程标准提倡自主、合作和探究的学习方式,但仍有教师采取灌输式教学方式,这就导致了教师教育性知识陈旧的问题。

与此同时,新课改强调数字化技术在课程实施中的有机渗透和创新应用,这对教师提出了全新要求。信息技术与教育的深度融合推动着教育结构的变革与重塑,教育环境、教学模式、教师角色等正处于重要的转变期。智能化的教学环境、开放式的教育公共服务体系、跨学科的教学内容以及数字原生代的受教育者等,都对教师的传统角色提出了新的挑战。但有不少教师的信息技术水平落后,不能够有效运用数字技术为新课程实施服务,不利于教育教学质量的提升,特别是在特殊时期开展线上高质量教学与管理。

(三)多种因素导致教师职业倦怠

教师职业倦怠通常是指教师不能顺利应对工作的一种应激反应,是教师在长期压力体验下所产生的情绪、态度和行为的衰竭状态。这里所说的教师职业倦怠并不是指在新课程改革背景下日益凸显的教师职业倦怠现象。我们认为教师工资待遇低、社会地位不高是教师职业倦怠产生的主要原因。在新课程改革背景下,教师面临着角色转换、知识更新、技能提高等多方面的挑战,这给他们带来了更多的压力。而与此同时,教师的工资待遇和社会地位并没有提高。

此外,有部分教师对新课程改革背景下教师专业发展缺乏认识,并没有反思自己的实践性知识。这导致教师专业发展自觉水平较低,教师实践性反思的意识和行动力缺乏。再者,受职称晋升影响,有部分教师感到前途渺茫,有的甚至感到悲观,这样的情况下,要想让他们积极地通过自我提升、自我发展来促进专业的发展就显得很困难。另外,生活的压力、繁重的教学任务和额外的摊派任务也让教师疲于奔命,产生了职业倦怠。

(四)教师专业社群交流机制有效性不足

教师专业社群是指由教师和校内同事以及校外学者、专家、家长等组成的社群,在民主、平等的氛围下进行专业对话,实施批判性的反省,研究改进教学,并促进全体教师的专业成长。教师专业社群是教师专业发展的生态模式,它强调合作学习、沟通协商、反思对话,成为学校内教师工作和师生生活的新风尚。

在现实中,制度上的建设往往不能完全满足真正的专业社群的需求。社群内部的变革对于专业社群的形成和持续发展至关重要。因此,建立完善的教师专业社群是具有一定难度的,这需要教师们长期深入的研究作为基础。此外,即使建立了教师专业社群,也可能存在交流机制缺乏有效性的问题。

第三节　新课改背景下教师专业发展新境界

党的二十大报告高位谋划了全面建设社会主义现代化国家的路径，就建设教育强国、科技强国、人才强国做了重要部署。教师是教育高质量发展的第一资源，是科技自立自强的关键支撑，是人才队伍建设的重要保障，贯彻落实党的二十大精神需要打造新时代高质量教师队伍。

习近平总书记密切关注广大教师的专业发展。2016 年 9 月 9 日，习近平总书记在北京市八一学校考察时指出："广大教师要做学生锤炼品格的引路人，做学生学习知识的引路人，做学生创新思维的引路人，做学生奉献祖国的引路人。" 2016 年 12 月 7 日，习近平总书记在全国高校思想政治工作会议上发表重要讲话指出："教师做的是传播知识、传播思想、传播真理的工作，是塑造灵魂、塑造生命、塑造人的工作。教师不能只做传授书本知识的教书匠，而要成为塑造学生品格、品行、品味的'大先生'。" 2018 年 5 月 2 日，习近平总书记在北京大学师生座谈会上强调："2014 年教师节时我同北京师范大学的师生代表座谈时就如何做一名好老师提出了 4 点要求，即要有理想信念、有道德情操、有扎实学识、有仁爱之心。"总书记的"四个引路人""大先生""四有"好教师的论述，为广大教师专业成长指明了方向，也为新课改背景下教师的专业发展提出了需要达到的新境界。

2022 年，在第二届"智荟秦淮"教育高峰论坛上，教育部原副部长王湛指出，课程改革有力推动了教师的成长，促进了教育观念的大更新、课程能力的大提升、信息技术的大普及和教师教育的大跨越。王湛强调，要继续深化课改中开拓教师成长发展的新境界：一是答好"根本问题"、聚焦"根本任务"，筑牢立德树人发展素质教育的思想基础；二是当好"引路人"、坚持"四个统一"，确立做新时代"大先生"的发展目标；三是教书育人有机结合、促进学生自主学习，攀登改革育人方式的新高度；四是增强课程的综合性、推进跨学科的融合，建构协同育人的机制；五是转变育人方式、"提质""减负"相结合，创造共享幸福的教育生活。

有着"全国教书育人楷模""人民教育家"荣誉称号的于漪老师提出，"立德树人"是教师最根本的基本功。有了这个基本功才能落实"立德树人"的根本任务。江苏省教育科学研究所原所长成尚荣指出，教师的"道"概括为四个要点：第一是情怀，要有爱教育的情怀。例如，今天还要坚持斯霞老师的童心母爱，因为她代表的就是一种教育的情怀。第二是视野，教师要有大视野，心胸才会开阔。视野指的是视域，即所看问题的范围，由范围扩展、转换、凝聚为范畴；视野指向思维，即远眺时内心思考的方式；视野指的是胸怀，胸怀有多大，视野就有多大。视野的宽与窄、大与小，关键在于打开，在于自己内心的敞开。对教师而言，视野的打开，就是既要基于学科，又要超越学科，确立大学科视野；既要基于教育，又要超越教育，确立大教育视野；不要就教育论教育，要有大生活的视野。第三是格局，要有大格局。格局小的教师是不能进行课堂教学改革的，而没有大格局也难有大发展。在教师的价值坐标中，做"四有"好教师是轴心，教师发展的核心要素及要求是横坐标，教师发展的程度与水平是纵坐标。有什么样的价值坐标，就有什么样的发展格局，就有什么样的发展布局。布局大、格局大，发展的境界就会越来越高。第四是格调。高格调要有理论支撑，如对中国美学品格的追求，能让美育与道德结合起来，能让教师提高品位，提升格调。大情怀、大视野、大格局、高格调的教师，才能担当起课堂教学改革的使命，将"立德树人"根本任务落实在教育的整个过程之中。

一、教师专业发展要注重成长规律与个性化培养

纵观教师的整个发展生涯，可以发现两个特点：第一，作为一个专门的职业群体，教师在生涯发展中有基本的、大致统一的阶段性特点；第二，作为一个独特的个体，教师个人在生涯发展中又有个性化的、可分类的趋向化特点。教师专业成长的规律，既表现在教师群体发展的一般的阶段特性中，又表现为教师个体在不同发展阶段的不均衡性与独特的个性差异。

（一）教师成长的五个时期

教师的主要成长大致可以分为五个时期。第一个是适配期。第一次在教育领域工作，教师的主要任务是适应教育工作。例如，教学、备课、批改家庭作业、处理与学生的关系。其次是了解学校的基本情况。例如，作息制度、生源情况、预备梯队情况、行政运作情况。还有与同事建立业务关系。这一时期教师成长的主要动力是对职业的好奇心、考试成绩的压力和学校管理。适配期的长短取决于该教师在担任教师之前的教育水平和个人素质，一般在三年内，一个教学周期，一些优秀的教师可以在一年内完成。

第二个是增长期。经过一段时间的调整，教师在以下几个方面会有明显的进步。第一，掌握教材是教师专业成长的基本内容。教师在教学中系统地掌握了新课程、新教材的知识体系和理念。第二，掌握教学的基本程序和方法。这是教师专业成长的

重要内容，主要通过模仿达到熟练教学和控制课堂的水平。第三，关注学生，形成学生观——尽管这种学生观有点杂乱无章，只能停留在情感方面。此时的教师们渴望得到校长、同事、学生和家长的认可。增长的动力主要来自这种对认可的追求。此时，教师们重视学生的考试成绩，甚至将其作为成功的最大指标，希望赢得人们的认可和赞誉。增长期的长短取决于学校的管理水平、整个学校的氛围，也取决于教师个人的教育工作启蒙和个人的努力，一般是两三个教学周期。

随着时间的推移，大多数教师进入了第三个时期——平稳期。这时教师的工作热情逐渐下降，总觉得工作枯燥，没有什么新鲜事，发现很难再从同事那里学到东西，觉得自己掌握了所有需要掌握的东西。这时教师可以保持一定程度的教学效果，但如果一直尝试去突破，就发现效果并不明显。一些教师开始把注意力转向教育理论，但觉得这与他们自己的实际情况相去甚远。超过一半的教师无法逃离人生的高原期①，实现自我突破。

第四个是发展期。一个处于高原期的教师，如果能在学习的基础上消化和吸收新的教育教学理论，投身于教育科研，就有可能进入发展期。这个时期教师的工作热情是旺盛的。他们将逐渐形成自己独立的教学观、教育观和人生观。对新课程、新教材、教与学的方式方法、教师队伍建设、教学管理等问题都会形成各种新的认识。教师会深入一个特定的教学理论中，成为该理论的追随者。教师对自己内心的感受产生了兴趣，并开始不断地反思和剖析自己，重视并认真收集在教学中积累的资料。他结交有共同爱好和抱负的朋友，并愿意讨论有趣的教学问题。发展期通常可以持续到退休，极少数教师在短暂休息后进入超越自我时期。

最后一个时期便是超越期。超越期便是少数优秀教师在发展期之后实现自我超越，成为当地乃至全国的教育教学专家的时期。在这一阶段，开展公开课、教师讲座、集体备课等教学活动，可以有效地促进教师教育教学水平的提高。不是每个人都会经历超越期，即使经历，这段时间可能很长也可能很短。教师可以通过积极参与教学科研、努力读书、开展课题研究、撰写案例反思、参加名师工作室等形式进行自我完善、不断提升。

（二）针对教师成长的个性化培养

教师群体具有显著的多样性，包括处于不同专业发展阶段的教师、来自不同学科领域的教师、承担不同教学任务和管理职务的教师，以及具备独特个性、爱好和特长

① ［高原期］亦称“高原现象”。指在复杂技能形成过程中，练习到一定时期出现练习成绩暂时停滞不前的现象。

的教师。这种多样性使得针对教师成长的培训需要采取个性化的方式。总体而言，应采取“分层分类，一人一策”的策略。

在实施分类培养时，要考虑到不同学科的教师可能有着不同的成长轨迹。例如，学校中九大学科教师的课务安排、授课方式、科研模式、工作环境与音乐、体育、美术、信息技术教师相比就存在很大的差异。因此，只有采用不同的培养方式，才能促进教师团队的健康发展。在实施分层培养时，要考虑到学校教师发展具有不同的层次，包括新手教师、青年教师、成熟骨干教师和名优教师。因此，针对不同层次的教师，可以实施不同的培养工程，并采用个性化的方式进行培养，以激发教师的主动性和创造性。

二、要推动建立教育与科研相结合的教师专业成长模式

关于教育与科研的关系，即教育与科研是互利的还是互斥的，一直是教育界关注的热点。互利的理论认为，那些有研究导向的信仰的教师善于提出开阔的观点、深奥的想法，善于发现问题，经常思考以教育为中心的开放性问题并探索问题的解决方法，这种优秀的素质对学生的长远发展有着巨大而微妙的影响。互斥的理论认为，教师那么忙，没有时间进行科学研究，如果他们在科学研究上花费时间和精力，在教育学生上花费的时间会减少，从而会降低教育质量。

事实上，教学和研究是相辅相成的，也是促进教师专业成长的两翼，并且是相互融合的。但是为什么还有不少教师用排斥的态度对待研究？这有两个原因：第一，一些教师工作时间较短，他们的专业职业仍然处于跟踪和实施的状态，他们模仿、学习，虽然通过参考其他教师等积累了实践经验，但还没有达到能将实践研究和理论创新相结合的阶段。从目前来看，如果要求他们进行科学研究，他们实际上仍然会把精力放在学习和积累实践经验上。第二，一些工作多年的中老年教师不愿意把精力放在科研上，更愿意花时间将知识传授给学生，提升学生的能力，他们认为这才是教师真正的责任。这类教师的教学水平很难进一步提高。教师没有任何想法或不喜欢思考研究，缺乏批判性思维和创新能力，就不能把重点放在学生的批判意识和思维能力训练上，而是把更多的时间花在机械的训练和机械性问题的解决上。虽然不断地刷题对提高学习成绩的效果可以在短期内得到证明，但从学生长远发展的角度来看，创新思维能力是学习、工作的核心竞争力，不对其进行研究学习是短视的、肤浅的。科学研究的目的是促进教育和教学更好发展。脱离教育实际的研究是空洞的，不能对教育实践产生指导性效果的理论是无效的。教师的研究必须以教育的要求为基础，而且要密切联系实际研究过程，研究成果要对实践起指导作用。在循环中练习、研究、回顾，是深化研究的内在要求。

因此，可以建立教育与科研相结合的教师专业成长模式，通过进行行动研究、案例研究、个人反思，来促进教师的专业成长。

（一）基于行动研究的教师专业成长

随着基础教育课程改革的不断深入，教师的专业发展日益成为人们关注的焦点，也成为课程改革的重要推动力，"教师要成为研究者"已经得到广大教师的普遍认同，并成为自我专业发展的重要目标。教育行动研究是在教育情境中，研究人员和实际工作者结合起来解决某一实际问题或提高教师素质的一种方法，是指通过研究真实的学校教育过程与情境，以提高自己的教育行动质量与教育行动效率为目的的研究模式。教育行动研究是为教育行动而研究，由教育行动者研究，在教育行动中研究。教育行动研究具有的优点是较强的适应性和灵活性，评价的持续性和反馈的及时性，较强的实践性与参与性，多种研究方法的综合使用。

教育行动研究是实现教师专业发展的有效现实途径。教师专业发展实质上就是一个通过不断解决教育教学问题实现教师自我提升的实践活动和过程。教师进行行动研究可以使教师革新教育教学价值观念，树立现代教育观、学生观、教师观、教学观、人才观，构建现代教育理念和理论，用现代教育理念和理论指导教育教学实践活动。教师在教学实践中始终将自身的教育教学行动问题作为研究对象，立足于对自身教育教学行为的反思和批判，致力于通过解决教育教学实践问题来提高教育教学行动的质量。行动研究能够深化教师对教学实践的认识和理解，增强教师对教育教学活动的情感体验，丰富和完善教师的知识结构，提高教师的教学能力与教学水平，培养教师的专业品质等。教师在行动研究中实现了自身专业素养的提升，促进了教育教学行动质量的提高和教师专业的发展。

教育行动研究使教师的角色更加丰满，教师不仅要从事教学工作，还要进行教学研究工作；教师不仅是一名教育者，还应是一名研究者，在教学中研究，在研究中改善教学。教育行动研究并不是个别教师的"专利"，它是所有教师的权利与责任。因此，每位教师都是教育行动研究的主体，这意味着每位教师都是专业发展的主体。研究能力和应用研究成果的能力是专家型教师与教书匠型教师的一个十分重要的区别，教书匠型教师在传授知识方面往往表现得很好，但在如何更好地传播知识、如何解决学生学习知识过程中遇到的问题等方面能力不足。专家型教师不仅要传授知识，更要研究如何有效地传授知识。教师开展教育行动研究意味着需要不断发现问题、分析问题和解决问题，在教育行动研究中培养自身良好的品质。这些品质包括自觉的品质、交流与合作的品质、客观公正和自我批判的品质、意志坚强的品质等。成为一名专家型教师不可能一蹴而就，但教师应通过教育行动研究来不断地接近专家型教师的专业发展目标。

（二）通过案例分析促进教师专业成长

研究典型的教学案例，不仅能够在教学中发挥重要作用，而且对教师的专业成长也具有重要意义。有意识地调查典型的教学案例是教师促进专业成长的有效手段和方法。通过学习典型的教学案例，教师可以提高综合素质，提高研究能力，促进专业成长。

通过学习典型的教学案例，教师可以将高水平的教学理念实施到特定课堂的教学活动中。新课程、新标准、新教学模式需要新的教学理念和原则来支持，这些理论的实践者是教师。教理论，通常是抽象的、专业的，甚至很难理解的。要以最快的速度实践它，需要大量的人力和时间。通过探讨现有的典型教学案例，用自己的经验重新审视教学过程，教师能在脑中生动地再现教学，验证和理解新的教学观念，提高临场感。

研究典型的教学案例，可以促使教师自我反思，提高教学的专业性。典型教学案例的研究从教师的日常教学工作开始，根据个别教师的教学经验进行。因此，教师既是具体的实践者又是研究者，不仅有助于教师发现优点，而且更容易发现缺点。研究典型的教学案例，不是单纯地再现特定的教学情况，而是从研究者的视角来观察和深思特定课堂的细节。典型的教学案例反映了通过教师实践验证的具体教学过程。学习典型的教学案例需要以一个或多个课堂细节为中心，筛选、分析和表达大量信息。这样，教师就可以观察和思考课堂的具体内容，优化教学流程。学习典型的教学案例，不仅可以提高课堂效率，更重要的是促进教师之间的情感沟通。通过实施教学中的典型案例研究，教师可以协同完成任务。这样，每个教师都可以在课堂上更清楚地看到自己，同时，学习别人的强项，在思维碰撞的过程中，体验集体智慧的力量。这将无形地促进教师之间的团结互助，促进个人专业成长。

研究教学典型案例，可以有效提高教师的理论水平。由于教学典型案例研究与教师的日常工作和教学经验紧密相连，教师在进行研究时不会觉得陌生，更不会感到有负担。因此，研究中较容易进入角色，能够比较自然地运用自己所熟悉的方法进行交流并付诸实践。同时，也能使研究的成果服务于课堂。这是教学典型案例研究能够吸引广大教师积极参与的重要因素。教师的日常语言具有浓厚的校园气息，它是具体的、独立的、富有生命活力的。研究教学典型案例应以生动的课例为主，使教师在工作、生活和研究等不同的领域中，其思维和表达方式可以达到相当程度的一致性，这不仅降低了研究的难度和起点，也是研究教学典型案例达到较高水平的优势和基础。

（三）将反思作为促进教师发展的内驱力

教学反思就是用新课程的教学理念来思考自己在课堂中的教学行为，即研究自己如何教、如何学，别人如何教、如何学，如何在教中学、学中教的问题。这里的“思”，既包括教师的课堂教学行为，也包括学生的学习行为。其中既有正面的，也有负面的，有肯定的，也有否定的。肯定的要继续发扬，否定的要加以改进。教师要适应新的教育形势，必然要不断地反思和学习。课堂教学反思以解决课堂教学中的问题为出发点。教学反思是衡量有效教学的基本标尺。课堂教学反思伴随着教师积极的情感体验，内在地决定着教师的工作状态和水平，深刻地影响着人才培养的质量。

教学反思的基本内容有两个方面，一是教学理念领域，二是教学行为领域。对于教学理念领域的反思，主要是教师通过对自己已有的教学观念与新课程提出的教学观念进行比照，促进教学思想和理念的提升。对新的教学理念的反思，只有通过对具体的教学行为的反思才能表现出来，包括反思教学目标的达成度、教材内容组织的合理性与创新性、教学方法的适切性、教学设计的合理性等。教师的个人反思是通过对自己或他人的课堂教学行为、教学理念进行审慎的、独立的检讨性思考，找到课堂上存在的不足或问题，分析产生的原因，想出解决的方案，进而在今后的教学行动上改进自己的教学，以提高课堂教学质量。教师除了个人反思，对他人教学的反思也具有借鉴意义。借鉴优秀教师的课堂教学，反思自己与他人在课堂教学上存在的差距，吸取他人教学中失败的教训，可以引以为戒，进一步提高自己。

三、优化教育生态，激发教师专业成长自觉

生态学中有一个著名的“花盆效应”，又称局部生境效应，是指花盆是一个半人工半自然的小生境，在花盆内的个体或群体，一旦离开此生态环境，就难以维持其生存与发展。它具有两方面特点：第一，在空间上存在很大的局限性；第二，生态群体在人为创造的适宜环境下能很好生长，但随着时间推移，生态群体对生态因子的适应阈值会不断下降，一旦离开创造好的小生境就不能得到良好发展。

在教育生态系统中，教师作为一个重要的生态主体，其发展状况将直接影响学生的发展质量，进而影响学校的发展品质。每个教师都有着各自不同的教学风格、经验、特长，每个人都处于自己特定的发展阶段，如何让教师克服“花盆效应”是每个学校管理者必须认真考虑的问题。学校要创设有利于教师发展的优良环境和氛围，充分发挥教师的主观能动性，帮助每个教师寻找到属于自己的生态位，采取切实有效的措施，推行教师的分层分类培养，以促进教师的专业能力发展和专业境界提升。

（一）改善外在政策制度

政府的相关政策和制度性支持，为培养教师职业能力提供了综合的大前提和环境。政策制度保障了教师的日常生活、工作和学习，同时也限制和指导着教师的行

为。优化完善教师评价制度、奖惩制度、任用制度等，有助于激发和促进教师的专业性。首先，要增加财政投资，确保教师专业能力开发环境。例如，要求教师进行持续的学习和反思，需要通过政策支持提供必要的学习场所和资料。为了提高教师的信息技术水平、授课指导能力、实施能力和教育技术能力，需要先进的计算机、3D 全息投影、VR、5G 移动学习终端等必要的技术装备。例如，教师想写专业论文，就需要拥有一个方便的平台来下载专业杂志。其次，完善教师资格制度，加强教师专业能力评价，完善教师教学能力评价内容。在确定教师资格的过程中，要重视教授的实践性。再次，是要进一步完善考试评价制度和学生评价制度，通过多方面、多科目评价，更好地反映教师教育和教学过程的成果。

（二）构建学习共同体

教师专业学习共同体，有五个主要特点：第一，相互支撑、共享式的领导关系；第二，积极的创作和实践；第三，分享价值观和愿景；第四，提供支撑环境；第五，分享知识和经验。教师专业学习共同体的基本要素包括：共同促进教师专业性、成长、合作与和谐的文化氛围的愿景，研究社区中合理的成员结构，强调教师反思与实践的循环学习方法。

教师职业成长的学习共同体的雏形目前已经形成。其协作模式有三种。第一种是中学教师的共同研究模型，教师之间相互展示学习。第二种是以关联的研究所、大学教授、中学教师相互合作的形态推进教育研究。第三种是包含第二种在内的大学教育、学校培训和集体研训的样式，是一种在教师专业性成长中把握学习共同体的本质和基础理论体系，具有真正专业性的学习共同体。好的共同体是让处于外部力量影响下的学习组织发展为教师自发的、有意识的组织形态，混合当前各种合作模式，促进复合合作模式的生成，从而加强教师之间的合作，促进教师的专业成长。

（三）优化集团化办学

集团化办学是一种将多个学校或教育机构联合起来，共享优质教育资源、提高教育教学质量的办学模式。在当今社会，随着人们对教育需求的不断增加，如何优化集团化办学，更好地满足人们对高质量教育的需求，是我们需要思考和解决的问题。集团化办学特别强调“共同体”概念，旨在实现社会性的思维方式的转变，使共同体中的成员都能够共享特定的文化和教育资源。集团学校的各组织之间并不存在高低、强弱之分，而是相互平等、互相鼓励的关系。集团化办学的目的是让所有加入集团的成员学校在平等的基础上互相鼓励，以产生“和而不同，美美与共”的积极效应。

优化集团化办学是当前教育领域的一个重要议题。第一，要完善集团化办学的管理机制，建立科学、规范的管理制度，明确各成员单位的职责和权利，加强沟通协调，确保集团化办学的有序运转。同时，要建立合理的评价机制，对成员单位的教学质量、管理水平等方面进行全面评估，促进集团内部良性竞争。第二，要强化集团化办学的资源整合。通过共享师资、课程、设施等资源，避免重复投入和浪费，提高教育资源的利用效率。同时，要加强成员单位之间的交流与合作，促进经验共享和优势互补，推动教育教学水平的共同提高。第三，要注重集团化办学的创新发展。在办学理念、教学模式、课程设置等方面进行积极探索和创新，以满足不同学生的需求和期望。同时，要关注教育技术的不断发展，积极引入先进的教育技术手段，提高教育教学水平和质量。集团化办学强调"集团化"与"去集团化"的共生理念，当成员学校完成了从"输血"到"造血"的功能转换，经过评估，就可以从集团中分离出去，核心学校重新吸收新的未加入集团的学校进行集团化办学。为了构建团队教师专业发展的文化体系，可以从物理、人、制度、管理四个维度进行系统化设计，如引入定期轮换、津贴和补偿制度。同时，也可以通过在岗研修、项目驱动等方式开展集团学校教师的专业研修。

参考文献

[1] 朱益明. 以育人方式改革促进普通高中健康发展[J]. 教育发展研究，2019，39(18)：3.

[2] 王聪，赵慧君. 近 20 年我国基础教育课程改革研究的回顾与展望：基于 CiteSpace 的可视化分析[J]. 长春师范大学学报，2022，41(3)：157－162.

[3] 卓泽林. 走向高标准的个性化学习：加拿大英属哥伦比亚省最新教育计划的解读与启示[J]. 基础教育，2012，9(6)：119－124.

[4] 曾玮，夏志芳. 三维目标的有效实施与评价：记"第四届有效教学理论与实践研讨会"[J]. 全球教育展望，2010(2)：93－96.

[5] 杨玉东. 教师的课程领导力及其核心体现[J]. 基础教育课程，2012(7)：23－25.

[6] 何小江，赖勇. 论新课程背景下教师专业发展的问题及其对策[J]. 网络财富，2010(12)：4.

[7] 成尚荣. 新时代课堂教学改革应当关注四个问题[J]. 教育视界，2021(31)：4－7.

第三章

普通高中教师专业发展文化建设

学校文化是一所学校在长期教育教学实践中积淀而成的，学校全体成员所共同遵循的价值观念、行为准则等，这些元素的组合共同呈现出一所学校的整体精神风貌。学校文化是影响教师行为的重要变量，它塑造着学校组织内人员的言行和价值观念。每一所学校都具有不同的学校文化，要对学校文化做出明晰的界定是非常困难的。我们可以看到学校作为教育机构这一有形的存在，却无法触摸到学校文化的真正存在。

第一节　新时代背景下普通高中文化建设现状

一、普通高中文化建设的要素

学校文化是指学校在长期发展中逐渐形成的价值观念、教育理念、群体意识和行为规范等共识，同时也是学校教育理念和校园环境的鲜明表现。学校文化是学校发展的核心元素，扮演着凝聚人心、展示学校形象以及提升学校文明程度的重要角色。学校精神文化建设则承载了学校文化建设的中心任务，是学校文化的最高层次。

学校文化建设主要分为三个要素：物质文化建设、制度文化建设以及精神文化建设。这三方面的协调发展将有助于建立完整的学校文化形象。

（一）物质文化建设

众所周知，精心设计的校园设施为师生员工提供了丰富多彩的教育活动场所，让他们在知识和美感中得到教育的熏陶。完善的设施、合理的布局以及有特色的建筑场所都有助于培养美好心灵，激励人们积极进取，约束不当行为，促进身心健康。在学校文化建设中，精神文化是最终目标，而物质文化则是实现这一目标的工具和平台，是推动学校文化建设的必要前提。物质文化建设是学校文化建设的重要组成部分和重要支撑。学校物质文化是学校文化的硬实力，可见可触。每个物质文化实体以及它们之间的关系都反映了一定的教育价值观。

（二）制度文化建设

学校制度文化作为学校文化的内在机制，包括学校的传统、仪式和规章制度，是维护学校正常秩序不可或缺的支持系统。学校文化建设需要完备的规章制度，以规范师生的行为，确保学校的各项工作和活动有序进行。然而，仅仅拥有完善的规章制度是不够的，还需要有组织机构和团队来执行和贯彻这些规章制度。因此，制度文化建设包括制度、组织机构和团队三个方面的建设。组织机构建设和团队建设是制度文化建设的关键环节，对于规范师生行为，推动学校文化建设，具有至关重要的作用。

（三）精神文化建设

精神文化主要包括学校历史传统以及被全体师生员工认同的共同文化观念、价值观念、生活观念等意识形态。它是学校的本质、特色和精神风貌的集中体现。学校精神文化也被称为“学校精神”，具体体现在校风、教风、学风、班风和学校人际关系中，渗透到校园生活的方方面面，包括学生在校园中的行为规范等。

1. 校风建设

校风作为教育环境的独特组成部分，反映出学校的精神风貌。校风主要通过校训、校歌、校徽和校旗来体现。优秀的校风具有强烈的感染力，让那些思想行为不符合环境氛围的人感受到无形的社会压力，促使校园成员形成协调的心理状态；它也激发内在动力，推动人们不断进步；同时，它对心理健康的发展具有保护作用，帮助抵御不良的心理倾向和行为。

2. 教风建设

教风是教师在长期的教育实践中形成的教育风格、态度和特点，它综合了教师的道德品质、文化知识水平、教育理论和技能等。要优化校风，首先需要改进教风（包括工作作风），因为学校是培养人才的地方，而教师则是培养人才的重要角色。只有树立务实、奋斗、勤政廉政、团结协作、高效严谨、服务周到、细心耐心的工作作风以及为人师表、教书育人、治学严谨、认真负责、耐心细致、开拓进取的教风，才能引导和促进勤奋学习、积极向上、严谨求实、尊师重教、遵纪守法、举止文明的优良学风的形成。总之，没有良好的工作作风和教风，就难以形成良好的学风。

3. 学风建设

学风是指学生集体在学习中表现出的治学态度和方法，是学生在长期学习过程中养成的学习习惯的体现。优秀的学风对提高学校的教育教学质量、发展学生的品格以及培养全面发展的学生都至关重要。

4. 学校人际关系的建设

这是一个综合性任务，包括学校领导之间的协作、领导与教职员工的互动、教师之间的协作、教师与学生之间的互动，以及学生之间的关系。这些关系的良好发展有助于促进师生员工更紧密地协作，形成一个团队，充分发挥协同效应。环境对人的影响就像古代智者所言：“与善者同行，将得善果；与恶者结伴，将蒙恶果。”这表明了周遭环境如何塑造个人。学校的校容校貌是学校整体精神和价值导向的体现，也是重要的教育资源，对于引导和影响学生的态度与行为具有重要作用。因此，学校文化建设需要广泛参与，每一位师生员工，包括学校领导在内，都应高度重视学校文化建设。学校文化建设不仅仅涉及学校内某一部分人，它还紧密联系着学校各方面的工作，需要全校师生员工的共同努力。

学校文化不仅反映了学校的综合实力，更体现了文化的凝聚力和创造力。出色的校园文化赋予师生独立的人格和精神，激励他们不断反思、不断进取，推动学校蓬勃发展。同时，在新时代背景下高品质示范高中的创建过程中，学校的“一训三风”（校训、校风、教风、学风）必定起到树立新风、凝聚人心、激发斗志的重要作用。

二、普通高中文化建设面临的问题

学校文化是学校教育的重要组成部分，它不仅影响学校的形象和发展，还对教师的信仰和行为产生深远影响。有学者认为，学校文化建设会自然而然地促进教师的成长。然而，马克思曾指出，有一种唯物主义观点认为人的思维和行为是环境和教育的产物，忽略了人的主体性和自觉性。这种观点将教师视为学校文化的被动接受者，而忽略了教师作为个体在文化建设中的自主作用。因此，关于教师成长的文化影响，尽管两种观点都有合理之处，但它们共同的问题在于忽略了教师的主体地位，以及教师自觉地参与和塑造文化的作用。

学校文化是一种“意义场”，由观念、制度和物品赋予意义，形成了一种复杂的意义网络。如果没有共享的“义素”来聚合，学校文化就会变成一堆失去指向的僵化符号，意义将无法理解或生成。因为意义的缺失，学校文化的育人功能无法充分发挥作用。可以说，如果没有产生意义，文化实际上不存在。目前，学校文化趋向于物质化，普遍存在泛化现象，导致学校文化出现“意义空场”和“价值真空”的情况。

随着国家对教师专业发展重视程度的不断加强以及一系列有关教师队伍建设的政策文件的出台，教师文化资本积累的重要性逐渐凸显。然而，对于教师文化资本的内涵和价值，以及在积累过程中所面临的各种障碍的清晰理解和应对策略的探讨仍然不足，这不利于促进我国教师的专业发展。

从文化传承的角度来看，学校文化建设和文化基因密切相关。受到几千年封建文化的深刻影响，我国传统文化中的某些不良观念和习俗仍未被彻底摒弃，继续影响着多代人的思维方式。这种传统文化的惯性在现实社会中对教育领域的文化风气也产生了一定的影响。

然而，每个教育工作者内心都怀有教育的良知，都有自己的理想和目标，也具备将这些理想具体化的能力。但是，将理想付诸实践并非易事，有些教育工作者渴望将想法转化为行动，但由于个体的素质等多种因素的影响，他们可能难以找到适当的途径来实现这一目标，从而导致了教育实际状态和理想状态之间的矛盾。

（一）个体乏力：职业倦怠导致停滞不前

随着教师的工作年限增加，他们在面对社会信息化和家庭压力等各种挑战时，可能会出现职业倦怠的现象，这将阻碍他们主动积累文化资本。有研究表明，中小学教师承受着巨大的教学压力，加上参与培训和其他活动，使他们情感逐渐疲惫。这种高情感疲惫和低个人成就感之间的不平衡会加重职业倦怠。情感疲惫往往会分散教师积累文化资本的精力，减少了他们对学科相关的物质化文化资本（如专业理论和文化修养）的关注。同时，这也会降低教师对学历和职称等符号性文化资本的追求动力。烦琐的行政工作会使教师无暇提升学历和争取更高职称，从而加重职业倦怠。因此，追求令人满足的教学成就和发展独特的教学理念不再成为教师的奋斗目标，而适应现状则成为教师的工作常态。职业倦怠就像一把无形的利剑，逐渐削弱了教师在教育领域中的活力和创造性，导致教师在文化资本积累过程中容易陷入停滞。

（二）评价偏差：功利主义导致方向误差

学校管理和评价制度对教师文化资本的积累选择起到了关键导向作用。目前，很多学校仍然沿用应试教育的方式，这种功利主义倾向无形之中影响了教师的决策和选择，将他们推向了一个急功近利的误区，迫使教师寻找一种高效的方法来迅速提高学生成绩。这使教师的文化资本积累方向产生了偏差。

尽管近年来的新课程改革突破了传统的知识传授模式，提出了以促进学生全面发展为目标的价值理念，如“文化课堂”和“生本课堂”等，这表明教学评价不再仅关注学业成绩。然而，由于长期以来应试教育观念根深蒂固，大多数中小学教师仍然强调那些能够快速提高学生成绩的物质化文化资本，如专业知识和技能。与此同时，那些不太显著的符号性文化资本，如新的教育理念等，容易被忽视。然而，这些文化资本的积累可以增强教师的教育意识，潜移默化地对他们产生积极的影响。物质化文化资本固然重要，但对它们的过度重视可能导致教师成为纯粹的教育技术工作者。总之，学校管理和评价制度的不合理导致了教师对文化资本的认知和评价产生了偏差，削弱了他们的内在动力。

（三）氛围缺失：学校文化建设忽视了关键方面

根据社会认知理论，个体行为不仅受内部因素影响，也受外部环境刺激、塑造和控制。在教师的工作环境中，良好的学校文化建设对教师文化资本的积累具有重要的影响和激励作用。

总体而言，学校目前更加注重物质文化建设，如校园建筑和硬件设施，而忽视了精神文化建设和制度文化建设。首先，学校往往忽略了教风对教师文化资本积累的潜移默化的影响。教风涵盖了教师的教育理论水平、教学技能、道德品质和文化素养等方面。教师既承担着传播文化资本的重要任务，同时也在吸收文化资本，因此教师之间的互相学习和自我提升的氛围可以对他们产生积极影响。然而，如果缺乏这种文化资本积累的氛围，教师可能对此渐渐漠视。

此外，在制度文化建设方面，学校缺乏合理有效的机制来鼓励教师提升学历和专业技能。这导致教师安于现状，内在的文化资本积累动力减弱。学校的制度文化环境不足以激发教师对文化资本积累的热情，从而导致了学校内部缺乏积累文化资本的氛围。

在面对这些问题时，学校需要更注重提高教师的积极性，创造更有利于文化资本积累的环境，包括倡导积极的教育理念和提供机会，以便教师能够更全面地积累文化资本。只有这样，才能建立更加完善的教育体系，促进学生和教师的共同成长。

三、普通高中文化建设的关键点

学校文化的内涵和外延非常广泛，人们对学校文化的理解也各不相同，这导致关于学校文化的讨论往往无法达成共识。当前，许多学校都宣扬崇高的教育口号，认为其教育理念已达到国际水平，甚至在某些方面处于国际领先地位。然而，当深入到这些学校内部，观察师生的实际行为时，人们可能会惊讶地发现，一些学校的管理方式和师生的行为与学校宣扬的理念相去甚远。更为重要的是，这种现象并非仅仅是因为学校文化建设不足的问题，更多的是因为学校管理者和师生等相关主体在文化认同上出现了问题，或由于存在难以克服的客观障碍，无法有效地实践学校的教育理念。与此同时，这种现象往往具有一定的隐蔽性，使人们难以敏锐地察觉到，最终可能会成为一种文化习惯，对学校的可持续健康发展造成结构性影响。学校文化建设的关键点在于以下两个方面。

（一）坚定明确的价值追求

新时代，教育有新要求、新任务。学校要有为党育人、为国育才的使命担当，应该有拥抱时代，落实中国梦价值追求的理想，站在培养社会主义建设者和接班人的高度设计学校文化体系。

北京师范大学肖川教授说："真正的教育不仅应该具有效率和效益，更重要的是要具有灵魂，具有坚定而明确的价值追求。"百年名校，在百年流变中薪火相传，星光闪耀，是因为有着自己的办学之魂。家国教育文化成了学校的文脉，它是站在未来的高度、育人的高度在思考教育，培养国家未来最需要的人才，让学生在成长中担当家国责任，树立理想信念，培育大情怀、大担当、大视野。为民德，热爱祖国；塑人德，关心社会；立身德，完善个人。头顶的是天，是国家；脚踏的是地，学校的家园。中华儿女就是要顶天立地担当家国责任。家国情怀是中华民族的文化精髓与价值引领，家国情怀的培育是立德树人根本任务落地的重要形式，回答了"为谁培养人""培养什么样的人”“怎么培养人”的时代拷问。

（二）构建独特的文化体系

学校文化要生长于学校自己的土壤中，具有校本性，要从办学历史中接续文化元素，在发展历程中不断完善、丰富，形成适合时代、适合学校自身发展的新理念、新思想。当前不少学校的家国教育文化在坚守中创新，在百年历程中日臻完善，不断发展，让学校教育承载社会、国家责任。学校均应以每十年一次的校庆为契机，精心梳理学校办学历程，完善学校文化，让学校文化不但具有历史性，而且具有时代性。

作为一所具有深厚文化底蕴和厚重历史积淀的名校，常州市第一中学传承百年历史，努力找寻百年文化传承与时代需求的契合点，为实践创新提供方向性指导；凝练办学理念，架构顶层设计，进行立德树人校本化阐释，形成对接时代的核心文化体系。学校高度重视“一训三风”建设，校训、校风、教风、学风成为学校文化建设的重要内容，得到师生和社会的广泛认同。在新一轮高品质示范高中创建中，常州市第一中学以“一训三风”为核心要素，打造高品质高中文化。

一是引领全校师生恪守“笃学、力行”的校训，落实党和国家对青年、对教师的时代要求，注重知行结合、理实融合，勤勉而生动地学习，扎实而创新地实践，合力促进学校为党育人，立德树人，以文化人，陶冶生命，润泽生态，涵育生活，激发生机的办学目标的实现。

二是推动全校师生弘扬“严谨、求实、文明、奋进”的校风，着力教育生态建设，丰富校风内涵，突出领导示范作用，强化教师表率效应，力求管理做到严格、规范、有序、和谐，保证学校教育教学工作有条不紊地开展。

三是促进全体教师传承“尽职、严格、爱生、善导”的教风，用“四有”好教师和“四个引路人”的标准要求自己，用立德树人、教书育人、和谐待人的理念履行教师的职责，用真诚、宽容、温暖换取学生的信任，用耐心、责任心、爱心换取家长的放心，用教学“五认真”牢固树立严谨、善导的良好教师形象。

四是激励全体学生发扬“主动、扎实、刻苦、创造”的学风，让每一个学生自觉把个人生涯发展与国家民族的复兴结合起来，依照学生成长目标通过自我诊断、自我设计、自我完善来提升学习的主动性，在仰望星空的同时更脚踏实地；发扬肯吃苦、不服输、追求卓越的精神，不断攀登知识的高峰；敢于质疑、大胆想象、勇于创造，把学科知识与生产劳动相结合，成为问题解决者、社会经济的建设者。

学校找准了育人切入点，以家国教育文化培育新时代良师、学子，彰显百年名校家国教育使命的责任担当。学校以家国教育文化为轴线，用系统的顶层设计引领学校管理、学校课程、育人空间的创新，凸显了新时代家国视野下的学校变革。

第二节　推进学校文化建设，助力教师专业成长

教育是为民族立心，为国家铸魂的事业。学校文化是育人的方向导航，定位学校文化时应站在战略制高点去思考。学校文化建设站位要高，它的高度体现在：以育人为中心，根植家国情怀，落实立德树人根本任务；有历史的高度，从办学历史的文化积淀中传承创新。

一、立德树人，用故事诠释文化

（一）挖掘学校历史，进行文化奠基

从历史层面来看，学校文化是对其自身故事的生动表达，是植根于传统与现实文化土壤中的故事诉说。因此，学校文化构建应当对自身历史文化进行深度挖掘，挖掘呈现其自身发展过程中所展示出来的历史故事、本土文化与档案文化，由此呈现学校文化建设的历史性逻辑。

学校文化植根于学校发展历史，是历史积淀的结果，在长期的办学过程中经过丰富实践形成了共同价值追求，因而学校文化建设应立足时间节点，以确保其思考向度的完整性。一所学校有一所学校的独特精神风貌及历史故事，挖掘学校历史故事、探索学校历史积淀，对于建设学校文化，形成自己独有的学校精神具有不可忽视的作用。诚如湖南省澧县第一中学校长赵绪清所言："文化是积淀，是传统，是一个群体、一个民族乃至一个社会的'遗传基因'，是一条链接过去、现在和未来的链子，不能是一阵风。"

基于此，每个学校都应该找到属于自己的文化根脉，并按照学校文化建设需求来诠释自己的历史故事，进而寻找出学校文化建设的突破路径。然而，在具体的文化建设实践中，部分学校忽略了自身的历史传统与文化根基，脱离了学校文化发展轨迹，不能将隐性的历史文化与显性的校园文化进行有效融合，由此陷入"外表华丽、内蕴缺失"的现实困境。鉴于此，一方面，学校不能忘却自身的文化根基，应当以一种尊重历史的态度来对待自身的历史故事，唯有如此，才能够获得更多的支持与尊重，从而保证学校文化的可持续性发展。另一方面，纵使部分学校自身文化历史并不深远，文化底蕴尚不深厚，也不应将当下文化建设与学校历史完全割裂开来。无论过往的文化如何，学校都应积极

正视与反思，以当下链接历史，用故事呈现学校文化发展的历史轨迹。通过充分挖掘学校发展的历史进程，以历史上存在的办学理念、校风、校训等为载体，对各个时期的文化内涵、特征等进行深入探析，剖析自身文化传统，进而对学校文化进行凝聚与提炼。

常州市第一中学一直以来致力于挖掘学校历史，进行文化奠基。近年来的重点工程之一就是建造常州市第一中学教育博物馆。这座博物馆由国立音乐院幼年班史料馆、贫儿院旧址、灵官庙弄郭宅以及一中校史馆等场馆构成，已于2023年年底完工。

国立音乐院幼年班是新中国第一代交响乐大师扬帆启程的地方，这里还诞生了新中国成立后常州的第一批团支部单位。贫儿院为孤贫子女创造了读书机会，让他们学得一技之长，谋得就业、生活之道，不仅为社会事业做出了贡献，还为革命事业输送了干部。资助贫儿院的金启生女士是常州地区最早的女慈善家，她一生大公无私，高瞻远瞩，扶贫济困，高风亮节，为世人敬佩。灵官庙弄郭宅为大光明电影院老板郭启瑞的宅第，是近现代重要史迹及代表性建筑的传统民居，郭先生为振兴常州文化产业做出了积极贡献。一中校史馆是学校百年发展历史的陈列馆。

常州市第一中学教育博物馆将展现与常州及自身发展密切相关的四个故事：国立音乐院幼年班史料馆讲述从这里走出去的新中国许多著名音乐家的故事，贫儿院旧址讲述常州贫儿院和金启生女士为社会福利事业做贡献的故事，灵官庙弄郭宅讲述民国时期大光明电影院老板郭启瑞振兴常州文化产业的故事，一中校史馆讲述一中近百年来办学历史和传承的故事。

1. 国立音乐院幼年班史料馆

20世纪40年代，毕业于比利时皇家音乐学院的指挥家、教育家吴伯超先生(江苏武进人)担任了国立音乐院院长之职，并于1945年在重庆青木关创办了我国第一所少年儿童音乐学校——国立音乐院幼年班。抗战胜利后，国民党政府由重庆迁回南京。1946年暑假，国立音乐院幼年班进行了一次甄选，留下的50余名学生在老师的带领下，分乘两辆烧木柴的汽车，出剑门关沿川陕公路东下，到宝鸡换乘日本敞篷车继续艰难行程，最后抵达江苏常州的新校址——椿桂坊灵官庙，开始了在常州的学习、生活。

刚迁至常州，幼年班就立即开始招生，并在上海、杭州等地设招生点。从1946年到1948年共招三期学生，均为男生，总计150多人。当时，条件简陋，生活艰难，但无论酷暑严寒，琴声不息。在老师们严格的教导和尽心的爱护下，学生基础扎实，成绩出众。

在常州停课期间，幼年班学生通过听延安新华社的广播，不但了解了当时的局势，而且对时局有了正确的认识。许多同学的政治热情受到了鼓舞，参加了解放军，后来成为军队文工团的音乐骨干。

1949年4月21日晚，百万雄师过大江，首先突破江防的地点是距离常州只有数十公里的江阴。第二天白天，几个勇敢的幼年班学生，穿过空无一人的大街，爬上高高的钟楼，挂上了“欢迎中国人民解放军”的标语，还有一些同学，用红绿纸写上“热烈欢迎解放军”字样，满城张贴。

1949年4月23日，常州解放，幼年班委托军管会代管，并立即投入了欢庆常州解放和支援解放上海的文艺宣传演出中。他们排练欢庆常州解放的歌剧节目，参加常州市在街头欢庆解放的大游行，还表演活报剧，为支援解放军南下在剧院演出。

1950年5月，幼年班进行了第二次甄选，剩下的60多名学生，在老师的带领下离开常州迁往天津新址，开始了新中国文艺教育的新时期。

2. 贫儿院旧址

常州贫儿院，是当时常州乃至全省、全国都有名气的慈善机构。常州贫儿院（当年称武进贫儿院）系冯晓青、伍琢初两位先生于1923年（民国十二年）捐款创办，初定名额60名。由冯晓青先生担任院长，曹吉人先生为院务主任，并经江苏建设厅第四中山大学批准备案，江苏教育厅、民政厅备案。

自此，历年都有所扩充。1928年（民国十七年）增设女子部并设妇女工艺厂；有贫儿、贫女、贫妇400余名，读书与工艺并重，衣食与住宿全备。男子部设有木工、藤包等工种，蚕桑、园艺等科；女子部有织巾、染织、刺绣、缝纫等工种。

金启生女士，常州西门人，1923年毕业于暨南大学法学系。当年即受聘于荷属印度尼西亚雅加达华侨学校。执教不久，得知故乡兴办孤儿教养院（后改为常州贫儿院），即毅然辞去高薪教职，自1924年起，在毕文光老师的协助下，主动承担起向华侨界募捐以支持贫儿院办学的艰巨任务。此后七年中，她不要报酬，不谈个人婚事，孑然一身地奔波于雅加达、婆罗洲、苏门答腊等地，历尽艰辛，募得侨胞捐助十万多法币，常州贫儿院从此有了雄厚的基金，办学实力大增。

1935年，学校由两院扩充至五院，中心院址在常州城内椿桂坊15号灵观庙旧址，四所分院则分设在东南西北门，先后购进农田近千亩，兴建教室宿舍300多间，学生由原来200多名发展到1 500多名，分别编入各种普通技工专业，文化课全部纳入六年完小学制，由中心院统一管理，毕业后分别推荐社会就业。当年贫儿院在社会上享有极高的声誉。

常州贫儿院所带来的巨大社会效益，金启生女士之功首屈一指；不幸她积劳成疾，身患沉疴，医治无效，在1930年底与世长辞，终年33岁。金女士一生，大公无私，高瞻远瞩，扶贫济困，高风亮节，为世人敬佩。为了纪念她为社会福利事业所做的贡献，特立“金启生纪念塔”。

新中国成立后，贫儿院改为育群小学，原先的蚕茧室也开辟为教室，后又办有初中，称育群初级中学，校长为曹吉人。1953年暑假，改为公校称常州市第二初级中学，迁校至双桂坊。而小学部分则并入东门小学，原有椿桂坊校址，全部移交给常州市第一中学。

贫儿院先后办了27年，为孤贫子女创造了读书机会，也能让他们学得一技之长，谋得就业、生活之道。它不仅为社会事业做出了贡献，还为革命事业输送了干部，如20世纪80年代初任福建省委副书记、省长，后任商业部部长的胡平同志，就是从贫儿院长大，参加革命工作后，成为国家高级领导干部。

3. 灵官庙弄郭宅

灵官庙弄郭宅为大光明电影院老板郭启瑞宅第，坐北朝南，存两进青砖西洋式建筑，四坡顶。第一进单层五开间，面宽21米，进深10.2米，含南走廊1.8米；第二进单层五开间，面宽14米，进深3.85米，廊宽3.85米；第一、第二进间天井面宽21米，进深15.9米，第二进后有小园，进深2米；第一进东园东西宽9.9米，南北长10.3米。北、南有大天井，南天井进深5米，北天井进深12米，檐高4.1米。灵官庙弄郭宅作为传统民居，建造于1936年，是江苏省不可移动文物，也是近现代重要史迹及代表性建筑。

郭宅，作为一处具有重要历史价值的不可移动文物，承载着民国时期常州文化产业的一段辉煌历史。这座建筑不仅是郭启瑞的宅第，更是他振兴常州文化产业的象征。郭启瑞不仅是一位成功的商人，更是一位对文化有着深厚情感的企业家。在当时，电影是一种新兴的文化形式，而郭启瑞正是看准了这一点，投身于电影院的经营，推动了电影文化在常州的普及和发展。郭宅的建筑风格融合了中西元素，体现了民国时期建筑艺术的特点。它既有中国传统建筑的精髓，又融入了西方建筑的元素，展现了郭启瑞开放的文化视野和审美情趣。

郭启瑞不仅在电影产业有所建树，还积极参与其他文化教育活动，推动了常州文化产业的繁荣。他的努力使得常州在民国时期的文化领域焕发了新的活力，为后人留下了宝贵的文化遗产。如今，郭宅得到了妥善保护和利用，目前已作为常州市第一中学校史陈列馆使用，让更多的人了解了这段历史，传承和弘扬常州的传统文化。郭启瑞的故事，以及他所代表的那个时代的精神，将继续激励着我们，为推动文化教育事业的发展贡献力量。

4. 常州市第一中学校史馆

常州市第一中学自1925年创立至今，已有近百年历史。百载春秋育桃李，薪火相传铸丰碑。常州市第一中学历经筚路蓝缕的私立时期(1925—1952年)、政府公办的发展时期(1953—1966年)、“文革”动乱的特殊时期(1966—1976年)、改革开放的上升时期(1976—2000年)、与时俱进的跨越时期(2000年至今)五个阶段,虽曲折艰难,却光辉灿烂。学校自强不息,始终与祖国同命运,与党同成长。学校遵循卢正衡先生所嘱“良校必赖良师,苟无其人不如己,吾宁慎选”的原则,兴学育才,不拘一格,不断探索,培育出一代又一代的英才,在中国革命和建设的各个历史时期,都留下了常州一中师生奋斗的足迹。

回顾学校发展史,这是一部善于传承、勇于创新、弘扬传统、与时俱进的发展史,始终贯穿着“勤勉忠诚,激情开拓”的强大信念。从卢正衡先生捐资助学,到陈枚丞先生的复校行动,到新中国成立后的政府公办以及新世纪的跨越腾飞,几度迁址,数易校名,历史风云变幻,唯一不变的是学校历代工作者教育安邦的赤子情怀和造福民众的拳拳之心。爱国奉献、服务社会的传统,自强不息、艰苦创业的精神,海纳百川、兼容并蓄的气度,追求卓越、争创一流的理想,正是在这种精神的熏陶和感召下,一代代一中人开拓进取、发展创新,使一中成为学子成才的摇篮,在知识和精神之光的沐浴中走向每一个辉煌的里程碑,真正使学校成为基础教育的思想源头、精神平台、人才高地。

常州市第一中学校史馆是学校百年发展历史的陈列馆,有利于促进学校传承和发扬优良的教育教学传统,有利于学校不断积淀校园文化、创新校园文化和形成办学特色。一中校史馆在收藏、陈列、展览的同时,更是学校研究和产生思想、汲取和形成精神、积淀和创造文化的摇篮。

(二)讲述本土文化,进行情怀熏陶

中华民族是历史悠久的民族,历经几千年历史积淀形成了博大精深的文化体系。其中,本土文化是中华文化不可或缺的重要组成部分,包括乡土文化和城市文化。当下乡村振兴与城市化进程的不断推进,又给城市文化和乡土文化带来了新的冲击和挑战。

鉴于此,无论是城市学校还是乡村学校,都需要不断挖掘本土文化,讲述本土文化对于学校文化建设的独特价值和意义。须知本土文化是学校发展的精神根基,是学校文化建设的核心资源,它对于滋养当地学生的健康成长具有重要作用。通过本土文化的开发与利用,学校文化建设能够挖掘出自身的特色,找寻到自身的历史根脉与独特价值。因此,学校文化建设理应深度挖掘本土文化的历史底蕴,并借此唤醒学生内心深处对于家乡的情感归属与精神依恋。具体而言,乡村学校在进行学校文化建设的过程中,需要有意识地开发与利用乡土文化资源,汲取其中与本校传统和办学

实践相关的内容，并将之融贯于整个学校文化体系之中。城市学校文化建设也需要将当地特色文化作为载体，建构出具有特色的文化品牌，助力学校的软实力建设和教育教学质量提升。

习近平总书记指出："党的历史是最生动、最有说服力的教科书。""常州三杰"的历史，实际上亦是中国共产党党史的一部分。我们要学史明理、学史增信、学史崇德、学史力行，以实际行动践行党的二十大精神。在中国共产党的光辉史册中，醒目地记载着中国共产党三位早期领导人的名字：瞿秋白、张太雷、恽代英，他们一同被评为100位为新中国成立做出突出贡献的英雄模范人物，并早已形成党内外的共识。他们都是常州人，故被称为"常州三杰"。他们是中国共产党最早的一批青年马克思主义者，也是中国共产党最早的一批优秀共产党员，更是中国共产党推进马克思主义中国化最早的一批忠实践行者。

"常州三杰"纪念地为第三批全国爱国主义教育示范基地，具有重要历史意义。它位于一片郁郁葱葱的景区，由多座庄严肃穆的建筑组成。其中，不可忽视的有"常州三杰"群雕、烈士诗抄碑廊和人生格言碑林、常州革命烈士纪念馆、革命烈士纪念碑等。"常州三杰"展厅以生动的方式全面展示了"三杰"的伟大一生，带给参观者深刻的视觉和听觉体验。"常州三杰"纪念地的使命是坚守褒扬烈士、教育群众的宗旨，为建设和谐常州贡献积极力量。它通过丰富多彩的形式，积极推动爱国主义教育活动的展开，将其融入常州社会的各个方面，为构建和谐社会贡献了力量。

作为常州学子，更应该深入了解"常州三杰"，并学习践行和传播推广"常州三杰"精神。作为学校，应大力弘扬"常州三杰"精神，将其作为精神文明建设的重要抓手。

（三）展现档案文化，进行意义塑构

校史档案是一所学校历经风雨、经历时代变迁的载体，它不仅记录了一代又一代师生共同奋进、砥砺前行的艰难历程，也是办学经验、文化传统以及思想内涵的结晶，对于构建学生的意义世界具有重要价值。因此，学校重视校史文化档案，充分开发和利用校史资源，不仅有助于实现立德树人的目标，同时也能够激励教职工崇德向贤，引领学子潜心求学、砥砺德行。

对于校史资源的开发利用，学校一方面要充分挖掘档案文化，从讲述英雄事迹等方面开设拓展性课程，激励广大学子奋发图强，树立为国家奉献、为人民担大任的伟大志向。另一方面，在学生思想培育关键阶段，中小学理应积极发挥校史文化资源价值，为学生营造良好的人文环境，使校史文化得到充分传承和培育，助力中小学生在了解学校历史传统的基础上，提升自身的学校归属感与家国认同感。

二、知行合一，用实践引领文化

从现实层面来看，学校文化是集管理制度、课程教学、师生交往、环境建设等教育活动要素于一体的复合型整体，不同活动要素之间相辅相成，内在地彰显着学校文化的本质规律。总体而言，制度规约、物质载体、教研文化三个方面的实践活动，综合性地体现了学校文化建设的行动性逻辑。

（一）制度规约引领，促进教师规范

制度文化是学校文化的框架支撑，也是学校文化建设的标尺。学校文化建设在形式上最鲜明、最直接的表现便是制度体系，它能够有效规范师生行为、体现学校办学理念、传递学校价值观念，是联结理论系统与实践系统的中介。但是，如果把制度文化仅仅视作对人们行为进行约束的规范，就脱离了其根本方向，不仅消解了制度文化的深层内涵，还遮蔽了制度文化的价值意蕴。通过规章制度来引领学校文化建设，能够凝聚学校文化之魂。具体而言，制度规约主要体现在学校办学理念、学校章程、校风校纪等方面。

首先，学校办学理念能够总体性地引领学校文化建设。办学理念是学校办学的方向指引，也是推动学校不断发展的动力和准则。一般而言，学校是在充分了解自身历史文化与发展历程的基础上，根据学校办学特色和学生发展目标形成具有自身特色的办学理念，并以此来指引学校校风、校规的形成与确立。

其次，学校章程对于学校文化建设具有规范性作用。在办学理念的指引下，学校对制度文化进行顶层设计，在制定学校章程和师生行为规范时能够从整体出发，使相关规范间具有明确联系并体现核心价值观念，由此形成特色文化体系，从而促进学生、教师以及其他教育人员规范意识的养成。

最后，校风、校纪、校规等是对学校制度文化的生动阐释。校风、校纪、校规等是学校文化的具体体现，是一个学校本质、个性、精神理念体系的集中反映。一所学校在培养学生的过程中需要有完备的精神理念体系，它是学校文化建设的灵魂，并以此为基础，形成较为完备的执行监督系统来确保其能真正落实。

（二）物质载体诠释，营造和谐氛围

物质文化是一个学校文化建设的“物质承担者”，它能够以显性的方式表征学校文化的生命与活力，是学校文化观念的载体，并蕴含着丰富的教育功能。一方面，显性物质文化能够彰显校园文化的教育意蕴。物质文化是学校文化的载体和外在表现形式，是经由校内人员共同创造的物质产品，因而是彰显和呈现学校教育价值和教育

功能的综合体。一般而言，学校物质文化建设主要体现在学校的硬件设施建设上，具体包括建筑、布局、标语、文化墙、教学设施等多种载体，这些物质文化在一定程度上反映着学校的办学理念及教育观念，具有形象直观的特点。在此意义上，学校物质文化是学校将自己的形象向外界展示的品牌，它体现着学校的“文明程度”，反映着一个学校在一定时期的价值观念、精神风貌、审美情趣以及价值取向，具有一定的规范性。

总体而言，学校在进行物质环境打造时，需要保持风格的统一性和协调性。营造和谐的校园文化氛围，能够使学校形成一个具有独特教育意蕴的有机整体。可以说，物质文化建设是一个师生共同参与学校布局与设计的过程，因为学校外显的行为和符号是学校文化教育性的重要体现，是为教师的教学活动和学生的学习活动营造良好氛围的重要途径。作品征集、环境设计等活动，让全体师生参与学校文化建设，这能够让教师和学生了解学校基本文化理念，潜移默化地提升他们对学校文化的认同感和参与感。

（三）教研文化融合，反思教学实践

教研文化是学校文化概念的一个重要分支，它在学校文化中扮演着关键角色。一所学校的教研文化深度不仅影响着教师专业成长的速度，还关系到学校整体的发展高度。然而，尽管教研文化在不断发展和建设中，其内涵尚未被清晰明确地定义。一些研究者在实践中对校本教研进行了探讨，如有的专家所提出的，教研文化可被理解为参与教研活动的所有成员在活动中所表现出来的实际行为，以及这种行为背后对教研活动本身的价值评判。

校本教研是伴随着课程改革进程的逐步发展而产生的，如今已经成为基础教育领域一项重要的教育制度，旨在促进教师进行专业研修与实践，提高课堂教学质量。

与传统的教研活动不同，校本教研是一种有组织、有计划的文化行为，其目标、功能和方式都旨在推动学校的整体发展、教师的成长，以及学生的综合发展。在校本教研文化中，核心元素是其价值观，一个完善的价值体系对于保持精神文化、制度文化、行为文化和物质文化之间的均衡发展至关重要。这个价值体系也是精神文化的核心。

为了确保校本教研文化能够充分发挥作用，它的价值体系应当与学校的价值体系高度一致。校本教研文化是学校整体文化建设的重要组成部分，必须与学校文化保持高度一致。学校的教师文化、学生文化、校园文化等都会对校本教研文化产生重要影响，并为其提供重要支持。

在此基础上，加强反思。在进行“知行合一”的自我评价时，反思性实践起着至关重要的作用。这种实践要求教师深入审视自己的教学行为，不仅要关注“教什么”，还要思考“为何教”和“怎样教”等核心问题。通过反思，教师可以更清晰地认识到教学

过程中的实际问题,并提出明确的改进策略。这些策略应该包括对教学计划、教学方法和教学目标的调整。最终,通过将这些策略付诸实践,教师可以不断提升自己的专业素养,实现更高水平的教育质量。由于反思的介入,教师的教学实践能得到及时有效的控制、调节和修正,最终达到教学效果的优化、完善。如此"在事上练","知行合一"的水平必然越来越高。

三、持之以恒,用机制激发文化

教师文化建设是一个持续漫长的过程,它依赖于多方面的因素,既需要个体教师坚定不移地投入,不断探索,也需要得到积极的精神引领和学校制度的规范。

(一)激发教师个体内在动力

教师的专业成长依赖于内在与外在动力的相互作用。虽然外在动力可以对教师的行为产生影响,但内在动力仍然是关键。教师的文化资本的形成需要建立在个体的自我意识基础上,克服职业倦怠。虽然外部刺激可以推动教师,但其内在需求和情感仍是文化资本积累的关键。教师必须牢牢树立专业信念和理想,努力克服职业倦怠,反思自身的教学行为,不断提高自己的专业知识和技能水平,不断修正和改进教学方法。教师需要以强大的动力、广泛的思维、坚定的毅力,逐步积累文化资本。

(二)激发教师群体动力

学校评价教师的目标是推动他们的发展,因此评价管理体系必须成为引导和激发教师群体的动力。这可以通过完善教师评价体系来实现,包括评价方式和内容。评价方式可以采用综合的定性和定量方法,以确保对教师工作的客观、全面评价。评价内容应该涵盖不同形式的文化资本,包括身体化、物化和制度化的文化资本。这些评价体系应该重视教师的差异性,尊重他们的个性,确保对他们的工作进行真实、准确的评估,以激发他们积累文化资本的积极性。

第三节 尊重教师发展个性，促进教师文化自觉

一、教师教学个性的内涵解析

当我们谈到“教学个性”时，常常将其与“教学风格”等同起来。教学风格是指教师在教学活动中展现的与众不同的特质，以及个人学识、情感、潜能、心理素质和个性在教学过程中的外显特点。这些特征主要表现在语言运用、文字表达、仪态举止、应变技巧等方面。教学是一项极具个性化特点的行为，教师通过在教学实践中发展自己的教学个性，来展现自己作为主体的独立性，感染和引导学生在文化教育环境中自由发展。这体现了教师作为教学主体的生命责任和幸福来源。

因此，教学个性是教师个体卓越素质在教学实践和过程中的显现和发挥，其目的是引导学生的个性发展。它表现为教师在专业生活中的独立的人格、自由的思想、创新的智慧，是在制度化教育与个体创造之间相互作用的基础上，追求教育智慧的生成，实现个体自我价值，展示人性真、善、美的过程和特质。教师的教学个性不仅在课堂上得以体现，更是整个教育过程中的精髓，它的培育与发展是教育事业中至关重要的一环。

（一）独立的人格：自主、创造、独立思考

独立的人格是指在社会互动中展现自主性、创造性和独立思考能力的特质。这种人格不仅体现在对真理的追求，更表现为对外界因素的独立判断和精神自主性。每个人作为独立的生命个体，都具备精神性的存在，远远超越了单纯的物质存在。

对于教师，其知识传授者身份决定了他们应该具备坚定的独立人格。教学是教师职业中的核心部分，教师的教学个性需要建立在其独立人格的基础上，从而实现自我认知和专业自主。

1. 自我认知是教育的基石

自我认知是开展教育活动、彰显教学个性的基础。古代中国有一句谚语：“人贵有自知之明。”在西方，有一句源自古希腊哲学家苏格拉底的著名格言：Know yourself。这句格言强调了自我认知和自我了解的价值，强调了个人成长和智慧的基础是深入了解自己。这些谚语都强调了自我认知和自我了解的价值。就像著名哲学家尼采所说：“人们经常对自己感到陌生，他们不了解自己，甚至很容易误解自己。”这

提示我们，尽管自我认知是重要的，但它也可能是复杂和深奥的。这强调了自我认知的重要性，认识自己意味着对自己的历史、现实和未来进行解读和判定，即自我确认。自我确认包括对三个关键问题的回答：我是谁？我应该如何？我去向何处？“我是谁”涉及对自己的历史和特点进行深入分析，包括优点和缺陷，以此确定自己的身份和自我定位，这对于个体的前进是至关重要的。“我应该如何”意味着根据深思熟虑的策略来确定如何行动，以符合个人身份和角色的期望。“我去向何处”涉及对个体的追求和理想进行理性审视，以确定未来的目标和道路。这些问题的答案有助于激发教师的自我意识，让他们以主动的姿态面对教育生活和教学过程。强烈的自我意识是教师成功的关键，因为它使他们能够在教育实践中获得更多的掌控权。

2. 专业自主：从消费者到思想者

专业自主是教师教学个性的核心，也是确立和提高教师地位的关键因素。教师是专业人士，他们根据专业伦理和规范来独立判断和决策，确定行为的模式和路径，不受外部压力的干扰。教育领域自古以来都关注着教师的专业自主性。不同学派对于教师专业自主提出了多样的观点。例如，施瓦布主张将教师塑造成课程探究者，注重教师在教学中积极地探索和塑造课程。与之不同，斯坦豪斯坚信教师应该扮演研究者的角色，强调他们需要深入研究和分析教育问题以改善实践。而布莫提出教师应该充当协商者，强调他们需要与学生、家长和同事合作，一同制订教学目标和方法。所有这些观点都强调了教师专业自主的重要性。我们提倡教学个性的目的是希望教师从教育理论的消费者、知识的“教者”变成思考教育实践的思想者。教师只有摆脱对教育理论的过度依赖，具备专业自信，自主思考，展现自己对教育的理解和实践，积累实践性的知识，才能够建立自己的思想。这是独立之人格的最终目标，是教育实践的最高水平。

（二）自由的思想：塑造教师教学个性的内在支持

思想自由是教师教学个性形成的重要内在条件。在教育领域，教学个性的核心特点是教师必须具备独立而富有特色的教育思想。缺乏自己独特的教育思想的教师很难在教育实践中取得卓越的成就。没有自己的教育思想，就没有自己的教育主张。缺乏自己的主张，也就无法培养和发展个人的智慧和思想。教师的教育思想需要基于思想自由。

1. 思想自由与自由思考

思想自由不同于自由思考，它更高一级，是积极受控的自由。思想自由强调了个体的内在自由，而自由思考有时可能是无序、不受控制的。思想自由是个体的精神自由，使个体不受社会、传统、宗教、民族或思维方式的束缚，而能够以独立的视角观察、审视和验证,并在此基础上进行探索和发现。

2. 思想自由是人类自由的最高阶段

人类渴望自由,但自由有多个层面。首先是人身自由,这是最基本的自由,同时也是其他自由的基础。其次是选择自由,这与社会的文明程度相关,因为社会文明程度越高,人们的选择自由就越大。然后是思想自由,这种自由让个体的思想不受限制,允许他们以自己的方式思考和观察世界,而不被传统观念束缚。思想自由不仅具有独立性,还具有绝对性。

3. 绝对思想自由的力量

思想自由是一种内心独立的活动,它不受外部力量的干预,除非个体的认知能力有限。外部的法律和行政手段只能对个体的行为进行限制,而无法干涉他们的思想。思考活动在变成公开行动之前,不具有建设性或破坏性。与动物不同,人类有思考的能力。人类渴望自由,这是他们天生的本性,人类历史就是从必然王国向自由王国不断前进的历史。思想与自由是相互依存的,二者结合成思想自由,成为人类尊严的基本特征。如果思想不自由,个体的主体性将丧失,个体将受制于外部力量,失去自由。失去自由和尊严,意味着人类将变得与兽类无异。

4. 思想自由:追求真理的动力

思想自由是人类寻求真理的动力之源。真理的客观性通常被复杂的现实所掩盖,需要人们不断探索和验证。如果思想受到禁锢,自由被压制,真理的发现和传播将受到限制。在教育领域,思想自由仍然具有不可替代的作用。只有当教师体验到自由,将原本陌生的外部世界转化为自己的生活世界,教育者和职业之间建立密切的联系,生活才会充满激情和意义。这种自由让教师成为校园美丽环境的欣赏者、学生良好行为的赞美者、教师职业的吟唱者和课堂生活的激发者。

(三)创新的智慧:教师教学个性的标志

创新标志着教师教学个性的生成和展现。它不仅仅是一种超越既定目标的手段,更是一种自发的意识形态体现。理解和重视创新需要从思维和意识的角度出发,只有这样才能取得显著的进展。将创新仅仅视为达成预定目标的手段是不可取的。创新的根基在于不断地创造,教师每天的创造性工作都影响着他们的创新思维和行为。

1. 求异思维:创新的核心

创新的核心概念是求异思维,它是一种独特的思维方式。求异思维能够超越传统的思维模式,发现他人未曾察觉和思考的问题,并从新的角度进行思考和探索。这种思维方式勇于质疑现有的知识和观念,从而产生新的观点和理念。它是高水平思维的表现形式之一，对于推动人类社会的发展和进步具有至关重要的作用。

2. 教学实践中的求异思维

在教学实践中，具有教学个性的教师常常展示出求异思维的魅力。他们通过广泛、深刻、具有批判性和逻辑性的思考方式，引导学生超越常规的思维模式，鼓励他们更新思维方式，培养他们的思维能力。求异思维表现出多样性，主要包括多向思维、侧向思维和逆向思维。

多向思维着重于思维的多样性，通过多个角度、多个渠道、多个方向寻求问题的解决途径，避免思维的单一和简化。侧向思维涉及整合多学科前沿知识，跨越学科边界，运用类比、联想和融合方法来处理问题。逆向思维鼓励从与常规思维方向相反的角度思考问题，以突破学科界限并获取新知识和新发现。

3. 创新的个性特征

创新的个性特征包括勇敢、冒险、独立、恒心和专注。教师拥有这些特质将成为学生学习和模仿的榜样，激发学生的学习热情，引导他们积极追求知识。这对于塑造教师的教学个性至关重要，因为正是教师的榜样作用和影响力，为学生的积极发展和教育提供了最高境界的支持。

教学是一项社会活动，教师承担着社会教化和培养下一代的使命。我们也应该尊重教师的教学个性，让作为社会代言人的教师，更加充分地意识到教师职业的特殊性，自觉弘扬现代社会正面和积极的文化主张，引领学生朝着正确积极合理的方向前行。

二、教师的教育自觉价值诠释

（一）教师的教育自觉内涵

从哲学意义上解释，“自觉”指的是内在的自我发现和外部创新的自我解放意识。这是人类通过内外矛盾关系的发展在自然进化中获得的基本特征，也是构成人的基本人格的一部分。教育自觉性意味着个体自愿自发地执行或追求整体长远目标任务的程度，外部表现为充满热情和兴趣，内在则体现为责任感和职业使命感等。

教育和文化密不可分，文化决定了教育的发展；教育同时也是文化的传递和传播方式，也在创造文化。因此，“教育自觉”从学术角度来看，是费孝通先生提到的“文化自觉”的延伸，是适应当今世界共同要求的产物。文化自觉指的是生活在特定文化中的人们能够对其文化有“自知之明”，明白文化的来历、形成过程、特点和趋势。这种“自知之明”的目的是增强适应新环境和新时代文化选择的自主能力。

目前，学术界对于“教育自觉”的定义并不统一。有学者认为“教育自觉”意味着个体自发地认识到教育性活动的重要性，理解活动的意义，主动排除各种干扰，克服困难，努力追求教育的终极目标。这种自觉不同于教育的本能反应，而是一种理性思考的行为。从具体角度看，教育自觉可以体现在理论自觉、实践自觉、思想自觉、学习自觉等方面，是评估教育者或个人教育素养和专业水平的重要标志之一。

教育自觉具有四个显著特征，包括目的性、自主性、反思性和实效性。目的性意味着教育主体能够清晰认识到教育的育人本质和目标，坚守教育性。自主性表示教育主体对教育有个人独立的认识和看法，能够独立地进行理论研究和实践探索。反思性意味着对教育的目标、内容、过程、方法和效果等方面进行反复质疑、持续思考和辩证思维。实效性表示教育自觉促进教育理论与实践的科学发展，产生实际的效果和效应。

教师在教育领域承担着知识传递的重要责任，教师的教育自觉展现了他们的学识专业性和行为示范性。具体而言，教育自觉可以分为教师职业自觉和教师专业自觉。前者是明确"教师是谁"，后者则涵盖"教师何为"。教师职业自觉意味着理解自己在教育中的角色和责任，关注教育任务的本质和目标。教师专业自觉则意味着清楚教师应该怎么做以及如何评估教育行为的结果。

综合来看，教育自觉强调教育者在认识教育的现状、生存环境、教育主体和客体的基础上，主动意识到自身在教育中的角色和责任，积极追求卓越创新，以实现教育目标和提升自身的教育品质。教育自觉不仅有助于教育者的个人成长，也对学生的发展产生积极影响。在新课标、新教材、新高考的背景下，教育自觉更加强调教师在教育思想和理念，教学方式和方法的转变与更新，注重素养导向，增强情境教学的意识和能力，教师的专业发展要实现以下三个转变。

一是转变教育观念，变"知识本位"为"素养本位"。无论哪个学科，在落实新课标的过程中都要坚持素养导向。这就要求一线教师在教育教学过程中，在自身的专业成长上要更新观念，调整方向。观念变了，行为方式就会变。应该认识到，教学过程不仅仅是知识的讲解过程和解题技巧的传授过程，而是学生发展核心素养的培育和形成过程。因此，教师在教育教学过程中，要时刻考虑到，自己所讲授的课程内容和授课方式是否在某些方面起到了发展学生核心素养的作用。

二是转变教育方式，变"讲授教材"为"课程开发"。新课程标准明确指出，要注重实践育人，突出学科思想方法和探究方式的学习，加强知行合一，倡导做中学、用中学、创中学，在真实丰富的情境中学会学习、学会创造。教师要改变传统"坐而论道"的育人方式，改变以听讲、记忆、理解、练习、考试为主的课堂活动形态。教师需要转向以学生为主体的互动式和参与式的教学方式，以激发学生的主动学习兴趣，培养他们的创新思维和解决问题的能力。要做到这种改变，教师就不能仅仅是教材内容的讲授者，而要成为课程的开发者，把生活场景引入教学，生产实践引入课堂。这就要求教师要做生活的有心人，处处留心发现生活和生产实践中与本学科相关的场景，积累学科资源，构建学科课程。教材只是课程资源的一种呈现方式，教师在教学过程中，要不断地开发、积累、补充教材中所没有的资源，设计丰富多彩的学科活动，让学生在真实丰富的情境中学会学习、学会创造。

三是要改变自身的角色。教师需要掌握不同的教学方法，从仅仅传授知识的角色转变为学生学习过程的组织者，更加注重创造合适的教学环境，设计适宜的教学活动，以帮助学生在这样的环境中，在教师的引导下感知、探究和建构知识，完成知识的学习过程。这需要教师运用情境化教学吸引学生，以激发他们对知识探索的浓厚兴趣。教师需要协助学生制作思维导图，展示他们的思维过程。教师需要设计开放的学习过程，从仅仅控制学生的学习过程的角色转变为引导学生学习过程的角色，更加重视学生获得知识的过程和探究知识的方法。教师需要使用高超的教学技巧，创建真实情境，以激发和引导学生探究的方法，让学生自己设计方案，亲身实践，体验知识获得过程的乐趣。教师要成为学生的引导者和协助者，及时提供帮助。教师需要设计真实的问题情境，从引导学生定向思维的角色转变为激发学生创造性思维的角色。

总之，新课标的颁布给一线教师提出了更高的要求，教师要尽快转变教育观念、教学方式和自身角色，以尽快适应新时代发展学生核心素养的育人要求，创造性地把新课标的精神转化为自身的教育教学实践，真正实现“培养一批有中国心、中国情、中国味，德才兼备的时代新人”的育人目标。

（二）教师的教育自觉价值

1. 让教育回归“人”本身

自觉是一个持续性过程，也可以是一种状态。教育自觉不仅仅是一个技术性的问题，更是一个涉及时代性和民族性的深层次问题。在总结文化传承和教育传统的基础上，我们需要将其与当代社会的发展趋势相结合。在每个教育发展阶段，教育都应该凸显中华民族的特色和时代特征，并推动社会的良性发展。张楚廷教授指出，教育自觉最终应该表现为一种哲学自觉，回归到“人”本身。自文明史以来，人类面临的最重要、最困难的问题就是“人是什么”。教育培养人，因此教育需要在保持对这个问题高度关注的状态中完成自己的使命。李森教授认为，教育的自觉是教育在与社会的关系中走向相对独立，是对教育内在本体价值的意识，是对人的自由发展作为教育重要价值的认定。邬志辉教授则认为，教育自觉应该包括对教育生存境遇的自觉、对教育政策制度的自觉和对教育内在规定的自觉。

总之，教育自觉是一个复杂而又深刻的概念，它涵盖了多个方面和层次。对于当代的教育工作者来说，实现教育自觉需要不断探索和实践，以培养出更具有独立思考能力和自由发展的人。教育自觉是一种朝着发展人、提升人的教育终极目标积极主动、心甘情愿地行动和思维的教育品质。在探寻教育自觉迷失的原因的同时，有研究者提出，教育自觉复归的氛围营造应该正确引导天赋欲望，注重杰出人才的培养，提升公民的民主意识。

2. 教师专业发展的原动力

叶澜教授明确指出，只有当教育者自觉地完善自己，才能更有利于学生的完善与发展。自我专业发展意识的形成有助于教师真正认识到专业化的重要性。教育自觉是教育者与受教育者共同的追求，是遵循教育规律、以人的健康成长和为社会培养有用人才为目标的人生价值追求。教育自觉是一种强有力的内在力量，通过自我反思、自我调整、自我改变和自我提升，教育者能够不断发展并适应。教育自觉有助于教师深刻理解教育的本质，提升专业素养，适应数字化时代，发展学生核心素养，培养高级思维，提升科学素养和人文情怀。教育自觉需要教师不断进行教学相长，反思教学实践，学习教育理论，投身教育研究，尊重同行教师，以充分实现自我专业发展。

三、教师的教育自觉养成路径

在培养教育自觉的过程中，教师应当关注个人的成长和专业发展。尽管教师完成工作任务可能会受到外部约束，但教师的专业发展更多地取决于内在成长系统，需要展现主动、自发和自觉的个人行为，这需要进行综合性的自我塑造，包括行动、反思、研究、阅读、写作等。同时，也需要制定标准规范，以协助教师不断改进完善他们的教育理念和实践。

（一）自我赋能孕育教育自觉

1. 思想自觉：巩固理论更新观念

教师的专业发展需要建立坚定的信仰，对理论水平的提升以及专业发展的内在渴望。教师的主动性是实现高质量教育教学实践的基础。教师在教育自觉的引领下，应具备教育思想自觉、教育实践自觉和教育创新自觉，这将有助于推动教师的职业和专业发展。

教育思想自觉涵盖了教育理论的牢固树立，对自身教育工作的认知，以及坚定的教育使命感。教师要能在思想上感知教育的真谛，明确自己作为教育者的角色，以此为引领，通过与学生互动，培养“爱生”与“反思”的教育意识。

在思想自觉的驱动下，教师能将爱融入日常教育实践，使学生在师生互动中感受到关怀，同时不断审视自己的工作，形塑“仁师”形象。教师还需不断进行教育反思，将其纳入学习体系，从而促进专业发展，规避教学中的错误认知。

2. 规划自觉：精心设计发展路线

教师作为一个独特的职业，实现职业生涯的成功需要在专业发展的道路上进行有效的自主规划，找到属于教师职业的成就感和幸福感。在教师职业生涯规划中，关键之一是在了解自身和学校的基础上明确职业发展目标，精心设计专业发展路线。

（1）教师专业发展规划的类型和阶段

每所学校都有许多出色的教师，每位教师都有自己的特长。有些擅长教学，被称为教学型教师；有些善于教育研究，成为教研型教师；还有些在学校管理中有卓越表现，成为领导型教师。也有许多复合型教师，具备多重能力。根据自身的知识结构、职业素养和思维方式，教师可以选择适合自己的职业发展目标。

教师的职业生涯延续几十年，不同阶段有不同的目标。在制订职业规划时，不仅要考虑远期目标，还需要明确中期和近期目标。远期目标只需有一个宏观构想，中期目标则需要更加突出重点，层次清晰；近期目标则需要详细周密，易于实施。需要强调的是，职业生涯规划是一个持续的过程，需要在职业生涯中不断调整和适应，每位教师都可能在不同阶段展现不同类型的特征。

（2）教师专业发展规划的内容

① 自我评估

准确地认识自我和评价自我是个人职业规划的前提，也是未来事业成功的保障。找准自我认知的参照系是自我评估的首要步骤，也是成功的关键。这包括自我剖析，全面了解自己，厘清自身的发展状况，反思自己的入职动机，反思、分析和总结自己的教育教学工作；了解自己的优势和不足，肯定自己的潜在优势，客观看待自身的不足和缺陷，为自己的职业定位找准方向，树立发展意识，坚定从教的信心和信念。

通过同事的视角也可以更好地认识自己。教师的专业化发展发生在学习共同体中，涉及批判性的同事关系。同事可以作为一面镜子，帮助教师更清晰地认识自己，激发自我反思的愿望，强化自我认知，激发学习动力。

此外，教师还应通过学生的反馈来反思自己。学校不仅是学生成长的地方，也是教师专业发展的场所。教师的教育工作会影响学生成长，学生的需求也会促进教师的专业成长。通过反思与学生的互动，教师可以调整自己的发展方向，树立明确的职业目标，推动自我改进，提高教育教学质量，实现专业化发展。

② 环境分析

个人的职业规划也需要考虑所处的工作环境。教师的职业发展是个人环境和组织环境相互作用的结果。因此，了解个人因素和学校组织环境的影响非常重要。分析学校组织环境可以帮助教师判断是否适应该组织以及该组织的环境特点、发展变化等因素。适应学校的组织环境有助于提高工作效率和满足组织的需求。

③ 目标设定

教师的职业生涯规划的目的是选择适宜的职业生涯道路，确立合理的职业发展目标。在制订个人发展规划时，需要分析学校的目标、改进计划和对教师的要求。同时，要考虑学生的需求，以及如何满足这些需求。

设定目标时要明确，避免模糊不清。目标应该具有明确的数据或任务，以衡量是否完成。要为目标设定措施，明确具体的行动步骤。量化是确保目标质量的重要方式。根据自己的职业规划，可以设定不同阶段的目标，包括短期、中期和长期目标，然后选择合适的方法、策略和途径来实现这些目标。

④ 计划制订

只有制订了具体的行动计划，才能实现职业规划的目标。教师需要设计详细的计划，明确计划的不同阶段，以及完成这些计划所需的具体行动。这包括分段的实施计划，步骤和时间估算，资源和条件的需求，以及获取这些资源和条件的途径与方法。

⑤ 反馈和调整

在职业规划的过程中，反馈和调整也是至关重要的策略。教师需要不断检查自己的进展，与制订的计划进行对比，发现问题并及时调整。这种自我反馈和调整可以确保职业规划在不同阶段都能够适应个人的需求和外部环境的变化。

（3）教师专业发展规划的实现

为了实现专业发展规划，教师应该建立专业发展档案袋，实时记录每个阶段的发展情况并规划下一阶段的发展方向。通过定期回顾和反思成长档案袋，教师可以持续改进自己的专业能力。在适当的时候，教师也应该寻求他人的帮助和意见，以促进自己的专业成长。

经典案例

为促进教师的自我成长，浙江省宁波市镇海中学研制了《镇海中学教师专业成长手册》（以下简称《成长手册》），分为“我的成长规划”“我的成长历程”“我的成长收获”三部分，可称为“成长三部曲”。“我的成长历程”为《成长手册》的主体，按照教师专业成长的内容设置了精品课堂、听评课记录、主题教研活动、专家讲座、课题研究、校本课程建设、教育阅读、教育写作、教育碎思、实践偶得、教育教学理念更新等 11 个项目，包含 17 个板块，贯穿教师整个学年的工作，覆盖当下教师专业发展的基本领域。《成长手册》可视为一项反思性作业，帮助教师及时捡拾、加工、收藏教学生涯中的精彩点滴，这本质上是一个行动、反思、优化、超越的过程。同时，《成长手册》处处突出了“我”的角色和地位，每一个研修项目都以“我的”为前缀，无形中对教师形成了积极的自我暗示，增强了教师的主体意识和内驱动力。

3. 实践自觉：学思并举优化教学

教育自觉如同文化自觉，建立在实践、反思、对话的基础上。这种自觉的产生源自广大教育工作者在教育实践中的不断积累与反思。教育实践被视作教育思想的指南，而教师作为知识传递的文化使者，不仅需要掌握教育理论，更需要将理论与实践相融合，以推动教育的持续改革。在一定程度上，教师的教学实践直接影响着学生的学术表现，而教育管理则影响着教育秩序和学校环境的形成。因此，在教育领域，教学和管理都是教师专业发展所不可或缺的能力，而培养教育自觉正是要求教师在教育实践中自发地努力提高教学质量和管理水平。

在优化教学方面，教师需要结合自身的专业优势和学科特征，主动构建教学框架，优化教育技能，并不断增强自身的教学本领。这意味着教师不应该拘泥于教育原则，而是通过总结之前的教育经验，形成适合自己的教学优势。同时，教师也需要在优化管理方面有所作为。他们需要提高自己在教学中应对突发事件、应对意外教学挑战、解决日常学生问题的能力，将各种教育场景中出现的问题转化为提高个人管理素养的机会。随着基础教育改革的兴起，学校的教育重心不再仅限于传授知识，也更加关注学生的心理成长。拥有教育自觉的教师将会积极地优化自己的教学和管理能力，将理论知识应用于实际工作中，将管理知识转化为智慧，规范和完善自己的教育实践。

在信息化、全球化、多元化的时代，教育自觉已经不再是一种选择，而是一种追求卓越的教育精神。教育自觉的背后是教师对教育事业的执着和自信。培养教育自觉有助于教育者坚定教育信仰，提升教育水平，优化教育质量。教师需要不断学习和思考，夯实自身的教育理论知识和实践能力，以提高教育教学的水平和质量。教育自觉不仅是提高教师专业水平的途径，也是培养未来社会精英的必备素质。

（二）管理机制促发教育自觉

从以教育为“职业”走向“专业”甚至“事业”，从为“匠师”迈向“能师”甚至“人师”，逐层递进的是教师对教育教学的责任意识和“为人”的丰富情感。一方面，学校应从整体的价值观体系中凝聚精粹，树立教师共同的价值认同，引导教师形成正确的职业责任观；另一方面，学校应更多地传递爱与关怀的理念，将这份人文情怀渗入学校的文化、日常的管理、教师的教学工作、专业的学习成长等方方面面，让教师学会爱自己、爱学生、爱同事、爱学校。

学校和教师之间的互动关系是教育体系中至关重要的一环。学校为教师提供了学习和发展的机会，帮助他们不断提高专业素质，同时，教师的成长也促进了学校的进步，创造了更好的学习环境。这种相互依赖关系对于教育体系的可持续发展至关重要。教育专家古德莱德曾明确地指出，学校和教师之间存在着密切的互动和依赖关系。他认为，没有杰出的教师，就不会有出色的学校。同样，没有丰富经验和支持性学校环境的教师，也难以提高自身的专业素质。学校在这一关系中扮演了至关重要的角色，应该为教师提供一个令人兴奋和富有挑战性的工作场所。这个环境激励着教师进行持续的学习和进步，不仅是在教育领域的理论知识方面，还包括不断改进他们的教育方法和实践。教师的成长需要学校的支持和干预，以帮助他们实现短期和长期的发展目标。此外，学校还应提供更广泛的参与机会，鼓励教师参与学术合作和专业发展项目，共享教育经验，与同事协作，不断提高他们的专业水平。通过鼓励自主学习和自我提升，学校可以培养教师的自我发展动力。为了满足不断发展的教育需求，学校还应提供学术研究和创新的机会。

1. 刚柔并济，文化管理

学校管理是一项独特的任务，因为其管理对象是人，而教育性质使其与企业的程序性操作规程监测和评估大相径庭。在学校管理中，必须实现一种刚柔并济的平衡，将制度规范与人文关怀相融合，理性与情感相交融，从而塑造出一个充满文化引领的学校组织。正如著名学者马尔库塞所言："观念和文化的东西是不能改变世界的，但它可以改变人，而人是能够改变世界的。"因此，为了实现学校的全面增值，首要任务是提升每个个体的内在价值。

通过制度设计，学校需要实现治理结构和治理主体的多元化，使不同领域有不同的决策主体。这将构建一个让教师在他们擅长的领域发挥自己的权威和发声权的平台，帮助他们规划个人职业生涯，最大程度地释放每位教师的潜能，充分发挥团队的智慧和力量，同时提高教师的职业满足感和成就感。当教师将教育视为一项终身追求的事业而非任务时，他们将展现巨大的积极性和潜力，逐渐减轻职业倦怠。

通过关怀，我们可以创造出温馨、和谐、宽容的"家文化"，使学校成为教职员工的精神家园和发展沃土。就像"家和万事兴"一样，每位成员都应该分享家庭的温暖，感受家庭的力量，得到家庭的庇护，享受家庭的幸福。这种情感共鸣将激发每个人对学校的关切、支持和对教育事业的自觉奉献。研究表明，这种校园中的文化氛围在学校改革和发展中发挥了重要作用，成为师生言行的"行为文化"和"基因文化"。这种"软文化"规范并引导着学校的发展方向，将师生凝聚成一个共同体，激发强大的吸引力，实现共同分享和共同提高。

2. 结合实际,民主领导

在学校管理中,应实施民主管理并打造关怀情感氛围,使学校从封闭、独断的管理逐渐转变为全员参与、开放的管理模式。我们提倡"人人都是管理者"的理念,通过设立年级主任、简化管理流程、下放权力,实现管理的扁平化。我们鼓励教师积极参与学校的决策制定,以此让每位教师在学校发展中发挥更大作用。同时,我们设立教师社团,提供教师表达个性的机会,让教师参与学校事务决策的制定和执行,让每位教师都感受到自己在学校中的重要性。在涉及教师切身利益的改革前,我们尊重每位教师的意见和建议,充分发扬民主精神,减少管理层的盲点,激发管理的激励机制。我们摒弃了以往的自上而下单向管理方式,转向平等对话,以教育政策、办学理念和核心工作为中心进行学校计划管理。学校计划的制订需要主管领导深入基层听取意见,经过团队内部成员的沟通和反馈修订,以达成共识。计划的制订、实施、反馈和评估将涉及全校每位成员,每个人都须承担自己的一份责任。学校的事情就是大家的事情,团队内的事情就是个人的事情,每个人都要切实履行自己的责任,为团队的发展贡献力量。

3. 解放内外,尊重个体

学校管理的目标是实现双重解放:外部解放,即解除教师在成长过程中外部的约束和阻碍;内部解放,即解除教师成长过程中内在的遮蔽和抑制。管理需要协调、统一、化繁为简,解决问题而不是制造问题。管理将人安排在正确的位置,使事物恢复本来的秩序。好的管理应当强调灵活管理,减少过多干预,激发个体的自发活力,使个体在学校工作中获得被尊重的体验,不需要不断接收指令或命令。这有助于激发个体的内在动力,为学校的创新发展奠定人文基础。校长要坚守"教师为本"的管理原则,注重教师的职业幸福感,创造自由宽松的工作环境,让每位教师真正感受到在学校工作是有尊严的。这可以使广大教师自觉、自愿地努力工作。管理应减轻"管"的重担,强化"理"的功能,通过优化资源、整合结构、激发能量、促进成长来实现目标。

4. 创造平台,服务管理

学校应该为教师提供多样化的成长机会,通过建立学习共同体,为教师搭建终身学习的平台,以促进他们的自主教育和自觉发展。一方面,我们可以建立教师的专业发展体系,鼓励专家引领、同伴互助、实践反思和主题教研的文化。我们可以构建前沿理论培训、校外实践培训和校本培训的三级培训网络,以满足教师不同层次和领域的专业发展需求;成立各级各类工作室和站点,让每位教师都能参与活动。我们鼓励教师在校本课程的开发中发挥积极作用,建立课题引领、专家指导和全员参与的模式。学校的管理团队要重视教师的发展,提供多角度、多方面的支持,通过建立不同学科和不同领域的教师学习共同体,帮助教师开拓更多的发展思路。这意味着要支持不同水平的教师组成研究小组，鼓励不同学科之间的合作，以增强教师的综合教育和教学能力。校长应该鼓励和支持教师实现他们的职业发展梦想，为他们提供各种机会，帮助他们不断提高自己的专业素质。

5. 健全考核，公平管理

在教师评价方面，我们强调公平，并不断完善考核机制。中国有着“不患寡而患不均”的古训，公平一直是中华文化的传统核心价值观。在学校管理中，建立一个公平的教师评价体系是维护教师职业安全感的基本要求。追求公平是防止教师对教育事业产生消极情感的必然选择。教师的教育自觉养成要求学校在教师评价方面，无论是基于教师的表现还是结果的评价，都必须遵循公平的原则，避免评价过程中出现各种不公正的问题。

（三）反哺学校提升文化自觉

学校文化自觉发挥促进教师成长的作用，需要教师的主动作为，涉及认知层面的识辨学校文化、评价层面的研判学校文化、行为层面的反哺学校文化。

1. 识辨学校文化，把握学校价值信念

通过文化建设促进学校发展，已经成为学校的重要选择，也因其良好的效果而被部分地方教育行政部门推行。在这样的背景下，学校纷纷开展学校文化建设，学校文化一般有两种存在状态：一种是已经被提炼出来的文本型学校文化，另一种是尚未被提炼出来的自在型学校文化。理想的情况是，文本型学校文化是对学校文化之实的准确抽象，并通过文化建设推动学校发展，但也确实存在学校文化之“名”与学校文化之“实”不相符乃至背离的情况。

对于文本型学校文化，教师们主要是一个“识”的过程，即认识学校文化。学校文化文本一般是由校长及其团队在教育专家的辅助下，经过调研、讨论达成共识并付诸文字。虽然有些教师作为被访谈者、研讨者参与其中，但绝大部分教师并未全程、深入参与。所以，根本之策是教师们参与学校文化提炼，其次才是教师们主动去认识学校文化的已有表述。当然，学校畅通渠道帮助教师认识学校文化至关重要。

对自在型学校文化，教师们更多的是在一个“辨”的过程，即在学校的各种现象中辨别出学校文化的主流价值观念、行为和各种标识。学校文化的核心是价值观，价值观上的认同或差异会给主体带来较为强烈的情感冲击，这种冲击时刻是辨别学校文化的好时机。教师留心并记录让自己非常高兴和难过的工作时刻，并从价值观的层面来分析是什么导致自己的情绪变化，久而久之，便能够把握到学校文化的核心。由于仪式是对价值和信念进行的公开的、程式化的表达，观察学校中的各种仪式是辨别学校文化的捷径。

2. 研判学校文化,看清自己责任方向

对学校文化进行研究和判断,是教师个人成长的重要途径,也是教师在学校中实现发展的应有之义。因为文化自觉根本上是人的自觉,是个体对自己何以安身立命的自觉思考,自觉于学校文化,实际上是教师对自我与学校文化之间契合性的反思与反省。

从性质上说,学校文化有积极和消极之分。拥有积极学校文化的学校,会坚决挑战低效的教育教学,鼓励并支持教师成长,教师们具有教育情怀,对学校有归属感,对教与学有着较高的热情。存在消极学校文化的学校,学校领导可能导致沟通变得单向和过于指令性,这也让教师们倾向于专注于学校管理和人事方面的负面事例。教师们可能会以这些问题为借口,试图为自己的表现辩护,同时也可能选择不公开学校的真实情况。一项调查结果显示,学校领导的民主程度、教师之间的协作程度、相互信任水平以及学校的办学目标等文化特征与教师流失意向之间存在着显著的负相关关系。

从关系上说,教师与学校文化之间有契合与相悖之分。在多元文化的社会中,人们价值观念之间的冲突已经很难用善恶、是非来描述,越来越多的冲突是“甲善”与“乙善”之间、“甲是”与“乙是”之间的抉择。教师与学校之间的价值冲突也越来越多地表现为契合性问题而非正当性问题。因此,教师研判学校文化需要兼顾性质与关系两个问题。就性质而言,学校文化是否能够推动学校的发展、促进学生的健康成长,是研判学校文化性质的根本标准,也是决定教师对待学校态度的根本原则。至于教师与学校文化契合度的关系问题,可以采取求同存异的态度,在认同学校核心文化的前提下,发展学校中的亚文化。一个好的、有发展潜力的教师,要能够研究和判断学校文化,从学校文化的消极方面看到自己的责任,从学校文化的积极方面看到自己的方向。

3. 反哺学校文化,成为同伴学习的楷模

学校不是孤岛,会受到外部政治、经济、城乡规划、教育政策等因素的影响,也会面临内部诸如领导、教师、生源等因素的影响。这些客观的变化深刻影响着学校中师生的价值观和处事方式,对学校的既有文化提出了挑战。用唯物辩证法的话语来说,学校文化是精神层面的上层建筑,必然要随着其客观层面的物质基础的变化而发生变化。因此,学校文化是需要随着物质基础的变化而改变的。

“作为产品,文化体现为我们来到之前,学校成员已经累积的智慧;作为过程,文化又不断地被新的学校成员更新和创造。”那么,改变的责任自然地落在了学校中的人身上。校长是学校文化构建中的灵魂人物,但教师的反哺作用也不可小觑。在时间逻辑上,学校是先于其绝大部分成员而存在的,因此教师受惠于学校文化的滋养。但相比较于组织,人更具有灵活性,能够对外界的事物变化做出积极的反应,而且教师本身也在成长,这些为教师反哺学校文化提供了客观基础。与此同时,在职培训、校内合作、校际互动等专业交流机制大大开阔了教师的视野，增加了教师对不同文化的接触，这些为教师反哺学校文化提供了主观基础。

不过，教师能否反哺学校文化还受制于个人的资质、意愿、能力，以及学校是否提供平台和机会。所以，教师反哺学校文化的现实机制是一部分教师依靠其教育人格、风采和成就等积极影响力成为同伴群体的学习楷模。这群人往往稍微脱离于现有的学校文化，位于学校文化发展的方向上。当然，在大部分文化中，这群人都是少数。我们提倡践行，即在对学校文化进行个体化解读的基础上，教师在学校管理、师生交往、课程设计、课堂教学等具体的教育活动中，以实际行动对学校文化进行转化、丰富乃至改善。当然，通过“做”实现教师的学校文化自觉，其途径和手段非常丰富，每所学校和每位教师借由的渠道和路径各有不同，这更需要依赖教师在丰富多彩的学校生活中，借助自我学校文化自觉意识的提升，在实际工作中进行转化和“落地”。

参考文献

[1] 邵长思. 书院深深松竹茂，天穹高高鸿雁飞：浅谈校园文化建设[J]. 课程教育研究，2017(16)：205-206.

[2] 刘玉新. 中学校本教研文化建设的学理思考与路径探析[J]. 现代教育科学，2022(5)：1-5.

[3] 蒋礼. 基于教育自觉的教师专业化发展实践研究[J]. 中小学教师培训，2014(8)：17-20.

[4] 王雪梅，鲁昕. 传统道德教育“以人为本”的文化自觉路径试探[J]. 长春师范大学学报，2017，36(5)：153-155.

[5] 李宝斌，齐恒. 教育自觉理念下的教师教育[J]. 中国大学教学，2008(2)：66-68.

[6] 吴国平. 高质量教育需要一支有教育自觉的教师团队[J]. 人民教育，2020(20)：22-24.

第四章

聚焦教师专业发展的课程力

在教育领域由“知识教育”向“素养教育”转型的过程中，教师的角色尤为关键，其影响主要通过教师的课程力体现。教师的课程力是教师理解、实施、开发和评价课程的综合能力，它直接关系到课程改革的成败和教育质量的高低。教师的课程力不仅包括对课程内容的领悟和执行，还涉及课程的设计、创新和评价等多个方面。随着新课程改革的深入，教师课程力的重要性成为教育界的共识，被视为教师专业发展的核心要素，对教育改革和学生个性化成长具有重要意义。

第一节　教师课程力的发展与价值

在“知识教育”向“素养教育”转变的过程中，教师是影响核心素养有效落地的最直接因素，而这种影响集中体现在教师的课程力上。从应然的“理想课程”“正式课程”到学生的“经验课程”，必然要经过教师对课程的实然“领悟”和“执行”。而教师对课程的领悟和执行水平完全取决于其课程力的发展水平。也就是说，在某种意义上，教师的课程力发展水平成为制约新课程改革的关键因素。从课程力所涉及的范围来看，教师的课程力表现为教师个体或整体的课程素养，是教师本人或教师团队课程实践能力的重要影响因素。当人们把研究的视域从学校课程能力转向教师课程能力时，会发现：教师课程能力发展在当下的中小学新课程改革中被赋予了更多的期望和要求。

有什么样的课程力，就有什么样的教学行为。新课改倡导课程与教学的有机整合，“课程”是“一系列课堂教学事件及内容变革与意义的生成”，“教学”是师生为实现教学目标而共同创生课程的过程。然而，在当前应试教育背景下，许多教师的教学行为没有很好地体现新课程的“国家意志”，而是体现了高考的“应试要求”，导致新课程倡导的“立德树人”“增强学生服务国家和人民的社会责任感、勇于探索的创新精神和善于解决问题的实践能力”等“国家意志”很难在教学中落实。出现这种现象的原因是复杂的，从教师层面来看，重教学而轻课程，即过分重视教学能力而轻视课程能力的提升，是导致这种现象的重要原因之一。因此，增强教师课程意识、提升教师课程力，不仅能优化教师日常教学行为，提高教学质量，还能促进学生全面而有个性地发展、促进教师专业成长。

一、“教师课程力”概念的提出

教师和课程是教育活动中的两个重要因素。教师作用于课程，其影响和意义是多方面的。近年来，学者的相关研究和新课程改革实践更多关注了教师的课程执行力，较少关注教师在课程理解、开发、创新以及评价等方面的能力。比如有学者提出了“教师课程领导力”的概念，即教师为学校课程的设计、开发、实施提供相关建议的能力，包括课程的设计能力、开发能力和实施能力。以往研究为“教师课程力”概念的提出奠定了一定的学术基础，但也存在着某些认识上的偏颇。教师课程执行力和教师课程领导力都应当被看作教师课程力的一方面，前者仅强调了教师对课程的“被动”价值，后者则有走向问题另一个极端的嫌疑。

本研究所提出的教师课程力，是指教师理解、实施、开发和评价课程等方面的综合能力。具体而言，教师课程力是教师以课程内容为载体，通过一定的方式、路径来促进学生概念性理解，实现育人目标的能力，包含课程理解、课程建构、课程实施、课程评价等能力。教师的课程力是决定课程改革效果的关键能力，体现了教师控制课程、驾驭课程的个性品质，是教育教学教研中“控制课程”和“影响秩序”的内驱动力系统。

二、教师课程力研究的发展历程

教师课程力研究的发展历程大体分为以下四个阶段：

（一）从属于教学论研究阶段

20 世纪 70 年代以前，在课程理论发展的初期，受国际和国内教育背景的影响，课程论还未上升到学科研究层面，只是被纳入教学论框架之下，这种狭隘理解导致教师与课程分离，互不干涉，教师被置于课程之外。尽管我国在苏联教育学的影响下，颇为关注教师教学研究，但当时还未曾提出“教师课程力”的概念，对教师能力的要求比较笼统，主要是对教学方法、教学手段、教学态度等问题的研究，比较注重教师的备课能力和教学实施中的能力。因此，在此阶段，教师课程能力的研究受到压制，甚至是缺失的。

（二）关注教师职业技能阶段

随着教育战略地位的逐步确立，越来越多的国家对教师能力在教育教学活动中的价值和作用给予了高度重视。改革开放以后，我国教育理论界和实践工作者亦加强了对教师的研究。20 世纪 80 年代中期以后，我国教育学界相继出版了教师职业技能方面的著作（表 4-1）。其中，董杰峰、朱若真主编的《教师语言艺术》，曾祥芹主编的《语文教学能力论》，各选取教师能力的一个方面，进行了较为具体而深入的探讨。在此期间，对教师能力问题研究最具代表性的学者是王道俊、王汉澜。他们认为，为顺利完成教育教学任务，教师必须具有实际的教育教学能力，包括了解和研究学生的能力、钻研和处理教材的能力、选择和运用教育教学原则及方法的能力、组织管理能力和语言表达能力。同时，教师还必须具备组织教学、提问、说服、表扬与批评，以及板书、板绘的技能和技巧，并在此基础上形成自己的教育艺术和教育智慧。

表 4-1　教师职业能力相关著作一览表

书　　名	作　　者	出版年份	出　版　社
《教师学》	臧乐源	1987 年	天津人民出版社
《教师应用心理学》	王益 陈彩柏	1987 年	湖南大学出版社
《教师心理学概论》	周作云 罗好裕 刘笃诚	1988 年	成都科技大学出版社
《教师的工作积极性》	李旷 吴秀娟 朱方 潘源琛	1996 年	山东教育出版社
《教师语言艺术》	董杰峰 朱若真	1987 年	河南大学出版社
《语文教学能力论》	曾祥芹	1987 年	河南大学出版社

上述这些研究主要散见于《教育学》中的“教师”章节，而专门研究教师能力的文章较少。尽管这个时期的相关研究有一定的局限性，却也是对教师能力发展问题的可贵探索，为研究教师课程能力奠定了基础，提供了有益帮助。

（三）关注教师专业能力发展阶段

1999 年，中共中央、国务院印发《关于深化教育改革全面推进素质教育的决定》，明确提出要把提高教师实施素质教育的能力和水平作为师资培养、培训的重点。在具体实施过程中，各级政府规定将教师的“能力”作为评价教师的一项重要指标。由此，研究逐渐转向教师本体，教师的能力问题成为教育界内外乃至社会关注的重要方面之一。此阶段的研究由林崇德等人拉开序幕，他们将教师的教学能力分为教学认知能力、教学操作能力、教学监控能力，进而构建起了一个完整的教学能力结构。叶澜认为，理解他人和与他人交往的能力、管理能力和教育研究能力是现代教师的重要特征，因为教育首先被理解为沟通与交往的过程，因此，具备这些能力也是作为研究型教师所必需的。另有学者提出教师应具备的专业能力要素，如表 4-2 所示：

表 4-2　教师专业能力要素一览表

学　者	教师专业能力要素
康锦唐	教学表达能力、教学组织能力、教学操作能力和教学研究能力
郑其恭	教学组织与设计能力、教学实施与控制能力、教学检查与测定能力
邵瑞珍	思维条理性与逻辑性、口头表达能力、组织教学能力
曾庆捷	信息的组织与转化能力、信息的传递能力，运用多种教学手段的能力、接收信息的能力

续 表

学 者	教师专业能力要素
孟育群	认知能力(思维的逻辑性、创造性)、设计能力、传播能力(语言表达能力、非语言表达能力、运用现代教育技术的能力)、组织能力、交往能力
罗树华 李洪珍	基础能力(智力能力、表达能力、审美能力)、职业能力(教育能力、班级管理能力、教学能力)、自我完善能力、自学能力

由此可见,对教师的能力问题的探讨已经涉及教师研究的方方面面,但最值得注意的是:上述教师专业能力要素大多停留于教学能力层面,未明确提出教师的"课程能力"。事实上,在大课程论框架之下,教学能力可以作为教师课程能力研究的一部分。

(四)关注教师课程能力本体阶段

进入21世纪,随着课程理论研究的不断深入以及新课程改革的现实要求,教师越来越需要增强自身课程意识和能力,认识自身在课程活动中的地位与作用。然而,在现实中,由于多种因素的影响,教师的课程能力还不能完全满足教育发展的迫切需要,成为制约新课程改革深化和教师个人发展的瓶颈。在此境遇下,对教师课程能力本体的研究正式得到了学界关注。2003年,吴惠青、刘迎春明确提出"教师课程力"概念。在此之后,学者们运用逻辑思辨的方法,探讨了教师课程能力的内涵特征、构成要素、问题现状、提升策略等问题,并围绕教师课程能力的某一具体方面进行了细化研究,如课程理解力、课程实施力、课程评价力等,进一步激发了教师的课程参与意识。

三、教师课程力的地位和作用

(一)教师课程力是提升教师专业能力的核心要素

教师是传递人类文明的专职人员,是学校教育的主要实施者。随着经济社会的快速发展和人民群众日益增长的教育需求,教师的专业能力越来越受到各界关注,教师自身的专业压力也大于以往任何时期。因此,如何有效且持续地提高教师的专业能力,已成为教师自身、教育管理者乃至整个社会普遍关注的问题。面对这一问题,必须认识到教师课程力是教师专业能力的核心要素。没有教师的课程理解力、课程实施力、课程开发力和课程评价力,就谈不上教师的专业能力;没有教师课程理解力、课程实施力、课程开发力、课程评价力的发展,就无从探讨教师专业能力的发展。总之,教师课程力是提升教师专业素养的核心行动目标和主要着力点。

（二）教师课程力是提高课程实施质量的关键因素

课程是学校教育的核心，课程设置和实施效果在很大程度上决定着人才培养的质量。新的课程观把教学与课程这两个概念统一起来，使课程开始由“专制”走向民主，由封闭走向开放，由专家走向教师，由学科走向经验。课程不再只是特定知识的载体，教师、学生以及师生互动都成为课程的有机组成。课程实施也不再是知识传授的单一活动过程，核心素养成为课程实施着力实现的目标；课程开发不再只是专家学者的事情，教师也有课程开发的需要和能力；课程评价不再仅仅是教育行政部门的“专权”，教师也是课程评价的主体。换言之，没有教师对课程的准确理解、有效实施、校本化开发和科学评价，就谈不上课程实施的质量和课程改革的成功。

（三）教师课程力是推动教育改革进程的有效抓手

《国家中长期教育改革和发展规划纲要（2010—2020年）》（以下简称《教育规划纲要》）指出，促进教育改革创新是教育发展的强大动力，提高教育质量是教育改革发展的核心任务。其中“改革创新”既包括“创新人才培养体制、办学体制、教育管理体制，改革质量评价和考试招生制度”，也包括“改革教学内容、方法、手段”；“提高质量”要求“把教育资源配置和学校工作重点集中到强化教学环节、提高教育质量上来”。上述的“教学内容、方法、手段”“教学环节”与课程存在显著的密切联系，是课程设计、实施、开发与评价的主要内容，与教师的课程力紧密关联。只有具备较强课程力的教师才能更好地担负起“改革教学内容、方法、手段”的重任，才能更好地落实“强化教学环节、提高教育质量”的要求。反之，该要求便很难在真实的教育教学活动中得以落实。基于此，《教育规划纲要》在“总体战略”部分着重强调要“加强教师队伍建设，提高教师整体素质”。笔者认为，应重点加强教师课程力建设，着力提高教师的课程理解力、课程建构力、课程实施力和课程评价力，以此为教育改革和教育质量提供至关重要的主体性保障。

（四）教师课程力是促进学生全面而有个性地发展的重要依托

学校教育要引导学生认识自我，促使其个性得到发展，使每个学生过上充满意义的生活，必须为学生开发和提供适合的课程。教师课程力，尤其是课程理解力、课程实施力对课程设计和课程实施产生重要的直接影响，也决定着能否促进学生全面而有个性地发展。在某种程度上，学生的发展与教师课程力的强弱呈正相关。教师课程力的四个方面缺失其一，都可能对学生的发展产生负面影响。换言之，如果每位教师都能高度具备课程力的相关要素，那么学生也就更有可能全面而有个性地发展，学校也更能够办好人民满意的教育。

第二节　教师课程力的构成要素

教师课程力是指教师理解课程、建构课程、实施课程、评价课程等多种相关能力的综合，具体体现在以下几个方面：

一、教师的课程理解力

（一）课程理解力的内涵

课程是按照一定的预设目标，在教育者的指引下，推动受教育者与预设教育情境相互作用获得有益于身心发展的全部教育内容的过程。有学者认为，教师的课程理解力，是指教师对教育场域中的课程现象及其背后的价值观进行解释、批判、转化，并生成意义的能力。而作为一线教师的课程理解力，是教师对自身教育、教学过程中的课程现象进行认识，积极运用课程观念和课程理论进行价值辨识和文化解读的能力。

本文认为，教师课程理解力是指教师对课程认知、判断、解读、分析等方面的能力。课程认知能力是指教师对课程概念、课程流派、某一学段课程标准以及课程的意义、价值的整体认识。课程判断能力是指教师对课程性质、类型、实施对学生可能产生的影响的基本预判。课程解读能力是指教师对某一课程的整体与局部、章节与篇目、环节与步骤等要素间的关系的理解、设计与把握。课程分析能力是指教师对课程内容重难点的剖析，以及相应的实施策略的选择。

教师课程理解力取决于教师对教育本质的认识、对教育规律的把握、对学生的了解和对学科知识的整体认知。教师如果没有深刻认识教育本质、准确把握教育规律、充分了解学生、全面掌握学科知识，就不可能有足够的课程认知、课程判断、课程解读、课程分析能力，就不会有较为全面的课程理解力。在技术层面，教学设计是教师课程理解力最为重要的文本表现，有质量的教学设计是提升课程理解力的关键。

（二）教师课程理解力的实践价值

教师的课程理解是基于教师自我的专业认同，着眼于自身职业的专业发展，自主地进行教学改进和专业发展的积极举措，不是受到外在强迫的应付之举。虚伪的、被迫敷衍的课程理解，常常造就形式化的改革繁荣假象，远离教育变革“为了更好促进学生发展和教师专业能力提升”的价值旨归。因此,课程理解与课程实施是一个相互统一的过程。教师要想有效承载社会和时代赋予他们的使命,就需要不断提升自己的课程理解力。唯有通过课程理解力的提升和运用,教师的课程教学才能成为充满诗意的创造,进而超越被动应付的重复性劳作,真正成为一种文化传承和导向灵魂觉醒的事业。教师课程理解力具有以下实践价值。

一是有助于增强教师落实新课程改革的内生动力。新课程改革以新的课程理念融合传统的基础教育课程与教学,提出新的课程形式、教学形式与教学观念,给一线教师带来了巨大的挑战与压力。面对这些挑战与压力,教师势必要做出应对,转变原有的课程观念,更新课程知识和课程实施的能力。为此,要推动教师以课程主体身份,站在宏观的角度去理解、认同和接纳课程,将新课程改革的理念转化为实际的课程行为,从而实现新课程方案设计的目的。

从古德莱德的课程层次观可以看出,教师对课程的理解对学生最终“体验的课程”具有直接的作用,只有教师具备课程理解能力,真正理解了课程,才能自觉成为课程的实践者和创造者。教师在理解课程的视野之下,课程实施的过程不再是机械的书本知识的授受过程,而是教师充分发挥主观能动性的过程,以及师生不断建构课程意义的过程。这有助于促使课堂真正成为师生共同生成教育智慧和经验的场域,从而发挥教育教学的最大效能。与以往忠于课程的实施取向不同,教师基于课程理解的实施是一种创生的过程。在此情况下,教师往往更有动力去适应新课程改革的要求,主动担当起作为课程实施者的神圣使命。

二是有助于教师端正教育价值观,促进学生全面而有个性地发展。教育质量是衡量教育成效的重要指标,但是评判教育质量的尺度却因度量者本身教育价值观的不同而有较大差异。在科学主义思维的支配下,教育价值的评判标准主要是知识的多寡,与之相应的是现代知识型教师对科学知识的真理性和客观性的坚守与信奉。在课程教学中,知识以客观真理的身份出现,教师则是客观真理知识的传承者。再加之标准化考试的强化,教师被迫放弃自身认同的教育价值观,进而放弃了对教育价值思考的权利。课程理解在一定意义上是教师对其作为知识人之自我存在的意义和价值的追问。

培育和提升教师的课程理解力有助于教师秉承教育者的良知,对其所持有的教育价值观进行审察,以人的发展为前提,用教育的尺度去衡量教育。学生不是知识的被动接受者,而是有自主情感和思想的完整的生命个体。新课程改革的一个重要目标就是要转变学生的学习方式,强调学生既要在学习中获得知识与技能,还要形成积极主动的学习态度,即“学会学习”。教师是课程的实施者,只有通过教师切实有效的实施,课程才能更好地为学生所接受。教师的课程理解力直接影响着自身的课程实践行为,也影响着学生核心素养的培育效果及全员育人的效果。因此,学生发展是教师课程理解的出发点和归宿，而教师的课程理解力也是学生发展的助燃剂。

三是有助于提升教师的专业素养，自觉形成教师的个体性教育理念。课程理解力不再是变革时期的特殊需要，而是作为教师职业素养的一种基础性能力。教师作为课程实施重要的一环，其课程理解力在于不断地吸取课程资源、批判教学惯习、转化教学能力、生成教学艺术。加强教师课程理解力，可以促进教师形成积极的课程主体自觉，察觉到自己作为“课程理解者”的身份转变，在理解课程的过程中，通过对课程文本、课程实施的认识和再认识，将自己带入课程中，成为课程的一部分，从而体验到课程主体身份被确认的自豪感以及参与课程改革的愉悦感，进而更大化地促进教师专业自主。同时，以理解的立场看待课程，使得课程在教师的视野中逐渐成为创造性的价值载体。对话课程、反思课程、创生课程成为教师和课程关系的新定义。教师通过对课程的理解来获得对课程实践的认识，并在此基础上提升课程与教学能力，促进自身专业成长。因此，课程理解力的提升，有助于激励教师主动学习专业知识和技能、坚定教育信念、实现自我价值，从而进一步获得专业的长远发展。

（三）提升教师课程理解力的有效路径

从实行新课程改革以来，很多教师在接受了各级课程改革的培训后，对课程、课程改革、课程资源都有了一定的了解。但教师课程理解力的缺乏仍是一个制约课程改革有效推进的现实问题。教师课程理解力的生成，既需要制度环境的营造，也需要教师个人的努力创生。

一是要以核心素养为导向，加强对新课程改革的研究。教师要对新课程有概念上的“预把握”，做出符合社会发展要求的当代阐释，把培养核心能力作为新课程改革的根本追求。要从整体上深刻理解新课程的基本概念，认同新一轮课程改革的价值取向，增强培养核心能力的实践意识。教师不仅要教好书，还要用好书。在传授知识的同时，也要重视核心能力的培养，引导学生独立思考、合作探究，在理解、实践和运用的过程中自主生成核心素养。

二是要以提升理论自觉为目标，加强理论学习。教师课程理解力薄弱的一个重要原因，是缺乏理论自觉，不能主动实现理论与实践的双向互动。因此，在提升课程理解力的过程中，教师需要做好三项工作，即理论选择、理论比较和理论定位。在学习课程理论的基础上，教师应选择符合新课程实践的理论指导，用新课程理论审视自己对课程的误解和偏见，克服理想课程的形式化解读、课程实施的随意性操作和课程评价的功利性取向，用思想理论的“应然”来指导和重塑课程理解的“实然”，把提高课程理解看作在课程理论指导下不断丰富和发展的过程。

三是要通过在实践中的反复探索，强化实践知识，加深理解。课程理解是活动的发生、问题的提出和需求的表现。教师必须通过从专业角度审视和反思其在听评课、异质教学和反思性教学活动中的教学实践，增强对课程的理解，以增强其重建和优化教学行为的能力。通过理想课程、实践课程、反思课程、重构课程，将教师课程理解的提升融入课堂实践的提升过程。将“知识课堂”升级为培养核心能力的“素养课堂”，不仅是提高教师课程理解的重要标志，也是教师增强课程理解力的立足点。只有我们理解以核心能力为指导，以实现核心能力为目标，发展和重构教学内容、选择和优化教学方法、指导和改进教学评价，国家的理想课程才能规范化，转化为实践课程，从而在学科教学的探索中生根发芽，在课堂教学的改进中开花结果。

二、教师的课程建构力

（一）课程建构力的内涵

在课程改革中，教师既要承担起课程执行者的角色，也要承担起课程创造者的角色。但在新课程改革实践中，许多教师最多是把自己放到课程执行者的地位，并不能真正承担起传递课程和创生课程的双重任务。这种情况在一定程度上折射出教师课程理解力的低下、教师课程建构力的薄弱。如何提高教师的课程建构力，让教师和课程从“隔离”走向“相遇”，是今后深化课程改革、培育学生核心素养的关键。

教师的课程建构力可以理解为教师基于对课堂教学中的课程现象予以理性审视与价值选择，依据自身的课程意识、课程理论与课程经验，引导师生双方采取合适的方式与途径去生成自我知识、生命体验与重构经验履历，使师生双方得以成长与发展的能力。国家课程和地方课程一般采取自上而下的策略进行开发建设，其课程内容很难完全照顾到不同地区、不同学校、不同学生的个性差异。在具体的实施过程中，教师需要考虑本校、本班学生甚至某一个学生的实际情况，考虑他们的现实生活、认知基础和发展需求，努力使课程真正适合学生，而不是让学生被动地适应课程。这就要求教师具备对国家课程和地方课程进行选择、整合、拓展和补充的能力，即对国家课程、地方课程的二次开发能力。校本课程更加尊重本校师生和学校教育环境的独特性和差异性，更能满足学生的个性化发展需要和学校的教育追求，是国家课程和地方课程的重要补充。教师是校本课程设计的核心参与者和研发主体，无疑需要具备一定程度的原创精神和开发能力。课程建构力体现着教师的创新精神和创造能力，是教师创新力的重要体现。只有教师具备了课程开发的创新力，才能更好地培养学生的探究力和创造力。

（二）教师课程建构力的实践价值

课程建构是教师以课程标准为基本遵循，立足本校学生实际需求，为实现、彰显和创造课程对培育核心素养、促进学生健康成长的意义，运用个人的知识经验对教材内容进行个性化改编、扩充、整合和拓展，进而达成课堂教学的过程。提高教师的课程建构力，主要有以下几方面意义：

一是有助于强化教师的课程主体身份。新课程理念强调，作为课程主体的教师既拥有课程开发的决策权，也拥有课程开发的创生权，同时教师也是促进学生发展的课程资源。任何排斥教师作为课程设计者与创生者的课程改革实践，都是低效的。因此，不管是从历史上课程研究者对教师作为课程主体的认识，还是当前新课程改革所倡导的理念审视，教师作为课程主体都有一定的理论与现实意义。

二是有助于健全学校课程创生机制。学校课程生成于国家课程的调适与创生过程。课程建构是一个整合的概念，是国家、地方及校本三级课程在学校实践层面的系统优化。对于国家课程而言，不同的学校在标准和教材的层面是相同的。但经过教师的课程建构，整合了生活的资源，融入了教师的理解，形成了学校的特色，因而具体实施的课程是不同的。教师的课程建构力，不仅有利于开发校本课程，更能够着眼于学生的核心素养培育，形成常态化的学校课程创生机制。

三是有助于发展教师课程引导能力。教师的课程建构力彰显的是课程的创生立场，然而课程的创生并非教师独自的创生或随意盲目创生，而是师生与课程场域中的课程现象的协同创生。培育与生成教师的课程建构力，有助于巩固、强化教师课程主体身份的同时，也有助于确立教师对于课程建构的引导作用。而教师在课程建构中的引导作用即是将学生引入课程场域。

四是有助于发展教师的情景智慧，提升教师的教育敏感度。课程场域中的师生交往活动具有情境性、经验性与个人性等特征，师生的交往活动是以教师引领学生实施课程建构为载体，以追求精彩人生和幸福生活为目标。教师拥有课程建构力，就能够认识到自身在与学生交往的时候，需要在合适的时机对学生的异质性需求做出恰当应对，懂得将学生原有的生活经历、知识理解与生命体验作为课程建构的资源，发挥它们的教育意义。

（三）提升教师课程建构力的路径

教师的课程建构力不仅意味着教师以课程主体的身份在课程场域中对既有的课程现象予以理性审视和做出理性选择，同时意味着教师依据自身的课程意识、课程理论与课程经验，引导师生双方采取合适的方式与途径去生成自我知识、生命体验与重构经验履历，使师生双方得以成长与发展，最终实现人生精彩观念的构建和对人生幸福的追求。然而，当前的课堂实践中部分教师仍然习惯于从课程消费者的视角寻求更为高效的课程知识传递技术与方法，未能明确自身作为课程的变革主体去建构课程。为此，我们可以从以下三方面入手。

1. 转变教师的课程理解观念

“课程”一词作为课程改革的焦点，对其进行何种解释关乎改革的路向与目标的最终达成，而教师课程建构的泛化与偏狭的根由正是对课程做出了泛化与偏狭的解释。因此，培育教师的课程建构力的一个重要路向是转变教师的课程理解观念，将教师对课程的理解拉回到对课程本质意涵的理解上，即以转变教师的课程理解观念为抓手实现教师规范的课程建构。教师的课程理解应该转向理解课程本质意涵的三个层次。转变教师的课程理解观念首先要从关注教师的实践性知识、情境性知识出发。当前，教师培训过于重视教师对理论性知识、事实性知识的学习与接纳，特别是自上而下推进的教师培训体系，没有较好地认清教师的工作是以实践性知识为载体的创造性活动。

因此，要在教师的校本研训中促进教师基于自身的课堂教学与学生共同开发校本课程。师生共同开发的校本课程是以师生的实践性知识为载体，在课程审议、开发、实施与评价的诸多环节中，不断修正原有课程的不足。这样一来，师生不仅共同建构了课程，而且共同创造了自身的课程生活与学校生活。此外，从提升教师的理论自觉入手，引导教师在基本的理论意识基础上，主动学习理论知识，并主动将自身的实践性知识提升为理论性知识。

2. 引导教师树立课程建构意识

课程建构意识是指教师在课程实践过程中，时常自觉地保持着与自身和学生的生活经验、生命体验等课程现象实施互动、重构、生成、创造的意识。如果教师对课程形成恰当理解，却没有课程建构意识，敦促自身在课程实施中践履课程建构行为，便很难切实发挥课程的教育意义。因此，培养和提升教师的课程建构力，不仅需要帮助教师恰当理解课程的本质意涵，更需要引导教师确立在课程实施中的主体意识。

拥有课程建构意识，意味着教师已认清课程建构既不是简单、随意的自发行为，也不是毫无目标与章法的盲目行为，而是以一种正确的课程理解观和课程生成意识去引领自身与学生在课程场域中生长与发展的活动。首先，教师在课程场域中的生成意识，既使教师能主动创造性地整合课程资源，也使教师与学生的自我知识、生命体验与生活经验能在时间的延续性和空间的广延性上，延续至各种课程现象当中。其次，教师的课程建构意识也使教师能够在课程实践中实施创造性行为，树立一种“以人为本、健康第一，注重个性、和谐发展，责任爱心、实践创新”的课程质量意识。再次，教师具有明确的责任意识，能意识到尊重、利用学生自我知识、生命体验与生活经验等个体知识经验实施课程建构是自身作为课程建构引领者的应有职责。

3. 鼓励教师扎根于课程实践的行动研究

我国的新课程改革遵循自上而下的垂直式、金字塔型改革设计与实施模式，处于模式最顶端的是课程开发专家、政府官员，中间的是部分参与课程改革审议的专家型教师，底层的是作为执行者的一线教师。此种模式在快速推进与普及课程改革的同时，也日益滋生出教师忠实执行与依赖消费的心态。确立教师的课程主体意识，强化其在课堂教学中践履课程主体的身份是发展教师课程建构力的可能路径。对于教师而言，践履课程主体的身份即教师在课堂教学中需要抛弃自身作为课程消费者的身份与心态，扎根于课程实践的行动研究。

扎根于课程实践的行动研究是教师引领自身与学生形成的课程共同体通过设计、实施、观察、反思，再设计、再实施、再观察、再反思的循环研究过程。此过程是教师引领的师生共同合作参与的过程，是师生具备自我反思性的螺旋式上升发展过程。师生在课程行动研究过程中，完成知识、问题、观点的记录、收集与分析，实现课程的批判与建构，同时也在特定的课程情景中完成自我的进修、学习与发展。因此，在教师培训与校本研修中应提升教师的行动研究意识以及教会教师掌握行动研究的方法，鼓励教师在行动中建构课程，日益发挥教师在课堂实践中的课程变革与创造作用。

三、教师的课程实施力

（一）教师课程实施力的内涵

教师课程实施力主要指教师实施课程的能力，即组织、引导、传播、转化等方面的能力。教师课程实施力既表现在传统意义的课堂上，也表现在由教师组织或引导的课外实践活动中。教师的课程组织能力、引导能力、传播能力、转化能力，是教师课程实施力的主要组成部分。教师课程实施力的强弱，在很大程度上决定着学生课堂学习的效率和效果，决定着其任教课程价值的实现程度。首先，课程组织能力影响着课程实施的效果，对提高教学效率和质量具有举足轻重的作用，是教师职业生涯始终应该关注的问题。富有个性的课堂教学组织形式和方法，表现出教师个人的教学特色，是教师素质的外在表现，是教师驾驭课程的功力所在。其次，教师对课程实施的引导，主要指教师根据实现课程目标、突出教学重点、化解教学难点的需要，通过适当的语言、体态和问题情境，引领学生对课程内容进行思考，指导学生学习某一课程内容的具体策略和方法。再次，教师的课程传播力，是指教师就课程内容及其价值，通过言语和其他媒介，向学生有效传达相关信息的能力。最后，教师课程转化力，是指教师通过对课程学习的组织、引导和对课程内容的有效传播，将文本课程转化为现实课程，将教师理解的课程转化为学生建构的课程的能力。

（二）提升课程实施力的实践价值

传统意义上的课程实施，虽然能保证学生学到知识，但没有通过知识促进学生的发展。提升教师课程实施力，要求教师在课程改革“再出发”的实践中，从学生成长的角度理解知识的内涵，把学生纳入课程视野，注重过程的价值，凸显情境的体验与意义的生成，从而增强知识促进人的精神提升和能力发展的力量，进而把学生核心素养的培育落在实处。

1. 教师课程实施力是落实学生发展核心素养目标的必然途径

核心素养的培养是21世纪国际教育发展的重要趋势，它凸显了学校教育的根本目的和课程教学的改革方向，核心素养引领的课堂革命正席卷全球。进入新时代，教育变革从“学科教学”转向“学科教育”，从“知识核心”走向“核心素养”。如何在具体的教育实践中发展学生核心素养，切实有效地提升教育教学质量，成为全社会关注的焦点。根据《中国学生发展核心素养》框架体系，高中各学科制定了基于核心素养的课程标准。历经几年高中各个学科逐渐建构起各自的学科核心素养理论体系，也标志着我国基于核心素养的高中课程变革正式从课程改革理念步入课程实践。新设计的课程内容如何正确付诸实践，是课程加速发展首要关注的核心问题。基于核心素养的课程改革过程中，人们常常容易将课程变革最初的注意力放到对课程标准和教材课本的变革上，而忽视教师个体或教师角色在整体课程体系中的能动作用。学科课程是实现育人目标的重要载体，如果要实现对学生核心素养的培养，必然要通过学科课程的实施这一途径来落实。

2. 教师课程实施能力是实施学科课程的内在需求

理想课程和正式课程的主体是专家，理解和运作课程的主体是教师，最后才能转化为学生的经验课程。教师在课堂上实际实施的课程是理解课程与运作课程的统一。由此进一步看出，在实践取向的课程范式中，教师不再孤立于课程之外，而是在课程实施的过程中起着关键的作用，成为课程实施的主体。“角色或行为”作为课程实施的一个维度，这表明教师必然是课程实施的重要范畴。教师作为最直接的课程实施者，是影响课程实施的关键因素。因此，对教师层面的课程实施开展相关研究，具有十分关键的实践意义。代表国家意志的理想课程和正式课程的方案已经形成，但无论是已经颁布的课程标准还是修订后的新教材，都不能直接影响学生的核心素养。为此，必须有一大批优秀教师运用自身的课程实施力，通过课程实施将文件或教材知识，循序渐进地转化为学生的核心素养，实现学生核心素养培育的真正落地。因此，在整个课程体系中，教师才是最应发挥主观能动作用的关键角色，教师课程实施力也是培育学生核心素养的重要一环。

3. 素养为本的课程改革对教师课程实施能力提出新要求

教师在课程实施中起着主导作用。课程编制得再好，教材编写得再好，如果教师不具备将核心素养贯彻执行到课程实施过程中的能力，那么课程改革就难以有效地纵深推进，学生的核心素养就难以通过学科课程的实施得到培养。新课程改革对教师的专业发展要求越来越高，教师在素养为本的课程实施中表现出来的已不再是单一的某种能力，而是一个蕴含着相互关联的诸多要素的综合表现。因而对教师课程实施能力的构成要素的研究，也不能只孤立地关注某个环节，而应致力于从教师在课程实施活动中的表现角度去系统地、综合地分析教师课程实施能力的构成要素。这对于课程改革实践的主体——教师也提出了相应的新要求，因为基于学科核心素养的实践活动是由教师设计并实施的。新课程改革下，教师的课程实施取向明确为促进学生核心素养的发展。换言之，新课程改革使教师的课程理解、课程实践都发生了很大变化，进而对教师课程实施能力提出了新的挑战与要求。面对素养为本的高中课程的实施，高中教师课程实施能力是怎样的？能力构成要素有哪些？现状如何？如何提升高中某一特定学科教师实施素养为本课程的能力？这些问题是在实施新的课程改革过程中学校必须要关注并引起重视的。只有将素养为本的课程改革理念转化为有效的课程实施行为，才能更好地促使课程改革的顺利进行，因此提升素养为本视域下教师的课程实施能力十分必要。

（三）提升课程实施力的路径

教师课程实施力受到教师教育观念、知识结构、课程理解以及实施能力等因素的影响。在新的时代背景下，教师需要从认知、角色定位、行为选择等方面进行优化改变，促进课程实施力的提升。

1. 认知改变：从“知识积累”走向“素养生成”

教师存在的价值和意义不是搬运或灌输知识，而是培养学生批判性思维、问题解决能力等素养。教师如何看待课程以及看到什么，取决于教师如何处理自身与课程的关系。如果仅仅把课程当作学科知识的载体，教师必然会以学生的知识累积程度作为教育是否成功的标准；而只有将课程看作促进学生成长的方式，教师才会去关注学生面对信息时代的不确定性所应具有的品格，才会去关注学生解决真实情境中复杂问题的关键能力。面对从“知识积累”向“素养生成”的转变，教师自身要做好三件事：

一要进行课程反思。随着学生的变化以及知识的快速更新，教师原有的经验已经不足以应对新的变化，必须重塑自身的课程文化，重新思考习以为常或显而易见的教学实践，从促进学生的知识积累转变为促进学生的素养生成，让课程真正起到促进师生进行知识创造的作用。

二要更新课程理解。课程理解涉及对课程精神的领悟、自身与课程的关系以及课程实践等问题。有研究者认为，教师课程理解的合理取向应该是在忠实于课程精神的基础之上,实现课程意义的创生。素养本位课程意义的创生需要教师以学科统整为主,注重真实情境,强调问题驱动,重视学生内在的体验、探究、讨论、展示等创造性学习,促进学生的概念性理解,实现整体育人。

三要重构课程。美国当代著名教育家厄内斯特·波伊尔认为,学生要成为真正受教育的人,必须懂得各学科之间的联系,探索将不同学科结合起来的办法,并且最终把这些知识与生活联系起来。IB课程(国际预科证书课程)的专家认为在中学项目中,学习情境应当是真实世界的背景、事件或情形。在此基础上,提出"六大超学科主题",即"我们是谁""我们身处什么时空""我们如何表达自己""世界如何运作""我们如何组织自己""共享地球"。因此,教师要立足学科内容以及全球背景,选择真实情境,让学生在解决复杂问题中提升自己的核心素养。

2. 角色重塑:从"工具人"走向"创造者"

学生不只是知识的接纳者和消费者,更应该成为知识的探究者、思考者和体验者。在课程学习的过程中,教师要引导学生形成以批判性思维、创造性思维和协作性思维为核心的"高级能力"。从这个意义上讲,课程是教师和学生共同创造的过程。创造力直接影响着教师课程力的高低,而核心素养的跨学科性、情境性、综合性,又对教师的创造力提出了更高要求。教师的创造力体现在三个方面:创生教师专业价值,创造学生课程需要,创新自己的课程设计。创生教师专业价值,就是改变教师"工具人"的尴尬境遇,发挥主动性和创造性,成为课程的创造者。过去,以科学主义课程观为指向的教学,使教师的专业发展主要聚焦于知识量的丰富和教学技能的熟练。而在日益复杂的信息化社会中,教师的专业发展越来越取决于个人的态度与行为,并越来越多地反映在教师个性化的生命活动中。教师不应是一种提升学生分数的"工具性"存在,而应该是有自己丰富情感和个性生活的个体,是自己教育教学以及生活的创造者。创造学生课程需要,就是激活学生成长、学习的欲望。目前,学生主要存在对生活的意义感缺失、利己主义、未来取向意识淡薄等问题,教师需要在课程设计以及实施等方面做出改变,唤醒学生的内在成长动力,引导学生深度学习,激发学生科学探索的欲望,让学生爱上学习、热爱生活、热爱生命。创造学生课程需要,实质上是落实立德树人根本任务在激发学生内在动力层面的作用。创新课程设计,就是设计跨学科主题,开发学生研究项目,设计真实问题情境和学生活动,开发表现性评价任务,等等。

3. 行为选择:从"低阶目标达成"走向"概念性理解"

高质量的课程设计必须超越对低阶目标进行打对勾式的覆盖形式,走向以事实和技能为支撑的跨时间、跨文化、跨情境的可迁移、可应用的概念和概念性理解。概念性理解将能够帮助学生在相似的情景下发现规律和联系,提供复杂思考和理解的跳板，而这两者是职业准备和终身学习的关键。教学是促进学生概念性理解的过程，教师要用大观念来重构课程内容，围绕大观念展开教学活动。围绕大观念展开教学是教师课程力的着力点。大观念教学即“理解性教学”。

教师课程实施力的培养应该着眼于促进学生的概念性理解，走向学科大观念，走向真实情境，走向学科实践。走向学科大观念，要求把所有的学科知识转化或提升为背后的大观念。大观念是可迁移的关键概念、原理和理论，这一观念不是直接告诉学生的知识，而是学生经过探究获得的理解。教师要引导学生围绕大观念，形成本质问题，创设表现性任务。大观念教学以问题驱动为主，而本质问题则基于大观念提出。在真实的情境中，通过“进入探究—发现—梳理—深入探究—展示—反思—行动”等探究过程，针对学生存在的误区，引导他们超越自己的已知去思考，让他们用自己喜欢的学习方式，进一步选择自己感兴趣的内容去探究。之后，教师要提供机会让学生展示学习成果，反思自己的学习过程，建立各种观点之间的联系，并把学习的内容和真实生活情境相联系，让学生在学科探究中生成核心素养。

四、教师的课程评价力

（一）教师课程评价力的内涵

基于对“课程”一词的不同定义，课程的评价目标可能包括课程和学生的需求、课程设计、教学过程、教学中所使用的资源、学生的成绩、课程实施过程中学生取得的进步，还包括课程政策以及教学成果等。

教师课程评价力，主要是指教师对课程结构、课程内容的比较分析能力和对课程实施效果的预测与评定能力。课程评价在整个课程体系中占有非常重要的地位，课程评价代表着课程实施的结束，但也代表着通过课程评价的反馈进行改进的开始。教师在实际的教学中直接感知课程，对于课程的优劣利弊了解最深，因此在课程评价中最有发言权，应该成为课程评价的主体。教师的课程评价力主要表现为对课程的实践性反思和批判。这种实践性反思主要是对课程实施的反思，包括对自己教学实践的反思，也包括对同伴或同行教学实践的反思，甚至包括对学校设施、人际关系和管理制度等隐性课程的反思。这种反思既关注教师的教学方法和学校的育人环境，也关注学生的学习效果和成长状况。通过这样的反思，教师会对作为课程内容重要载体的教材以及对课程设计与实施具有决定性作用的课程理念，进行比较和批判。前者如不少教师对教材内容的真实性、科学性、规范性和教育价值的质疑，后者如对“应试教育”“知识中心”课程理念的批判等。教师课程评价力的提高，既需要教师不断提高课程评价的基本素质，也要求课程行政决策者和管理者提供适当的政策环境，而最为重要的是教师持续不断的课程评价实践。

（二）提升课程评价力的实践价值

课程评价的目的是评判课程的价值，以便为课程开发和改进提供参考。要通过课程来培育学生的核心素养，需要教师加强自身对课程的感知、反思、批判与改进。一要提高情境感知力。课程应当通过生动形象的情境徐徐展开。为此，只有提高对课程情境的感知、分析和发现能力，教师才能实现对课程的评价和反思。二是提高价值引导力。在课程评价中，教师关注的应当是“课程该做什么”“什么内容值得传授”。在新课改背景下，课程评价的有效性，取决于教师能否聚焦学生核心素养的培育。这是教师开展课程实施与评价时应重点发力的方向。三是提高反思批判力。在对课程进行回顾、诊断、监控以及调适的过程中，教师会不断开展自我对话，对自身课程理念进行反思和批判，并为课程提升提供改进依据。四是提高筹划改进力。教师通过课程评价，能够有效调节自身原有的课程理解与行动，设计新的课程实践方案，从而提高改进自身课程实践的能力。

（三）提升教师课程评价力的路径

与其他主体的评价相比，教师课程评价有其自身的内容。按照丘班(Cuban)的多元课程理论，教师课程评价的主要目的是引导自我朝向课程的育人价值，核心内容是评估四种形态的课程之间的匹配与吻合程度，即教师理解的课程在多大程度上符合国家规定的课程，国家规定的课程在多大程度上被融入一线教学中，教师所教的课程有多少被学生实际吸收了，测试的课程在多大程度上体现了所教和所学的内容。

1. 教师课程标准评价：引导自我与标准融合而理解

对于一线教师而言，他们往往更关注的是怎样评价课程才能与课程标准的视域相融合。因此，教师需要加强对课程标准的研究和学习，并在课程标准的框架中融入自己的思考和体会、解释和构想，进而形成个性化的理解。另外，教师在结合课程标准进行评价时，要避免主观随意性，与专家、同行开展多种形式的沟通与对话。比如，积极参加公开讨论、专题座谈等活动，主动表达自己对课程标准的建设性意见。同时，要学会倾听不同的声音，与各界人士进行观点、意见和信息的沟通与协商。

2. 教师课程内容评价：引导教材为彰显价值而重组

教师对课程内容的评价主要是教材评价。这项工作的基础是学生导向，即坚持以学生为本的基本理念，对教材进行加工和重组，从而实现课程的育人价值。教材是课程的重要载体，也是教师开展教育教学活动的重要依托。课程要从教材中来，到教材中去。只有在深入研究教材内容及背后真谛、教材架构和内在知识联系的情况下，对课程的重要内容实现重组、增删、调整和加工，教师才能够在实践中实现创造性地理解教材，引导学生在学习过程中进行合理的价值判断与选择。

3. 教师课程实施评价：引导课程为实现价值而创生

与课堂教学评价相比，课程实施的评价更加关注课程价值的创造和实现。在新课改背景下，教师应当思考什么样的课程最有益于学生的成长发展，并在其中融入自己的课程理解和课程理想。比如，挖掘地方特色资源，构建学生有话可说的课程情境，并将社会实践性活动作为促进学生发展的重要方式。在此基础上，教师应当反思课程问题。以问题为导向，听取同行的批评建议，测评学生的满意度，以及记录下自己对课堂教学现场的观察与反思，最终形成对课程实施现状的批判性分析。

4. 教师课程绩效评价：引导课程为吻合标准而改进

在这个环节，教师需要对照课程标准，对课程实施预期效果和目标实现程度进行综合性的多元评价。一方面，要重视学生的学业成绩，看到这种终结性评价的合理性，并通过改进测试内容和方式，提高测试的育人价值；另一方面，绝不能把学业成绩作为评价学生学习成果的唯一指标。为此，教师应通过征询同事意见、倾听学生反馈以及自我反思等形式，针对自身对新课程的理解和实施程度进行科学的评估，理性评价自己在课程实施过程中体现出的优势和不足。

第三节　教师课程力提升的研究项目及案例

一、以专业发展项目提升教师课程力

随着基础教育改革的逐步推进和持续深化，教师比以往更加迫切地需要加强对课程标准的研究和理解，并以此为依据实现教学策略的开发和创新，从而推动学生核心素养的培育和发展。面对这一挑战，教师能够在多大程度上理解和认同课程标准？在课程实施中的具体情况如何？教师在课程理解、实施、评价等方面存在哪些困惑？教育行政部门及学校需要为教师课程力的提升提供哪些专业支持？能否通过一些专业发展项目来提升教师课程力？针对以上问题，华东师范大学的王峰博士开展了专业发展项目研究，以此来探索在核心素养导向下提升教师课程力的有效路径。

在该项目前期的问卷调查中发现，虽然教育政策能够为课堂教学实践的改进提供宏观指导，但无法真正影响到微观层面上的教师教学行为。教师作为课程实施者，对课程存在着个性化理解。此外，教师过往的教学经验对现阶段课程实施不仅没有促进作用，有时候还会产生抑制作用，因为这些经验往往滞后于课程改革的脚步。此外，访谈结果表明，尽管在学科核心素养体系的指导下，教师有明确的课程实施目标和方向，但在具体的教学实践中，教师如何理解、贯彻和实现学生核心素养的发展，是其面临着的一大挑战。

为此，研究者设计并实施了为期十天的教师暑期专业发展项目，构建了学业要求分类框架、试题评价框架、课堂教学分类框架。通过这种分类框架，教师能够更好地理解学科课程标准所提出的学业要求，明确核心素养目标，进而为自身开展课程设计、实施与评价提供明确指引。研究表明，这种专业发展项目能够引导教师对课程标准展开更深入的分析和研讨，从而实现教师专业发展和课程改革的目标。在提供更有效的指导方式的情形下，教师能更加准确地理解课程标准设计者的意图，因而能够在具体的教学实践中加以贯彻执行。

研究者开发了两个基于教学设计的研究项目，分别是单元设计研究和课程设计研究。在单元设计研究中，教师在理解的基础上，结合自己的过往教学经验与知识，自行设计并开展单元教学。在该项目中，师生以促进学科核心素养发展为目标，在共同努力下开发了化学课程。课程设计研究围绕“可持续发展教育”，让课程专家与教师一同设计开发课程。研究表明，教师参与课程开发，能够显著提升课程设计与实施的品质。由此可见，教师理应被纳入课程开发与实施过程，并根据真实的课堂环境探索教学改革的发展之路。

此外，研究还发现，由于新旧课程标准存在过渡阶段，教师需要经过持续学习来构建二者之间的桥梁，进而适应课程改革带来的种种变化。这种适应变化的过程，很难通过集中培训、短期进修等方式得以实现，只能通过长期的教学实践，帮助教师逐步实现课程理念、实施方法、评价标准的转变。以专业发展活动为代表的培训，能够提高教师对课程改革的必要性和正确性的认同度，促使教师主动分析自身教学实践与国家课程的设计愿景间的契合度。在这种情况下，教师往往会更愿意承担课程改革与教学创新带来的风险。综上所述，坚持教师在课程改革中的主体地位，倾听和回应一线教师的心声，并为他们提供尽可能的专业支持，是推动新课程改革的关键一招，也是提升教师课程力的重要抓手。

二、案例：协同贯通式课程体系的构建与实施

常州市第一中学整合国家、地方、校本课程，严格按照国家课程方案和课程标准，深入实施学科融合教育，完善进阶式学科融合课程体系，强化科技和美育特色项目，并与体育、劳动教育、心理健康教育和国防教育深度融合，形成了协同贯通式课程体系。学校遵循“全人教育”理念，拓展课程边界，实施跨学科融合教育，形成既有多元主体的协作创新又有多学科视野、方法、资源的交叉融合，既凸显高中学段学生成长的基本规律，又关注分别与义务教育阶段和高等教育阶段衔接的协同贯通的课程体系。

（一）课程目标

根据党的二十大对教育、科技、人才工作做出的全面部署，立足普通高中在教育体系中承上启下的关键作用，结合义务教育和高等教育的特点，整合国家课程，科学开发学科融合校本课程，构建协同贯通式的课程体系，培育学生核心素养，培养学生核心价值观、关键能力、必备品格。

（二）实施内容

1. 建设横向协同的课程群

以国家课程方案和各学科课程标准为依据，建立围绕学科融合的三大课程，各课程模块均围绕发展学生的核心素养展开，内容和要求各有侧重。

无论是“我们爱科学”课程、“强基计划”后备人才课程还是大学体验课程，都通过学科、学院和活动课程体系呈现。学科课程注重夯实学生的学科基础，注重发展各学科核心素养；学院课程强调学科的拓展应用，以及相邻学科间的整合应用，实现学科素养的深化以及与相邻学科素养之间的融合；活动课程注重跨学科综合，突破学科界

限，以项目和主题为主要分类方式，在解决实际问题的过程中实现全学科素养的融合，最终发展整体核心素养。

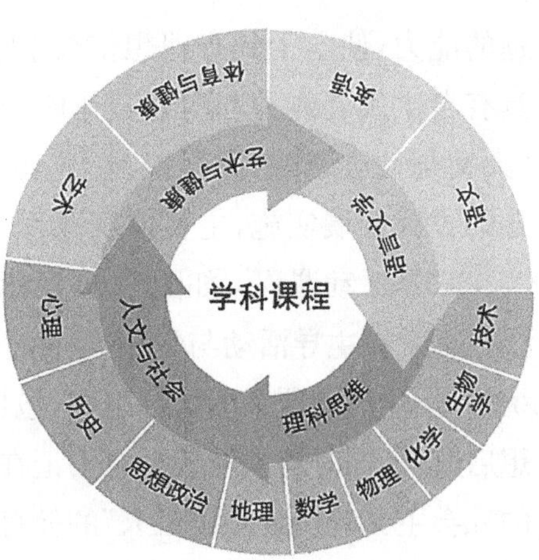

图 4-1　学科课程示意图

一是学科课程。如图 4-1 所示，学科课程是从义务教育到普通高中的国家课程依法实施的一种形式，是着力发展某一学科核心素养的基础课程。此类课程严格执行国家课程标准，以高水平达成学业质量标准为落脚点，以学科学习为抓手。该类课程的学习需要接受国家的统一考试，也是学生升入高中和大学的基本条件。学科课程根据性质不同分为“理科思维”“语言文学”“艺术与健康”“人文与社会”四类，包括各学科的必修课程、选择性必修以及选修课程，不同类别间会有融合交叉。关于学科课程，学校主要按照基础课程和渗透课程的方式开展实施，主要体现课程的基础性和综合性。

二是学院课程。如图 4-2 所示，学院课程是在学科课程基础上进行整合应用的课程，是着力发展某一类核心素养的应用性课程。鼓励学生从生活和社会中寻找课题，通过相邻学科间整合的方式开展研究，解决实际问题，提升学生分析问题、解决问

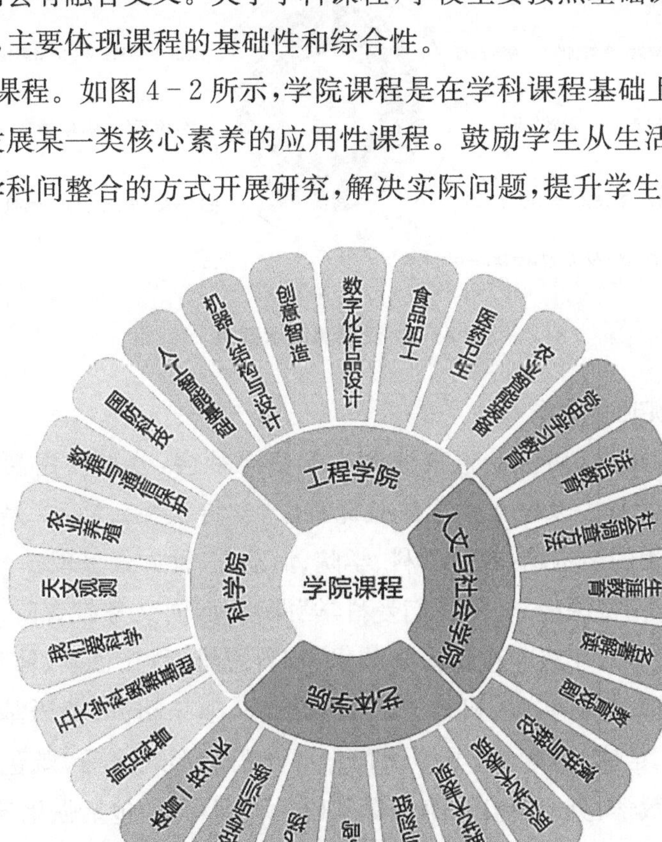

图 4-2　学院课程示意图

题的能力，使学生具有理想信念和社会责任感，具有科学文化素养和终身学习能力，具有自主发展能力和沟通合作能力。学院课程分为“科学院”课程、“工程学院”课程、“人文与社会学院”课程以及“艺体学院”课程。关于学院课程，学校主要采取课程整合的方式开展实施，主要体现课程的应用性。

三是活动课程。如图 4－3 所示，活动课程是学校在已有课程基础上定制的课程，主要包括学校主导活动与学生自主活动。聚焦不同学段实施纵向衔接、横向联合的课程统筹，强化活动课程的目标引领，包括高一的“规范习惯”、高二的“成长感恩”、高三的“梦想启航”。同时落实习近平总书记在全国教育大会上提出的“培养德智体美劳全面发展的社会主义建设者和接班人”的教育目标，进一步落实普通高中课程方案对综合实践与劳动教育的要求，着力提升学生在责任担当、协作创新、自主健康等方面的品格。关于活动课程，学校主要采取跨学科综合的方式开展实施，主要体现课程的创新性。

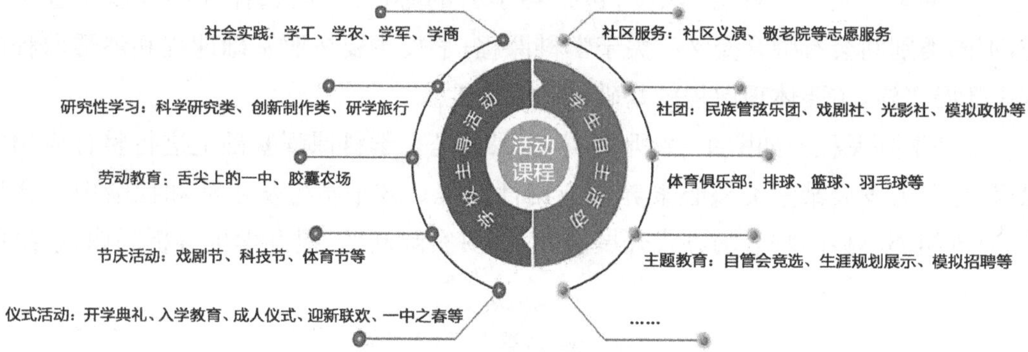

图 4－3　活动课程示意图

2. 建设纵向贯通的课程群

从基础教育的小学、初中一直贯通到大学直至社会，分别构建“我们爱科学”课程、“强基计划”后备人才课程和大学体验课程。“学科、学院、活动”是所有课程分类的基本依据，即课程的结构均按照“学科、学院、活动”三种方式呈现。

一是义务教育衔接课程——“我们爱科学”课程，面向义务教育阶段的学生，从小学五年级一直到初中八年级。包括人文艺术、理科思维、科技创新、体育健康等模块，分别涵盖数学、物理、理科实验，机器人、创客、编程，趣味阅读、英语基础、教育戏剧、琴弦和鸣，乒乓球、足球、排球、篮球等课程。从课程的形式来看，既包括注重学科基础和渗透的语文、数学、英语、物理、编程等基础学科课程，也包括强化学科整合的教育戏剧、机器人、球类、器乐争鸣等学院课程，还包括凸显跨学科综合的创客等活动类课程。要求课程开设遵循学生的思维特征，激发学习兴趣，了解高中思维方式。

二是拔尖创新后备人才培养课程——“强基计划”后备人才课程，面向义务教育阶段部分优秀初三学生和全体高中学生。包括人文与社会、理科思维、艺术与健康、语言文学等学科课程模块，科学院、工程学院、艺体学院、人文与社会学院等学院课程模块，此外还包括强调学校主导和学生自主的活动类课程模块。要求课程开设遵循学生的思维特征，夯实扎实学识，提高思维品质，树立正确价值观念，注重学段衔接。

三是"双高"衔接课程——大学体验课程，面向参加"我们爱科学"课程、"强基计划"后备人才课程的三个年级的全体学生。主要包括学科竞赛类、大学选修类的学科课程；大学与高中合作的学院课程，包括学校的江苏省信息技术学科创新中心课程等；以及大学教授进校园、知名高校研学课程、学生生涯规划等活动类课程。要求课程开设遵循学生的思维特征，树立远大志向，注重学段衔接。

3. 强化大思政课程建设，打造德育精品课程

学校根据习近平总书记针对思政课提出的"八个统一"的要求，在全员、全程、全课程育人的格局下推进不同学科与思想政治课程的协同性。通过渗透、整合、综合等不同程度的融合，在纵向上注重学段衔接，在横向上注重打通思想政治第一课堂，德育第二课堂和网络课堂，并且注意开发校内外德育资源，建设好"一馆两园十线五十五基地"，形成协同贯通、"学校—家庭—社会"三位一体的大思政生态。

一是形成注重学段衔接的德育课程体系。将在学生发展核心素养的框架之下，以省基础教育内涵建设项目，特别是学校的省品格提升工程"三原色德育资源的开发、整合和利用"项目为抓手，依据学科融合教育的理念，进一步完善重点培养学生健康自主、协作创新和责任担当三种品格的德育课程体系（图 4－4）。在此框架下，进一

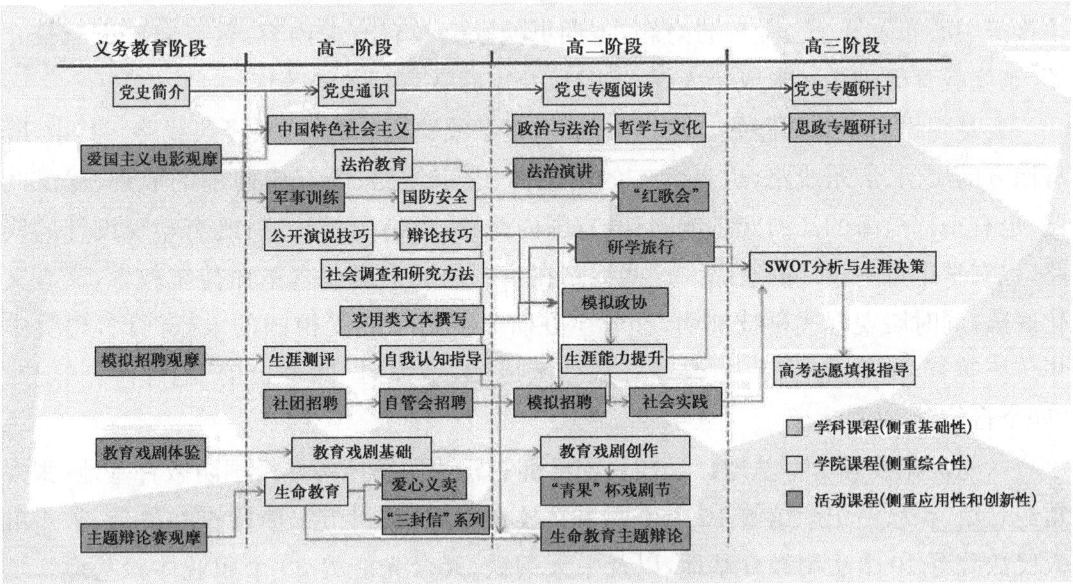

图 4－4 贯通式三原色德育课程体系

步开发德育精品课程。在课程实施上,强调全学科渗透德育内容,把爱国主义、集体主义、民族精神、公民道德等教育内容自然、适时地渗透到各学科的教学中去。

二是打造"一中博物馆"。将"一中博物馆"建设成常州知名的德育基地,为本校学生和区域内小学、初中、大学的学生提供德育实践场所。通过讲事实、讲形象、讲情感、讲道理,不断创新德育方式,把有形的物质遗产和无形的文化底蕴结合起来,讲好发生在一中土地上的四个教育故事:用市一中百年风雨的校史故事,用中国交响乐的摇篮——国立音乐院幼年班成员为新中国音乐事业顽强拼搏的故事,用穷其所有献身常州贫儿院建设的常州地区第一位女慈善家金启生女士的故事,以及民国时期大光明电影院老板郭启瑞振兴常州文化产业的故事,打动学生、影响学生,让学生在德性养成的关键期能够汲取到宝贵的精神养分,教育引导广大青年形成正确的世界观、人生观、价值观。让社会主义核心价值观入耳、入脑、入心,让常州的优秀文化后继有人,让"自强、奋斗、卓越"的一中精神流淌在每一位学生的血液里。

三是建设党建园。在高三和高一、高二教学楼之间,以党建主题打造学习园地,布置党史学习教育的内容,重点介绍中国共产党在新民主主义革命时期、社会主义革命和建设时期、改革开放时期和十八大以来新时期取得的伟大成就和宝贵经验;树立党旗,弘扬社会主义核心价值观,演绎"学史明理、学史增信、学史崇德、学史力行"主题小品,以及宣传学校杰出党员和优秀党员模范先进事例,营造爱党护党、创先争优的良好氛围,提升学校师生的思想政治觉悟和学习实践能力。

四是建设家庭教育园地。邀请资深家庭教育专家,定期开展主题讲座;利用学校公众号推送家庭教育系列文章;邀请家委会优秀家长代表,交流家庭教育经验;在学生接送中心布置9个公益广告灯箱,定期更换家庭教育有关内容,重点向广大家长介绍《家庭教育促进法》《未成年人保护法》以及家庭教育相关的著作。

五是建设研学旅行路线。将过去的30多条线路提炼为10条经典线路。其中,既有南方的厦门、广东线路,也有北方的内蒙古、北京线路;既有中西部的成都、武汉线路,也有东部沿海的江浙两省线路;既有国内线路,也有国外线路;既有学校设计的线路,也有学生自主设计的线路。这些线路在主题内涵上既包含革命传统教育,又有文化底蕴,同时展现现代科技文明,让学生在研学旅行中感受祖国的大好河山,感受中华传统美德、革命光荣历史、改革开放伟大成就,增强对"四个自信"的理解,坚定对"四个自信"的认同。

六是优化校外德育基地。学校目前已拥有常州国防园等5个国防教育基地,张太雷纪念馆、瞿秋白纪念馆等10个爱国主义教育基地,常州市纪律检查委员会、常州市人民法院等10个法制教育基地,以及中天钢铁、天合光能等30个职业体验基地。学校未来要进一步深化与这些基地单位的合作,以课题研究、跟岗体验的方式引导学生在具体的社会实践中获得思想品德方面的成长。

（三）提升教师课程力的实施路径

正如前文所述，教师课程力是教师以课程内容为载体，通过一定的方式、路径来促进学生的概念性理解，实现育人目标的能力，是解决课程理解、建构、实施、评价等问题的能力。常州市第一中学在构建横向协同、纵向贯通的课程体系过程中，主要从以下四个方面强化教师的课程能力。

一是增强教师的课程理解力。要落实学科课程、学院课程和活动课程，教师必须对新课程形成前提性把握和先导性理解，从整体上深刻领会新课程的基本理念，认同新一轮课程改革的价值取向，增强培育核心素养的实践自觉。此外，学校鼓励教师在课程理论学习的基础上，选择符合新课程实践的理论指导，用新课程理论审视自身的课程误解和偏见，克服课程理解的形式化解读、课程实施的随意化操作以及课程评价的功利化导向。学校把教师课程理解力的提升融入课堂实践的改进过程中，支持教师把“知识课堂”普遍提升为培育核心素养的“素养课堂”。

二是强化教师的课程建构力。无论是“我们爱科学”课程、“强基计划”后备人才课程还是大学体验课程，教师都是课程的执行者和创造者。常州市第一中学从提升教师的理论自觉入手，引导教师在基本的理论意识基础上，主动学习理论知识，并自觉将自身的实践性知识提升为理论性知识。在此基础上，教师形成了明确的责任意识，能意识到用学生的自我知识、生命体验与生活经验等实施课程建构是自己作为课程建构引领者应有的职责。

三是夯实教师的课程实施力。教师课程实施力既表现在传统意义的课堂上，也表现在由教师组织或引导的课外实践活动中。常州市第一中学通过打造“一馆两园十线五十五基地”，引导教师将课程看作促进学生成长的方式，关注学生面对信息时代不确定性所应具有的品格、解决真实情境中复杂问题的关键能力。由此，教师在课程设计以及实施等方面做出改变，致力于唤醒学生的内在成长动力，引导学生深度学习，激发学生科学探索的欲望，让学生爱上学习、热爱生活、热爱生命。创造学生课程需求，实质上是落实立德树人根本任务在激发学生内在动力层面的鲜活体现。

四是提升教师的课程评价力。教师课程评价力的提高，既需要教师不断提高课程评价的基本素质，也要求课程行政决策者和管理者提供适当的政策支持。常州市第一中学从课程标准、课程内容、课程实施、课程绩效等方面发力，引导教师通过与同事合作、与学生交流以及自我反思等多种形式，理性评价自己对新课程的理解程度，评价新课程的育人价值在自己教学中的实现程度，评价自己在课程改进中取得的成绩和存在的不足。同时，学校还鼓励教师结合课程实施中的亲身感受，评价学校的课程政策是否有利于教师和学生的发展，学校的课程资源能否满足教师和学生成长的需要，并在此基础上主动向学校提出可行性的改进建议。

参考文献

[1] 邓庆民. 核心素养导向下教师课程力的培植[J]. 教育视界，2022(13)：60－62.

[2] 郭文龙，马丽君. 课程与教学关系新论：由古德莱德课程观引发的思考[J]. 教育探索，2016(3)：15－20.

[3] 方健华. 从教学能力到课程能力：基于新课程的教师专业发展理念与策略[J]. 教育理论与实践，2014，34(13)：34－38.

[4] 许大成. 教师课程理解力提升的价值与路径：基于核心素养的视域[J]. 中学政治教学参考，2016(10)：9－11.

[5] 徐万山. 论教师课程力及其影响[J]. 中国教育学刊，2011(8)：39－41.

[6] 钟发全. 论课程品质及课程力自增的哲学理据[J]. 中国教育科学，2021，4(1)：91－98.

[7] 李瑞，周海银. 我国教师课程能力研究：回顾与展望[J]. 上海教育科研，2020(5)：20－24，40.

[8] 朱超华. 新课程视角下教师课程能力的缺失与重建[J]. 课程・教材・教法，2004，24(6)：13－16.

[9] 王道俊，王汉澜. 教育学[M]. 北京：人民教育出版社，1989.

[10] 白亮，王爽，武芳. 乡村教师发展支持体系研究[J]. 中国教育学刊，2019(1)：18－22，57.

[11] 叶澜. 新世纪教师专业素养初探[J]. 教育研究与实验，1998(1)：41－46，72.

[12] 吴惠青，刘迎春. 论教师课程能力[J]. 高等师范教育研究，2003(2)：68－71.

[13] 刘凯，先有利. 建构支持学生全面而有个性发展的课程体系[J]. 人民教育，2021(24)：42－44.

[14] 钟启泉. 课程与教学概论[M]. 上海：华东师范大学出版社，2004.

[15] 张金运，程良宏. 教师的课程理解力及其生成[J]. 现代教育管理，2014(1)：81－85.

[16] 钟启泉. 新课程师资培训精要[M]. 北京：北京大学出版社，2002.

[17] 周海涛，谢镒逊. 教师的课程建构力及其培育[J]. 当代教育科学，2017(4)：46－50，82.

[18] 陈莉. 课程概念泛化现象之省思[J]. 全球教育展望，2015(12)：14－22.

[19] 张晓瑜. 教师个人有机课程观的建构：基于过程哲学视角的分析[J]. 教育研究，2016，37(5)：117－123.

[20] 许大成. 教师课程实施力：教给学生进入世界的知识[J]. 中学政治教学参考，2016(28)：14－16.

[21] 崔允漷. 课程实施的新取向：基于课程标准的教学[J]. 教育研究，2009(1)：74－79，110.

[22] 史宁中. 推进基于学科核心素养的教学改革[J]. 中小学管理，2016(2)：19－21.

[23] 李森，陈晓端. 课程与教学论[M]. 北京：北京师范大学出版社，2015.

[24] 许大成. 教师课程评价力：将课程价值导向素养培育[J]. 中学政治教学参考，2017(16)：15－17.

第五章

教师专业发展的校本研修

在新时代背景下，教育领域面临着前所未有的挑战与变革，如生态环境变化、人工智能发展、新课程与新高考改革等。这些变化对教师提出了新的专业发展要求，强调了校本研修的重要性。校本研修作为提升教师教学实践智慧、实现立德树人目标的关键途径之一，已被纳入学校常态化工作中。通过校本研修，教师可以深入探讨教学方法，提升教学质量，构建学习型团队，促进学校的可持续发展。教师需要适应时代变革，借助校本研修的力量，不断更新教学观念，提升教学技能，以满足新时代教育改革的要求。

第一节 新时期校本研修的背景

一、新时期校本研修的时代要求

来到新时代，教师面临的挑战复杂且多变：社会环境的巨变，人工智能的普及，深度学习、新课程、新高考、新教材的推出，再到“双减”政策的颁布等。社会处在快速变化中，在新形势下如何培养教师顺应潮流、适应当前变革的能力，如何帮助教师提升自己、提升学生，如何实现立德树人的根本目标，这些是我们所面临的时代难题。

我国正持续深化基础教育课程改革，强调“校本”概念。校本研修已成为一线教育教学和学校管理的热点，对教师的教学方式和研究方式产生了深刻影响。作为学校教育教学的重要组成部分，校本研修已融入学校常态化工作。苏霍姆林斯基有言：“如果你想让教师的劳动能够给教师带来乐趣，使天天上课不至于变成一种单调乏味的义务，那你就应当引导每一位教师走上从事研究这条幸福的道路上来。不研究事实，就没有预见性，就没有创造性，就没有丰富而完满的精神生活，也就没有对教育工作的兴趣。”随着时代发展、科技进步，尤其是新课程、新教材的实施以及新高考改革，普通高中的育人方式面临新的变革要求。因此，应以基础教育改革、教师发展实际需求为导向，提高教师的教育教学实践智慧。通过培根铸魂，激发智慧、润泽心灵，解决校本研修中的问题，针对新时代提出创新策略，推动教师综合能力和素质的提升。

为解决这一问题，国家陆续推出政策文件进行指导。2010 年，《国家中长期教育改革和发展规划纲要(2010—2020 年)》强调推进教育体系有机衔接，实现教学、科研、实践紧密结合，打造灵活多样的人才培养体制。2018 年，《中共中央 国务院关于全面深化新时代教师队伍建设改革的意见》提出“三位一体”协同育人理念，强调地方政府、高等学校、中小学共同努力。在此基础上，教育部等五部门发布《教师教育振兴行动计划(2018—2022 年)》，明确以国家教师教育基地、师范院校、高水平综合大学、教师发展机构、优质中小学为主体，构建现代教师教育体系。2019 年 11 月，教育部发布《关于加强和改进新时代基础教育教研工作的意见》，强调教研机构与中小学、高等学校等单位协作，构建教研工作新格局；特别强调校本教研，要立足学校实际，以实施新课程新教材、探索新方法新技术、提高教师专业能力为重点，不断提高教学水平。

为了给高中育人方式改革和命题实践提供长效机制，给高中教师专业化成长指明方向，在2020年，教育部修订了《普通高中课程标准》，发布了《中国高考评价体系》。在当前教育蓬勃发展、剧烈变革的新时代，如何深刻理解高考评价体系，深入开展以学生为主体的多种形式的校本教研教学实践活动，成为我们迫切需要研究的课题。

二、新时期面临的新问题

传统中小学教师的价值取向是“知识本位”，教师的主要责任和义务是接受、吸收和传递知识，主要目的是教会学生应对考试，主要提升的是学生的考试分数。在教研过程中更倾向于了解如何教学及如何完成教学任务，缺乏对教育价值、生命的思考，容易忽视在教学过程中学生的真正成长过程，忽视拔尖学生之外的普通同学，忽视学生的难点与起点，导致教学质量难以得到真正的提升。基础教育新课程、新高考、新教材改革的价值取向以“关怀生命”为基准点，重视学生在课堂上的真正成长，直面生命在成长过程中的表现与行为，引导学生以“自我”的身份承担自身的责任，以“生命”为本体论前提，以积极关怀为基本的行为方式。这一取向具体表现在，教师教学的目的是培养能够主动健康发展的学生，而不是跟着教师思维走的学生；关注学生的成长，而不是教案完成的程度；关注学生学习的难点，而不是教材的重点和难点。

在新时代，我们面临教学研究方面的多个挑战和问题。

（一）教学有效性问题

随着新课程、新教材的推行，教学方式和学习方法的改变是否可以确保教学的效果？丰富的教学资源是否能保证信息传达的明晰性？初高中知识的较大跨度是否影响了学习的衔接？面对诸如此类的问题，我们必须注重保障教学的有效性，即在重视学科核心素养、突出学生主体地位的同时，密切关注学生的学习效果和学习效率。

（二）教学技术应用问题

随着信息技术进入课堂，新媒体教学吸引了学生的注意力。然而，这也使得传统教学手段逐渐减弱，甚至有些学科的演示实验都开始用视频动画替代，使课堂教学逐渐走向讲座化。在科技快速发展的当下，网络教学的优势如何发挥，存在的缺陷如何避免，这需要我们更多地进行思考和探索。

（三）高三复习方向问题

新课程和新教材的推行，特别是《中国高考评价体系》的更新，使得高考试题的特征发生了显著变化。现在高考试题更加侧重于对学生分析和解决问题能力的评估，以及创新精神和实践能力的测试。在高三复习过程中，我们应紧紧把握高考的命题方向，深入研究新的课程标准和教材，将知识应用到实际情境中，提高解决问题的能力，同时也努力提升实践和创新能力。重点是要确保高三复习的实效性和高效性。

（四）常规教学改进问题

随着时代的进步，学生的变化以及高学历、高素质的青年教师的崛起，常规教学面临新的问题。青年教师具有创造力和活力，但有时对常规教学执行不够严格。有些学生以个性为借口，逃避常规教学带来的约束和辛劳。应该说，教学常规和学习常规是学校教学质量的基本保障，我们不能轻视。重视上课，加强辅导，强调总结，重视练习和复习，这对于学生养成良好的学习习惯和培养学习能力至关重要。

（五）课程开发带来的挑战

课程开发所带来的挑战是新时代改革和社会经济发展的产物。我们需要深入挖掘教学素材，整合教材，丰富资源，为学生提供多样的课程选择和丰富的学习内容，这是无法逃避的任务。课程开发是一个长期、有计划的资源建设过程，也是需要团队共同努力的工程。课堂教学案例的运用、学科背景故事的选择、校本课程的设计等，都需要有计划地策划。新教材的实施赋予了我们课程开发的责任和机会，这也与社会经济发展对教学工作的新要求息息相关。

我们需要以校本研修为切入点，鼓励教师们深入思考、认真研究，以科学的教学方法适应时代的变革和发展。同时，借助校本研修，建设学习型团队，推动教师的专业成长，推进学校的可持续发展。

第二节 校本研修的现状调查及分析

一、校本研修的现状调查

通过对河南省中学校本研修的问卷调查收集到的数据进行分析,我们发现当前我国的校本研修现状如下。

从校本研修的开展上来看,校本研修的系统性学习不足。根据数据来看,只有不足 20%的教师认为学校对自己进行了系统性的校本教研培训。有 30%左右的教师只是听说过校本研修,但并不了解,甚至还有 10%左右的教师完全没有听说过校本研修。这反映了不同的学校在校本研修培训上的重视程度及水平差异。

从教师对校本研修的认知上来看,接近一半的教师认为校本研修有利于教师的专业发展,占比最高。超过 3/4 的教师认为校本研修能够"提高教学水平、教学质量、教学能力""促进教育教学观念的提升和教学方法的改革""促进理论知识和科研能力的提升",调查数据令人欣慰。有 23.7%的教师认为校本研修有利于学校的长远发展,有 19.4%的教师认为校本研修有利于提高学生的学习成绩。可见,绝大多数教师对校本研修的内涵有一定的认知。但依然有 14.0%的教师认为校本研修可有可无,意义不大,这部分教师对校本研修的理解有很大的偏差,这对于校本研修的发展非常不利。

关于校本研修主体的调查,有 28.9%的教师认为校本研修的主体是教师,有 27.8%的教师认为校本研修的主体是校长,有 29.7%的教师认为校本研修的主体是教育专家,有 13.6%的教师认为校本研修的主体是学生。数据表明,有些教师能够准确定位自己在校本研修中的角色,但多数教师对校本研修秉持的是"事不关己"的态度。关于教师在校本研修中的角色调查,有高达 55.7%的教师认为教师在校本研修中的角色只是参与者,这表明绝大多数教师没有认识到自己在校本研修中的主体地位,他们仍习惯处于传统的从属地位。

关于教师对校本研修活动的态度,有 35.3%的教师认为同事们都比较被动,没什么热情;32.6%的教师认为同事们比较积极,能做到认真参与。在校本研修活动中,教师们的表现是直观可见的,每个教师的表现对彼此都产生着直接或间接的影响。另外,还有 21.0%的教师认为同事们在研修活动中的态度取决于学校领导是否参加活动,这是一个客观现象。我们不排除有一部分教师对待校本研修是抱有功利心的,他们在校本研修活动中"见风使舵",有领导在时就积极表现,没有领导在时就应付了事。同时我们也看到,有 11.0%的教师认为同事们对校本研修特别反感,经常找理由回避。不管是日常的事务,还是工作的压力,都不应该成为拒绝研修的理由,教师对校本研修的消极态度会直接影响校本研修工作的实效。

关于"参与校本研修的动机",86%的受访教师认为校本研修能够改进教学,推动个人和学生发展。这反映了教师普遍对校本研修持欢迎态度。然而,7.6%的受访者称他们参与校本研修是因为"领导要求,需服从安排",凸显了部分教师在校本研修活动中积极性较低,或校本研修组织建设不足。

在"参与校本研修内容调研"方面,有 40%的教师表示学校提供的研修内容与他们的期待完全不符,无法满足教师实际需求,也不利于教师个性化发展。

关于"影响、制约教师参与校本研修积极性的关键因素",81.64%的教师认为"教学事务繁多、工作繁忙、没有精力"严重影响了他们参与校本研修的积极性。约三成教师指出"研修方式不合理、评价不科学、引领不到位,缺乏兴趣"以及"校本研修凭一所学校无法解决,需要联合其他学校或教研部门"影响了他们的积极性。另外,21.58%的教师表示家务繁重,难以将重心放在教研工作上。

在"教师专业发展最主要最有效的方式"方面,调查显示,"专家指导引领"以 77.82%的选择率高居首位,凸显了教师对该方式的高度认可。大约一半的教师认同"校内教研活动"和"与同事研讨交流"。相反,"自学成长"的认可度最低,只有不到 20%的教师选择。对于"校本研修实施效果较好的形式",68.47%和 63.79%的教师分别认为"观摩优秀教师上课"和"集体备课"效果最好。43.97%的教师认为"上公开课、示范课"最具帮助性。最后,"校本研修 QQ 群、微信群"得到最低的评价,只有 4.25%的教师认同其作用。

关于"校本研修的组织",有 12.0%的教师所在的学校每周开展一次校本研修活动,有 18.1%的教师所在的学校每个月开展一次,有 14.1%的教师所在的学校每个学期开展一次,有 14.2%的教师所在的学校每年开展一次。可见,多数学校能有一定频率地开展校本研修活动,这是一个很好的现象。另外有 23%的教师所在的学校对于校本研修活动并没有固定的安排,这意味着这些学校对校本研修工作没有明确的规划,制度建设也不够完善。关于校本研修的组织,有的学校是由教研组负责,有的学校是由年级组负责,有的学校是由教务部门或主管校长负责。校本研修需要科学的管理体系,各学校可以根据自己的实际情况来确定本校校本研修的组织者。如果校本研修没有专门的组织者,那么研修活动的秩序便很难保证。在学校的制度建设上,有 14.4%的教师认为学校的校本研修规章制度非常完善,有 23.9%的教师认为学校的校本研修规章制度比较完善，这部分学校在制度建设上得到了教师们的认可，但还有一定改进的空间。同时也有很大比例的教师反映学校的规章制度不太完善，甚至有些学校根本没有任何相关的规章制度。

关于“校本研修活动的主要形式”，分析显示位列前两位的形式分别为“听课、评课，讨论改进”和“集体备课”，受欢迎率分别达 80.27%和 83.05%。排在第三位的形式为“围绕一个主题讨论、研究”，被选率为 67.44%。最不常见的形式是“校际合作教研”和“理论讲座”，仅有约 1/6 的教师选择了这两种形式。在关于“最近一年中更多参加哪些形式的校本研修活动”的调查中，超过 72%的受访者选择了“集体备课”和“校内听评课”。同时，近半数受访者表示参加了“与同事自由讨论专业问题”和“备课组/教研组学习(集体阅读、观看教学录像等)”，分别占 47.83%和 44.02%。“参加研修班(每次至少 3 天)”是最不常见的形式，只有 5.96%的受访者选择了这项。

在关于“校本研修活动中存在的最突出问题”的调查中，44.19%的受访者认为“缺乏专业引领”是最突出的问题。其次是“缺乏激励奖惩机制”，有 39.55%的受访者选择了这项。此外，“任务主要偏向事务性，脱离教师真实需求”和“在活动中真正的合作分享较少”也是比较突出的问题，分别有 30%以上的受访者选择。然而，“学校对校本研修重视不够”这一选项的选择率相对较低，显示了受访者对校本研修的态度较为乐观。这些数据客观地反映了当前校本研修活动中存在的各种问题。

二、高中教师校本研修存在的问题及其归因

（一）当前校本研修存在的问题

基于上述调研及统计，我们可以得出如下结论：大部分中学教师都有着专业发展的职业目标定位，这为广大教师积极参加校本研修提供了重要的内在动力。学校教师对参加校本研修普遍持积极的认可态度，认为校本研修有利于教师的专业发展，对于教育教学的提升有促进作用。但存在的问题也值得重视：

1. 负担过重难以推进

中小学教师因繁重琐碎的教学工作而难以积极参与校本研修，特别是高中学校更为严重。校本研修存在内容、方式、评价和引领方面的问题，未能满足教师对校本研修的期望。当前新时代教育已普遍倡导为学生“减负”，教师同样也需要“减负”。此外，“缺乏专家指导引领”被教师视为影响校本研修最重要的因素。“缺乏激励机制”和“欠缺教育科研技能和方法”等因素也一定程度上影响了教师参与校本研修的积极性，导致教师对教育科研认识不足，热情不高，专业成长受到限制。

2. 研修内容不能满足需求

教师普遍感觉学校开展的校本研修内容过于全面，但在平衡研修内容方面存在

明显问题。研修内容过多集中于教学实践指导、学生管理、新课程实施等方面，而现代信息技术、教育教学方法、教育学理论等领域涉及较少。与学校提供的研修内容相比，教师更期待涉及教学实践指导、新课程理念、现代信息技术以及心理学等方面的内容。这表明学校管理层在选取研修内容时未充分尊重教师的需求和意愿，未能区别对待不同学科、年龄和发展阶段的教师，这种独断的管理方式会影响教师参与校本研修的热情。

3. 教师参与培训的主体性不足

教师对通过培训得到专家指导引领有很高期待，但现有的教师培训机制未能充分满足这种需求。许多教师参加培训活动的目的不明确；培训活动引领水平不足，组织形式不集中，实效不明显。突击式培训以使用培训经费为主要目的，因其缺乏针对性和实效性，且往往在学期中段举行，影响了教师的教学进度，因此受教师评价不高。在实际校本研修活动中，教师普遍更偏向于参加培训和阅读书刊，属于接受型方式，而参与或主持诸如撰写文章、课题研究和网络教研等形式的教育科研活动的主动性还需加强。

（二）校本研修存在的问题归因

通过文献分析及实地调研，我们基于当前高中教师的校本研修所存在的问题，分析了当前导致这些问题的原因，以期能够"对症下药"。

1. 教师对校本研修的认识不足

人的发展离不开自身与环境的共同作用，教师的专业发展也是教师个人和校本研修环境共同作用的产物。而在这两个因素中，教师的内在精神需求是决定教师专业发展的核心因素。内驱力强、自我精神需求强的教师具有明确的发展目标，会积极参与校本研修，实现自身的成长进步，反之，缺乏内在精神需求的教师会在发展中止步不前。所以，一个人能否对某项活动有强烈的需要和渴望，能否自愿自觉地参与，是决定这项活动效果的必要前提，也是最重要的内在因素。校本研修突出教师的自主学习、自主研究和自主构建，它从根本上改变了教师在专业发展中的被动地位，其目的在于通过研修，让学校和教师都能从传统的思维定式中解放出来。但基于各种原因，很多教师对校本研修没有形成较为明确的认知，他们既没有理解校本研修的本质，也没有认识到校本研修的价值和意义，甚至对校本研修存有严重的误解和偏见，避之唯恐不及。教师们在思想上守旧，在行为上怠惰，只习惯于备课、上课等日常教学工作，心甘情愿在校本研修中扮演一个"实践者"或"受训者"，根本不相信校本研修对自己专业成长具有推动作用。因此，教师对校本研修错误的认识和消极的态度是造成教师在研修过程中主观能动性差的直接原因。

2. 校本研修的制度建设不完善

制度是要求大家共同遵守的办事规程或行为准则，具有约束、规范、激励、引导的功能。完善的校本研修制度能使校本研修的理念转化为教师参与校本研修的自觉行动，能使人力、财力、物力、时间等资源得到合理开发与利用，能使研修活动从个别走向全员，从自发走向自觉，从盲目走向规范，从低效走向高效。因此，健全的校本研修制度是确保研修活动顺利开展的必要保障。另外，校本研修所需要的物资和时间、人员等也得不到应有的保障。以上现象，皆是因为学校在校本研修工作的导向机制、监管机制、评价机制、激励机制等方面的建设不足。制度的欠缺是导致校本研修在操作过程中规范性差、实效性差的直接原因，没有制度保驾护航的校本研修注定是一副随时有可能坍塌的空架子。

3. 校本研修内容的针对性不强

调研时发现，很多学校在研修活动前，组织者从来没有调查过教师们希望研修的内容，学校想当然地认为安排什么研修内容，教师就应该学习什么内容。学校选取的研修内容也没有做到“区别对待”，研修内容过分强调统一性，忽略了不同年龄、不同学科、不同层次、不同阶段的教师之间的差异性，造成了“学非所需，学非所用”的尴尬局面。多数情况下，学校只关注校本研修的形式和研修活动中教师的出席率，对于研修内容的选择仅仅考虑教育主管部门、学校或社会的需要，而忽视校本研修真正的主体，即教师的需要。这种独断专行的管理方式，让教师对校本研修产生了严重的逆反心理。进行校本研修的目的是改变和重构在职教师的教育理念，提高其实施新课程的能力。如何根据教师的需求来确定研修的主题，选择研修的内容，一个很重要的工作就是了解教师已有的知识、能力与需要完成的任务之间的差距，根据这些差距确定教师的需求，制订合适的学习计划。为此，校本研修的内容应该以教学实践和教师的实际需求为立足点，扩展教师的视野，解决教师在教学工作中的困惑，满足教师的合理需求。如果研修内容缺乏针对性，教师的需求得不到满足，那么校本研修的工作就不可能得到真正落实。

4. 校本研修的专业引领不到位

经调查发现，多数学校只是聘请本地名师或本校的骨干教师进行校本研修的专业引领。虽然这部分教师对本地区、本校的情况非常了解，也能有针对性地帮助教师们解决教育教学实践中遇到的问题，但与教育教学专家相比，这部分引领人员的理论水平稍显不足，所以很难给予教师更高层次的教学指导。关于对专业引领的看法，在访谈时，有一位教师的回答很有代表性，她说：“我们这些一线教师真的非常需要专业人员的引领，因为我们基本上每天都在埋头重复着同样的教学工作，对教育前沿的信息和教育教学理论知之甚少，当我们在教学过程中遇到困惑的时候，常常因为能力不够，而不能对问题进行深入挖掘，每到这个时候，我们都希望有更高层次的专家为我们指点迷津。”还有一位教师也表达了对专业引领的想法，他说：“我认为专业引领是很有必要的，我们这些普通教师活跃在教学第一线，积累了非常丰富的教学实践经验，但是仅仅靠自己的努力，并不能让自己的教学水平得到提升，所以我们迫切希望得到专家的指导。而且我们也希望专业引领的方式可以再丰富一些，我们学校的引领多是‘坐堂’式的讲座，每次专家来指导，他们都是在台上讲，我们在台下记，缺少交流和互动，所以这样的引领方式并没有给我们带来真正的收获。”可见，教师渴望专家的引领，但教师更希望专家能走下“神坛”和他们一起备课，一起上课，一起研课，两者能够进行平等的对话和良好的互动，这样才能让一线教师获得实实在在的帮助。

综观各个方面，我们发现，由于缺少高层次的专业引领和自身学习条件的局限性，教师对教育的新思想、新视角的了解很少，同时科研方法的掌握和具体运用不足，致使教师专业水准不高，研修能力不强。没有专业人员的引领，学校可能因为在校本研修工作实施过程中遇到困惑却无法解决而走弯路，甚至走错路。没有专家的引领，教师的专业发展有可能出现目标不够明确的情况，也有可能偏离学校所期待的轨道。如果引领不当，也容易导致教师对学习和自我发展表现出松散的状态。校本研修专业引领的不到位，是导致高中教师校本研修水平一直停留在浅表层次的根本原因。

5. 校本研修的整体环境不理想

校本研修在20世纪60年代引入我国，至今已有60年左右的历史。在新课改的大背景下，校本研修得到普遍的推广。但受现实和历史文化的影响，校本研修并没有得到真正落实，也没有达到理想的效果。很多地方政府仍然以升学率作为高中教育工作和教学质量的衡量标准。受社会评价角度和期望值的影响，教育行政部门不得不片面地追求升学率，而忽视了对学校、教师、学生发展真正有价值的校本研修的督导。教育主管部门在校本研修的机制导向和管理方式等方面的误区，直接导致基层学校校本研修工作的松懈。学校负责人的理念直接影响着其对校本研修的行动方式，学校负责人对校本研修的行动方式直接影响着一线教师对校本研修的行动方式。学校领导层面对校本研修的忽视和怠慢，使教师缺乏研修的动力和热情，所以出现了研修活动的参与度低、研修质量差、同伴互助关系保守等现象。环境会潜移默化地影响教师队伍中的每一个成员，良好的研修环境会促进教师研修意识的形成和研修行为的改善，反之，消极的研修环境会以一种隐性的方式给教师校本研修的行动带来负面影响。

第三节　校本研修的优化途径与对策

一、建立健全校本研修制度及保障机制

校本研修制度代表了教师在教学实践中的积累，是在不断的研修活动、反思过程以及合作与研讨中逐渐形成、完善和提炼出来的一套有效的行为规范。这些规范既能约束个体教师的行为，还能规范整个教师群体的行为，从而可以确保研修活动的持续性和可预见的效果。随着时间的推移，一旦这些规范成为教师自觉遵守的常规，它们会被明确地书写下来，形成研修制度，成为教师研修的指导原则和操作手册。因此，学校要加强校本研修的管理工作，逐步完善校本研修的制度建设。完善的校本研修制度是校本研修工作有序开展的重要保证和必要条件。所以在制定校本研修制度的时候，不能盲从、随性，要以一定的原则作为制度建设的参考和依据。

（一）校本研修制度建设原则

1. 制度建设要遵循校本性

校本研修是以学校为研修主阵地，以教师为研修主体，以教学实践中的实际问题为研修内容，因此校本研修的制度建设也要“基于学校”。根据本校的实际情况来制定校本研修制度，并依据学校和教师的发展程度，适时适度地调整和完善研修制度，要避免把别处成形的制度拿过来照搬照用。

2. 制度建设要遵循激励性

在制定校本研修制度时，不仅要考虑对教师的要求和约束，还要通过建立精神和物质的双重激励机制，鼓励教师积极进取、勇于改革和创新。例如，可以设立优秀教师奖励制度，对在教育教学和研修活动中表现突出的教师进行表彰和奖励，同时也可以设立科研成果奖励制度，鼓励教师积极开展教育教学研究，提升教学水平和教育科研能力。

3. 制度建设要遵循导向性

在制定校本研修制度时，必须使其符合国家的政策和法律法规要求，并与地方教育政策的要求相匹配。在此基础上，还要将国家的政策和法律、法规作为研修制度的基本依据，协调好社会要求、学校发展和教师发展的统一关系。同时，要将长期和即时的目标有机地结合在一起，使教师能够根据个人发展目标进行自我管理。例如，可

以设立教育教学改革项目制度，引导教师关注教育教学改革的前沿动态，提升自身的教育教学水平。

4. 制度建设要遵循科学性

校本研修制度的制定要符合教师的成长和教育教学规律。这需要考虑到教师的专业背景、教育教学实践经验和教育科研能力等方面的因素。同时，还要考虑到教育教学工作的特点和规律，合理安排研修内容和形式，使教师能够在研修中不断提升自身的能力和素质。例如，可以设立教师培训制度，根据教师的专业背景和教育教学实践经验，制订个性化的培训计划，帮助教师提升教育教学能力和教育科研能力。

（二）校本研修制度的建设目标及内容

校本研修制度的建设目标及内容更应该参考当前新课程、新教材、新高考的要求及国家政策要求进行制订并全面规范。参考常州市第一中学校本研修的制度，我们认为应包括以下四个方面：

1. 完善培训制度

逐步完善校本培训制度，形成有利于教师岗位成长的“训—课—研—赛”一体化的有效运行机制，形成以“四定”（定时、定点、定主题、定主讲人）为标准的校本研修活动形式。

2. 开展主题培训

继续进行基于新课程、新教材、新高考实施的“教—学—评”一致性的培训，通过培训，全体教师形成现代教育理念，具备与各种信息化设备相匹配的现代教育技术及应用能力，以及较高的教育教学专业水平和驾驭课堂的能力。

3. 破除传统评价

破除传统教师评价的“五唯[①]”，通过理论学习和实践研究，教师应把结果评价、过程评价、增值评价等综合评价理念贯穿在日常教育教学行为中。

4. 促进自主学习

引导教师树立终身学习观念，指导教师学会学习，学会研究，提高教师的实际动手能力和教育创新能力，促进教师自主成长和提高。提高教师的思想道德素质和业务素质，实现学科教学创新、德育工作创新和管理工作创新，适应新课程改革和高品质发展的需求。

（三）校本研修制度的高效保障机制

在遵循校本研修制度建设原则的基础上，要结合学校和教师的实际情况，制定操

① ［五唯］指唯论文、唯帽子、唯职称、唯学历、唯奖项。

作性强的校本研修制度，以规范教师的研修行为，确保研修活动的开展。

1. 创建组织机构，把控研修方向

成立专门的校本研修管理部门，部门负责人要做好任务分配。研修计划的制订、研修主题的选取、研修活动的监督、研修行为的评价等，都应该做到专人专责，分工明确。学校应建立以校长为主要领导的校本研修领导小组，主要负责校本研修的整体规划和三年计划，从宏观上调控学校研修工作的走向，由学校教研室来执行，以多层次的组织机构保障研修的顺利进行。

2. 创建评价机制，激发教师研修动力

评价具有导向、调控、预测和激励等作用，适宜的评价对研修活动的管理和教师的研修行为有积极的调节作用。首先，在研修评价中，应该发挥教师在评价中的主体作用，让教师掌握评价的权利。教师在自我评价的过程中，能够批判性地认识到自己的不足，从而自觉地改善教学和研修行为。除了教师自评，学校还可以采取教师互评、家长评价、学生评价、领导评价相结合的多元评价方式，使教师能够多方面、多渠道地获取自己研修的反馈信息。其次，对教师要进行全面性评价。在研修评价中，学校既要对教师在研修活动中的表现和出勤率等方面进行评价，也要对教师的研修成果进行评价，把教师的研修表现及研修成果作为评价教师工作的一个重要方面，并进一步与评优晋级和岗位绩效有机地结合起来。最后，对教师要进行过程性的评价，及时发现教师在研修过程中暴露出来的问题并及时纠正，以确保教师在评价中获得及时的帮助。

3. 创建激励机制，调动教师积极性

学校可以在物质和精神这两个层面创建激励机制。在物质层面，通过满足教师在物质方面的需求，来调动其参与研修的积极性和能动性。外在的物质激励在一定条件下可以转化为教师自身的内驱力，由外而内地激励教师积极参与研修。学校可以设置校本研修的专项经费，并做到专款专用，对于在研修中表现突出、成绩优秀的教师给予相匹配的物质奖励。在精神层面，在校本研修过程中，学校要多站在教师的角度去考虑问题，尊重教师的人格，听取教师的意见，创造条件让教师成为校本研修的主人，给予教师足够的自主空间和时间，鼓励教师参与学校研修活动的设计、确定研修的主题、研制校本研修的规章制度等。教师有了主人翁意识，在精神上得到满足，就会提高研修的热情和动力。

4. 创建监督机制，确保校本研修有效实施

学校要设立专管部门，定期或不定期地对校本研修工作进行检查和评估，及时发现问题、解决问题，并进行实质性的指导，防止校本研修出现有名无实、有表无里的现象。对校本研修中表现突出的教师和团队给予表扬，对校本研修中出现的不规范行为，要及时纠正，必要时实施相应的惩罚。另外，学校还要对研修经费的使用进行监

管，确保研修所需的设备和经费能够应用到位，避免出现资源浪费和使用不当的现象。有效的监督机制可以使校本研修的管理逐步走向制度化、常态化、规范化。

二、增强教师校本研修的主动意识

教师的专业发展仅仅依靠学校创造的外部条件仍然不够，还需要教师树立对校本研修的正确认识，并对自身专业发展形成思考。教师在参加校本研修时要不断增强自己的学习意识。要积极转变教师被动接受培训的现状，鼓励教师主动参与学习。因此，学校管理部门应该积极推动校本研修活动，以人性化的态度对待这些活动，契合"以人为本"的理念，关心教师的成长和发展，将教师的身心全面发展视作校本研修的首要目标和核心原则，以此激发教师的主动性和积极性。此外，应鼓励教师在相互交流、切磋中感受到职业的幸福感，这种幸福感是推动教师积极参与研修学习、不断提升自我的重要动力。同时，需通过多种途径加强教师对从教育教学中汲取使命感和责任感的认知，使教师能够在专业教学中不断超越自我、完善自我，在普通的工作岗位上找到生命非凡的价值和意义。这需要教师树立三个关键观念。

（一）树立终身学习的观念

在新课程、新教材实施以及新高考改革的背景下，面对不断深入的课程改革、不断更新的教育理论和教育知识、不断变化的教育手段，作为传递者的教师如何才能赶上变化的速度，受到学生和业界的尊重和肯定？唯有不断地学习。教师只有通过学习教育理论、学科教学知识，熟悉学校和班级的管理制度，掌握最新的教学手段技术、了解国家教育政策信息，才能不断提升自己的业务水平，才能真正认识到校本研修是自身学习和提升最快捷的通道。

（二）树立自我反思的观念

反思是教师根据自身教学实践活动中的行为和结果来进行的一种分析。教师反思实质上是教育理论认识与教育实践之间的深层次交流。反思是对教育问题进行深刻思考、探索和寻求解决之道的过程。因此，具有自我反思意识的教师能够极大地提高校本研修的效果。

（三）树立同伴互助的观念

师徒结对、集体备课、听评课、读书交流会、业务培训会、课题研究等都是同伴互助促进教师专业发展的具体形式。同伴互助会使教师获得社会认可与情感支持，学习到他人的长处，激发自身渴望得到发展的动机。在参与校本研修时，拥有同伴互助意识，能够一定程度上帮助教师克服陌生感和焦虑感，也能让教师在校本研修过程中得到来自多方面的意见。同伴互助能促进教师间有价值的反馈，深度反思，加快专业化的步伐。

三、确保教师的校本研修主体地位

校本研修经历了对教师教学方式、研究方式、学习方式和专业发展方式的深刻变革。经过这样的变革，教师角色不再局限于知识的传授者和课堂教学的主导者，而是拓展为学生学习和发展的组织者、推动者以及同行者。因此，充分发挥教师在校本研修中的核心作用成为至关重要的任务。但是当前很多地方的校本研修工作依旧是由上至下的政策推动，教师的自觉意识尚未完全觉醒，自主学习和自主研究还未成为教师内在的需求。因此，我们要积极转变校本研修的重心，使其从“以校为本”迈向“以师为本”，充分发挥高中教师在校本研修中的核心作用，激发教师参与研修的自发性，强调校本研修应激发教师的主体意识。

首先要确保教师的研修自主性。教师是校本研修的主体，我们应坚持以教师为本的研修理念，强调校本研修要激发教师的主人翁意识。学校管理人员在开展校本研修的过程中应给予教师在校本研修方式和内容上的自主权，实行人本化管理。校本研修不能仅以促进教师专业发展为目的，还应体现教师的职业价值。学校管理人员对教师给予民主、平等的对待，尊重教师的个体差异，给予教师个性化的发展空间。在校本研修方案制订的过程中，广泛听取广大教师的意见，对于不同的意见要给予及时积极的疏导，而不是采用强硬的态度给予回应。在研修时间和地点的选择上，给予教师一定的弹性操作空间，换位思考，以达到校本研修的预期效果。学校应该努力为教师创造温暖、民主的研修环境，让教师们产生对自我价值的认同感，确立自身主体意识，从内在激发教师积极参加校本研修的动力。

其次，教师在校本研修中的主体性要得到充分体现。例如，校本研修制度的制订要广泛征求一线教师的意见和建议，同时依据教师的专业发展和实际需要，对研修制度进行恰当的调整和更新。在制度执行的过程中，给予教师足够的人文关怀，避免以刚性的要求对教师进行全方位的监管，要尊重教师，相信教师，激励教师，积极引导教师自主发展，让教师在校本研修中能真正地发现自我，成就自我。

四、强化校本研修类型的多元取向

校本研修的内在驱动力是让教师发扬自身专业的长处和补齐短板，并不是所有的校本项目都适用于所有教师，能使教师产生浓厚的兴趣。因此，在实施校本研修时要针对不同层次的教师群体开展不同类型的校本研修活动，让校本研修的效果达到最优。

（一）以“专题研修”为引领

为了确保校本研修的质量，我们需要深入探讨校本研修的机制。只有实现校本研修水平的全面提升，我们才能获得预期的效果。校本研修需要全员共同参与、全面推动，但这不是一蹴而就的过程。学校应当善于捕捉关键要素，进行示范和引导。鉴于研修工作的特殊性质，校本研修的核心在于引导教师在研修中体验成长的喜悦。核心指导思想是确保教师明确研修的方向、掌握方法并提高解决问题的能力。通过帮助教师明确定义一段时间内研修的主题，我们可以协助教师找到切入点，掌握运用这一切入点的基本技能，从而保障研修的效果。这里的“主题”指的是学校在较长时间内所要集中研修的共性问题。校本研修的主要任务是围绕这一主题建立创新研修模式。学校应该采取以下基本推进策略，确保校本研修的实质性进展：

强调创新型校本研修。以明确定义的主题为核心，开展系列培训和指导，帮助教师转变观念、明确理念、掌握方法。

以课例为引导的创新校本研修。首先，通过深入研究课例，发现课堂存在的问题。认真分析常规课堂中的问题，通过分析、整合和研究，确定研修的专题。然后，通过课例解决问题，采用同课异构、一课二上等形式研究解决具体问题（专题研修）。在实际操作中，以教研组（或课题组）为单位，围绕组内的共性问题展开听评课活动，听课的教师关注与自己研究相关的问题（也可称为“观测点”）。最终，形成课例并展示交流。通过课堂教学竞赛选拔优质课，录制教学光盘，撰写教学课例，形成研修成果。

强化教师队伍建设，重点培养省市级的“教学能手”和创新骨干教师，通过这些骨干教师引领校本研修，同时发挥骨干教师在“青蓝工程”等项目中的引领作用。

突破学科难点，通过申报规划课题进行深层次的课题研究，获得新的认知并形成经验，推动校本研修向更高水平迈进。

（二）以教备组为核心

以备课组为核心的教研组是学校教师专业成长的核心集体，为教师提供了共同成长的平台。教研组在学校环境中扮演了重要角色，调动了每位组员教学研究的积极性。随着每位教师的教育教学能力逐步提升，教研组也变得更强大。构建卓越教研组是学校发展和教师成长的必备条件，势在必行。随着基础教育课程改革的推进，结合高考政策的深入研究与实践，教研组以校本研修为动力，推动教师专业发展，充分发挥了教研组的集体优势。长期而高效地开展校本研修活动，能够推动学校育人工作高质量发展。

当前，新形势对教师提出了更为创新、更高层次的要求。为了不滞后，教师需要不断学习，持续精益求精。因此，提高教师素质成为打造卓越教研组的首要任务。各地高中学校的教研组为了促进教师成长，采取了一系列深化教学改革的创新举措，总结了以下经验：

1. 以教研组为核心基地

确立全程培养规划。教研组作为教师专业成长的核心基地，在组内开展校本研修活动时，可以将其划分为初始阶段、实施阶段和总结阶段。在初始阶段，结合区、校研修主题确定教研组的校本研修方向。教师的教学活动应围绕研修方向展开。实施阶段则围绕研修方向展开课堂观察，通过专家引领、同伴互助、理论学习和课例研究，提升教研组整体研修能力。在总结阶段，归纳问题解决的策略，使每位教师在理念和实践操作方面得到提升和收获。

2. 重视集体备课活动

强化教学常规管理，重视集体备课活动。加强管理，规范教学行为，鼓励教师创新。通过以备课组为单位进行集体备课，固定时间、地点、内容和主讲人，教师们相互探讨教学方法、内容、目标等，充分发挥备课组的协同优势。此外，根据教学需要，随时随地开展集体备课活动。教师认真备好每一堂课，规范执行教学细则，做到“七备”：备教材、备学生、备教法、备教具、备程序、备板书、备练习。课前教师准备充分，认真探究教材的深度和广度，注重教法与学法的指导，精心设计课堂的教学过程，课后根据教学感受做好教学后记。

3. 以课堂为主战场

优化课堂教学，将课堂视为培养学生核心素养的主战场。充分体现教师的主导作用、学生的主体地位、训练的主线价值以及以培养学生核心素养为目标的教育原则。教研组鼓励创新，不断探索，研究教材，注重教法，并深入研究学法，激发学生的学习积极性。教研组秉承学校“讲、练、测、反馈”相结合的特色教学理念，进行分层次教学，课后分层次布置作业，努力打造高效课堂，将培养学生核心素养的理念融入教学的各个环节。

4. 实施“青蓝工程”项目

通过“青蓝工程”项目，明确师徒结对制度。教研组可以让有经验的老教师与缺乏经验的新教师进行搭档，通过师徒关系进行双向的学习交流，有助于新教师更快速地适应工作，提高教育教学水平，师傅也能够通过徒弟的创新思维获得启发。学校可以定期组织师徒间的交流与研讨活动，让新教师分享自己的教学心得和感悟，老教师分享自己的经验。通过这种方式增强教师之间的交流，提升专业素养，推动整个学校的教育教学质量不断提升。备课组改进方法，不断加强教研成果的交流分享，进一步提高教师的教育教学水平，为学校的发展贡献更多力量。

（三）跨学科团队研修

新课程改革和新高考政策的实施带来了教育领域的深刻变革。传统的分学科教学模式正在向多元、综合的教学模式转变，以促进学生全面而个性化地发展。随着这些变化，传统的基于学科的校本研修模式也暴露出学科单一、形式化等问题，因此，我们不得不创建多学科共同教学的跨学科教研模式。这种新的教研模式有助于推动教育实践朝着更具创新性、多样性和个性化的方向发展。因此应该打破学科壁垒构建跨学科教研团队，以支持基础教育改革和创造型人才培养，提升教师的专业水平和培养学生的创新能力。

1. 建立跨学科校本研修团队

建立跨学科的校本研修团队，这是实现上述目标的重要举措。跨学科校本研修团队由来自不同学科的教师组成，它可以进行基于学科教学的校本研修，也可以进行跨学科的教学策略互补、教学内容交融等研究。这样的团队能够激发教师们的创新思维，促进不同学科间的交流和合作，为学生提供更丰富多彩的学习体验。

2. 成立课程研发中心

成立课程研发中心也是一项非常关键的举措。由于分科教学导致的学科壁垒，我们需要重整课程资源，将各个学科的教学内容融会贯通。根据跨学科教学的需要，在大单元大概念的统摄下重新整合课程资源，设计开发有助于学生解决真实情境中的真实问题的教学内容。为此应该成立由相关学科教师组成，由相关领导牵头的课程研发中心，基于课程标准的交叉与融合点研究学科课标和教材内容，制订适合本校学生成长的教育教学措施。课程研发中心的成立可以带动整个学校的课程改革，确保教育教学质量的提高，为学生提供更优质的教育资源。

3. 开展跨学科教研活动

为了加速教育创新，不同学科间及学科系统间的交流与合作尤为关键。通过跨学科的教研活动，教师们可以在不同学科的思想碰撞中实现“专业进化”。这种交流可以迅速推动教师专业水平的创新发展。参与教研活动，借鉴他人经验，不断自我学习、自我反思，并将其融入自己的教学实践，以提高教育教学能力，这样的过程能够培养出更具有创新意识和实践能力的教师团队，可以提升学校的整体教育水平。

案例

常州市第一中学学术共同体研修

为了推进学校共同体教研方式的改进，以教与学方式的转变推动育人方式的变革，常州市第一中学组织学校各学科的优秀教师成立学术共同体，进行顶层设计和科学引领，统筹校内外资源，开展学科内及跨学科的教研活动。对高考、课标、教材等进行研究，进而为全体教师提供最佳的课堂教学及作业方案，以实现真正的为教师减负，为学生减负。常州市第一中学学术共同体重点进行了以下实践与探索：

1. 开展高考试题研究

由学术共同体成员组织全科教师针对最近三年高考命题方向，特别是学科高考测评与课程标准及政策文件的一致性，与时政热点的相关性等进行研究。进而通过联合教研活动，相互交流本学科的高考命题内容和备考策略，相互借鉴、相互促进、相互启发，准确把握本学科及其他学科高考命题的导向与趋势。将成果面向全校教师进行推广，让全体教师清晰地把握本学科及其他学科的高考导向、高考试卷中的跨学科知识应用等。并由学术共同体就高考的命题特点及趋势为高三习题教学，高一、高二新课教学提出具体的教学建议，并应用于各学科的课堂教学及课后作业布置，让学生学习最有用、最有效的知识。

2. 开展课程标准研究

为让创新型、实践性、跨学科的作业设计真正落到实处，让其研究与设计有科学依据，我校在"跨学科综合育人"理念的引领下，在学术共同体教师的指导下，全校师生共同梳理各科课程标准中的跨学科学习目标和内容，按照最新版课程标准和配套教材，提炼出124项学科融合点，从而让课程有了明确的方向，在课程标准的引领下科学地实现学科间的深度融合，进行跨学科主题作业的布置。

3. 构建知识互融的教学生态

面对当前具有真实性、复杂性的问题，在保留传统的教研组备课活动的同时，基于学术共同体的引导，学校倡导开展跨学科备课，倡导学科间的"容"与"融"。面对有明显学科倾向的问题，由定向加入相关教研组的成员进行排忧解难。例如，面对2020年全国高考数学卷的日晷问题时，数学教研组及时与地理教研组进行合作沟通，直接通过日晷指针、北极星、当地纬度三者的关系，得出让学生能够"秒懂"的解题方法，减轻学生负担，提高教学成效。

参考文献

[1] 张祥洲.普通高中校本研修存在的问题及解决策略[J].黑龙江教育(教育与教学)，2021(5)：47－48.

[2] 陈国华.高中与大学衔接的现状反思与改进路径[J].当代教育科学，2016(6)：3－6.

[3] 汪豪浩.深化教育改革背景下校本教研的现状、思考及出路：基于河南省校本教研问卷调查大数据[J].中小学教材教学，2019(11)：17－22.

[4] 郝德贤.第斯多惠的教师学习思想对教师培训的启示[J].教学与管理，2015(6)：60－62.

[5] 蒋文昭.新课程背景下校本研修的问题与对策[J].焦作师范高等专科学校学报，2007(1)：57－59.

[6] 张晓萍.彰显教师主体性：校本研修的有效实现途径[J].平顶山学院学报，2019(1)：108－112.

第六章

教师专业发展的评价改革

教育评价作为引导教育活动的重要工具，对学校的发展方向和目标实现具有深远影响。在新时代背景下，教育评价体制亟须改革，以适应教育事业的内涵式发展。当前，中小学教师评价过于重视结果而忽视过程，重视奖惩而忽视教师发展，这与新课程、新教材、新高考对教师提出的全新要求不相适应。新课程强调学科核心素养，要求教师超越单一知识点教学，立足学科学业质量要求，规划教学目标。同时，教师的角色也从传统的知识传递者转变为学生综合素质提升的引导者，这要求教育评价体系进行相应改革，从单一的奖惩性评价转变为全方位、立体化、重视教师发展的多元评价，以适应新时代教育改革的要求。

第一节　“三新”改革与普通中学教师评价创新

一、教师评价改革的时代背景

（一）重新审视评价变革的紧迫性

教育评价在教育活动中起到引导性和导向性的作用。评价的形式和内容直接影响学校的发展方向和目标。随着新时代的变革，我国教育取得了显著的进步，但其评价体系仍面临诸多问题，亟待进行评价改革。教育评价实践和体制建设在新中国成立初期尚处于探索时期，而在改革开放时期迅速发展。作为一种有效的教育质量监控手段，教育评价已被广泛应用于我国庞大的教育体系。在党和政府的推动下，经过数十年的快速发展，我国已形成了涵盖各学段、各层次、各类型教育的评价制度体系。然而，我国的教育评价体制仍在不断发展中，并展现与新时代教育事业内涵式发展不相适应的突出问题。多年来，我国中小学教师评价无论是在理论上还是在实践中，都未能发挥其应有的潜在价值，存在着重视评价结果而忽视评价过程，重视奖惩而忽视促进发展的现象。随着基础教育新课程、新高考、新教材的推进，教学与学习都发生了翻天覆地的变化。新课程以学科核心素养为纲，建立了课程目标、内容标准与学业质量标准的素养目标体系，明确了学科育人的指向和学科怎样育人的路径。新课程要求教师超越教授单一知识点的教学目标，立足学科学业质量要求，依据教材内容和学情，逐步规划学期、单元乃至课时目标。然而，“三新”（新课程、新高考、新教材）对教师提出了全新的要求，这必然导致一部分原有的传统方式无法适应新的要求。因此，教师评价需要相应改革，以激励教师的发展和成长。

（二）国家相关政策导向

教育评价对于明确教育的方向至关重要。习近平总书记高度重视教育评价改革，并提出一系列重要指示。2014 年 9 月 9 日，习近平总书记来到北京师范大学考察，呼吁广大教师要成为具有理想信念、道德情操、扎实学识和仁爱之心的好教师，为发展具有中国特色、世界水平的现代教育，培养社会主义事业建设者和接班人做出更大贡献。这标志着“四有”好教师成为全国各级教育教师队伍建设的基本要求和评价标准，成为全体教师努力奋斗的方向。

在2018年9月10日的全国教育大会上，习近平总书记做了集中论述，明确提出要深化教育体制改革，健全立德树人落实机制，扭转不科学的教育评价导向，坚决克服唯分数、唯升学、唯文凭、唯论文、唯帽子的顽瘴痼疾，从根本上解决教育评价指挥棒问题。

2020年10月，中共中央、国务院印发了《深化新时代教育评价改革总体方案》，明确提出教育评价事关教育发展方向，有什么样的评价指挥棒，就有什么样的办学导向。该方案的实施对于全面贯彻党的教育方针、完善立德树人体制机制、改变功利化的倾向具有重大意义。该方案将师德师风作为教师评价的第一标准，明确教师资格定期注册、业绩考核、职称评聘、评优奖励要以师德表现为首要要求。另外，该方案强调突出教育教学实绩，将认真履行教育教学职责作为评价教师的基本要求。它还要求完善中小学教师绩效考核办法，向班主任和教学一线的教师倾斜绩效工资分配。此外，方案还强调要加强一线学生工作，明确教师参与学生工作的具体要求。

在此背景和国家政策引导下，中小学教师评价的导向正在发生积极的变化，从甄别、奖惩向激励、促进教师有效发展迈进。新一轮的基础教育课程改革将引发我国中小学教师队伍的历史性变革。每一位教师都将面临新的转变和挑战。这个新的时代要求我们的教师具备更多的素养和能力，以更好地应对未来教育的需求和发展。

总体来说，新时代的国家政策强调了教育评价改革的根本目标是培养担当民族复兴大任的时代新人，培养德智体美劳全面发展的社会主义建设者和接班人，而不仅仅是追求分数、升学、文凭。这为教育评价指明了方向，即要以德育为先导，突出教育教学实绩，充分考虑学生的综合素养和个性发展，以及教师的教育教学水平和师德师风。这种导向对于教师评价来说，意味着教师不仅要注重学科知识和教学能力，还要重视学生的品德、情感、创新能力等方面的培养。评价体系要更加多元化，不仅关注学习能力，也要注重综合素养的培养，包括对学生的思维能力、创新能力、沟通能力、团队合作能力等的培养。教师评价也应该更加综合，不仅考量学科知识的传授，还要评估教师的教育教学实践、教育理念、教育研究等多方面的贡献。在这一导向下，教育评价体系的建设应该更加科学、合理、全面，以激励和引导教师朝着更高水平的教育目标努力。教师应该具备扎实的学科知识，同时还应具备跨学科视野、创新能力和实践经验。这样的教师评价体系能够更好地反映教师的整体素养和教育贡献，推动教育事业朝着更加全面、人本、社会化的方向发展。

在上述背景及国家政策的引导之下，对中小学教师的评价从甄别、奖惩转变为激励、促进教师有效发展。新一轮的基础教育课程改革将使我国的中小学教师队伍发生一次历史性的变化，每一位教师都将在这场变革中实现新转变、新跨越，这也将对教师提出更大的挑战。

二、"三新"背景下普通中学教师评价的诉求

（一）"三新"背景下普通中学教师评价改革方向

新课程、新高考、新教材的实施使教师的教学任务发生了转变。以前，教师的任务主要是"继往圣之绝学"，使先哲的思想、文化、理论得以薪火相传。一言以蔽之，"师者，所以传道受业解惑也"，主要任务是知识的传递。但是，现在教师们进行简单知识传递的时代已经一去不复返了。我们所需要的优秀教师并不是以能教出来多少个高考分数"600＋"的学生为标准来进行评价。在这样的情况下，传统人才观已经被颠覆，学校、教师应该调整思路，传授学生解决问题的能力，培养学生强大的心理素质，教会他们感受道德的崇高、文学的浪漫、哲学的深刻、数学的严谨以及理化的神奇，全面提升他们的综合素质，以此来适应时代对他们提出的新要求。各级教育管理部门也应顺应时代潮流，响应国家号召，依照政策要求，调整教学策略，从不同层面发挥更多的作用。相应地，学校评价教师的方法也应该有所改变，作为教师行为指挥棒的教师评价制度就不得不进行相应调整，抛弃过去评价维度单一的奖惩性教师评价体系，应用全方位、立体化、重发展的发展性教师评价体系，以此来适应新高考改革。

（二）教师评价改革应遵循的基本原则

1. 整体性原则

所谓整体性，主要包含三个层面：第一，每一位教师都是一个有机整体；第二，整个教师队伍是一个整体；第三，评价内容是一个整体。评价应该包含校内所有教师，每个人都是被评价者，同时又是评价者，强调教师队伍整体的参与性。搜集资料也应该运用多元方法，多渠道、多角度去搜集，使其具备完整性，尽量准确、全面。

2. 教育性原则

教师评价无论过程怎样，结果如何，其最终目的都是为了教师的发展，提高教师的专业教学水平，帮助教师进行人格、情操、道德上的提升，最终实现教师心灵的升华。以此，促进教师在专业技能、品行修养等方面持续提升，真正实现陶行知先生所说的"学高为师，身正为范"。

3. 客观性原则

客观性原则是指在教师评价过程中要尊重客观事实，不可人为地臆断扭曲，要在公平公正的前提下对评价对象做出客观、准确的评价。要遵从以上原则就必须关注

三件事：第一，评价者要保证实事求是的态度和公正的立场。自古以来，一直都是“不患寡而患不均”，可见人们对于公平的强烈追求，一旦评价者护短不公，就极易挫伤教师的自尊心和积极性。所以，评价者要确保对教师的工作及发展潜力做出一个客观公正的价值判断。第二，全方位、多角度收集信息，这样就比较容易保证客观性，不易以偏概全，也才能为教师提出更加准确的发展方向，为领导提供更有力的决策依据。第三，一所学校中教师的发展程度是不同的，要尊重教师之间的差异，按照教师专业发展理论对处于不同时期的教师提供不同的要求和指导。

4. 动态性原则

动态性原则是指教师评价不是一成不变的，它是一个依照现实情况不断发展与变化的过程。教师是不断发展前进的，自然需要用变化的发展的眼光去看待每一位教师，不可停留于以往的固化印象或是某一方面的片面认识。因此，作为评价者要留意教师的起点与发展进程，积极交流沟通，关注他们在发展过程中所面临的困境，并积极给予指导。

5. 激励性原则

教师评价很重要的一点，就是激发教师工作发展的积极性。教师管理中强调要关注柔性管理、参与管理、定性管理等，究其原因，就是为了激励教师。从这里我们可以看出即便是为了管理教师，也希望教师可以呼吸到自由的空气、感受到被尊重与需要，从而激发自身内在动力，改正缺点，强化优点，不断前进。对于教师评价，评价者要做到以下几点：第一，将评价本身视作一次教育培养的机会；第二，评价者在评价教师时，要配合其发展状况不断给出新的激励目标并辅以其他形式的激励行为，如情感激励；第三，注重教师自身纵向比较，使得不同阶段、不同基础的教师都可以有成长的体验，从而形成自我发展能力。

三、“三新”背景下教师评价的体系和标准

当前教师评价的方式主要有奖惩性教师评价和发展性教师评价，这两种模式在我国应用了许多年，各有优缺点。奖惩性教师评价存在导致教师的目的功利化，忽略教师主体性，评价方式和内容单一等问题，但不可否认，它在一定程度上也起到了激励教师发展的作用。发展性教师评价目标固然科学，也关注到了教师的主体性，消除了许多奖惩性教师评价的弊端，但它并非完美，也存在自己的局限性，比如它可能会过于温和，导致教师们发展动力不足。奖惩性教师评价不宜完全否定，适当的奖励与批评可以保证教师处于合理的压力之下。建立教师评价体系和标准的主要依据是教师工作的价值，其价值包含两方面需要：一是教师的需要，二是管理者的需要。建立科学的教师评价体系和标准需要将奖惩性教师评价体系合理地融入发展性教师评价

体系。常州市第一中学和重庆两江新区星湖学校都在长期的教师评价研究与实践中进行了一定的探索。常州市第一中学以习近平总书记关于“四有”好教师的论述为依据，建立了相应的评价模型和体系；重庆两江新区星湖学校建立了融教师基本职能、教师专业发展、学校管理效能为一体的“智慧画像”综合评价体系。

第二节　当前我国普通高中教师评价现状调查

一、教师评价的基本现状

为对当前教师评价的政策文本进行系统性的客观分析，北京师范大学的曹宗清等通过教育部官网及各省(区、市)教育厅(教育委员会)官网搜索相关政策文本，对其中各种相关的特级、高级教师职称评选文件，各种骨干学科带头人评选文件，“学科名师”“教学名师”“优秀教师”等其他荣誉称号评选的文件进行分析。以师德师风、教学业绩和科研业绩等必要条件为依据进行分析，最后得出下表数据，基于数据发现当前教师评价所存在的问题。

表 6－1　各省(区、市)教师荣誉评选政策文本分析框架以及各维度占比

一级编码	评选目的(Why)	评选对象(Who)	评选标准(What)		评选程序(How)
			基本标准	优先标准	
二级编码	思想引领 91.7% 能力发展 67.9% 系统变革 41.7% 激励 32.1%	年龄 39% 教龄 46% 职称 64% 职务 36% 学历 18% 基础性荣誉 61%	政治素养 100% 师德师风 100% 教学业绩 100% 科研业绩 100% 一线教学 80% 区域辐射 79% 培养青年教师 54% 农村经历 46% 上公开课 46% 两校交流 32% 年度考核 27% 继续教育 18% 学生满意度 11%	农村教育经历 54% 农村支教 54% 班主任经历 25% 教育扶贫 7% 抗击疫情 4%	自上而下(100%) 自下而上(100%)

二、当前高中学校教师评价存在的主要问题

(一) 注重思想导向作用，但对荣誉激励的关注不足

教师荣誉评选政策具有多重目的，主要涵盖思想引领、能力发展、系统变革和激励等方面。研究表明，多数政策强调思想引领的目的，而对荣誉激励的强调较少。具体来说：

1. 思想引领目的

大部分政策强调了思想引领的目的，占比高达 91.7%。当前荣誉评选政策首要强调贯彻中共中央的教育方针与精神，如“习近平新时代中国特色社会主义思想”，凸显了对教师思想政治素质和师德师风的重视。

2. 能力发展目的

67.9%的政策文件表示要通过荣誉教师的评选提升教师的专业能力。这反映了相关部门对教师长远发展的期待，期望通过荣誉政策促进教师教学水平、科研水平和综合能力的提升。

3. 系统变革目的

41.7%的政策提及了系统变革目的，例如支持薄弱学校、农村教育和形成教师梯队发展机制等。这显示了政策致力于推动教育公平和教师队伍建设，以具体评价标准推进这些变革。

4. 激励目的

荣誉评选政策的基本功能是激励，32.1%的文件明确包含激励性条款。虽然激励是荣誉评选的基本功能，但在政策中激励方面的明确规定相对较少。

总体来说，思想引领目的占主导地位，荣誉激励方面的强调较少，这可能导致荣誉评选政策的效果不够明显。

（二）对参评教师的非绩效性条件限制较多，激励范围有限

通过对各省（区、市）荣誉评选政策的调研发现，大多数地区对参评教师的年龄、学历、职称等非绩效性条件有一定要求。具体来说：

1. 年龄要求

39%的政策文件明确了年龄上的限制要求，比如山东的特级教师评选限定在法定退休年龄之前等。这可能会对青年教师的积极性产生一定影响，也会影响教师的职业发展。

2. 学历要求

18%的政策对学历设定了一定要求，例如内蒙古在评选特级教师时要求教师具备大学专科以上学历。这可能对一些教育教学经验丰富但学历较低的教师造成一定影响。

3. 职称等要求

64%的政策在职称、教龄、基础性荣誉等方面有明确要求。这些要求可能是由于政府部门对教师的综合素质和教育水平有一定的期望，但也可能限制了一些有潜力但尚未获得某项职称的教师的发展。

综合来看,荣誉评选政策对参评教师的非绩效性条件有一定的限制,这可能会对教师的激励范围产生影响,导致激励效果具有一定的局限性。

(三)师德评价重视度高,但缺乏操作性和高标准

教育部等七部门在《关于加强和改进新时代师德师风建设的意见》中明确将师德考核置于教师考核的首要位置,各省(区、市)也严格执行这一政策,将政治素养和师德表现作为荣誉教师评选的首要标准,达成了100%的覆盖率,与思想引领的目的保持高度一致。然而,对师德师风的具体评价内容分析显示出以下问题。

1. 缺乏操作性

大部分荣誉评选政策缺乏明确的可操作化指标,没有形成对政治素养和师德师风评价的具体指导。尽管有27%的文件要求提交教师的年度考核,但这种考核并不能充分、真实、有效地反映教师的师德师风水平。

2. 师德评价标准偏低

尽管有56%的教师荣誉制度文本提出了一票否决制来应对存在的师德问题、重大教学事故、校外补课、弄虚作假等行为,但这只是在一定程度上对师德师风做了操作化的界定。这种负面清单制度仅仅划定了教师的底线,不能真正体现荣誉教师应有的先进师德师风。荣誉教师作为教育界的引领者和示范者,对其师德师风的考核标准应该更高,目前标准存在偏低的问题。

综合来看,虽然当前师德评价的必要性得到了认可,但需要更具体、操作性更强的评价指标,同时应提高师德评价的标准,以确保荣誉教师的师德师风达到更高水平。

(四)教学业绩评价模糊,偏向论文数量

在教师荣誉评选标准中,各省对教学业绩和科研业绩都做出了要求,但对教学业绩的具体要求往往表述模糊。例如,江西省要求学科带头人的教学成果显著,但未明确"显著"的具体标准。在教师荣誉评选中,弱化了学生分数的重要性,这是对之前不科学的教育评价导向的调整,但在中小学阶段,学生成绩和升学率仍然是教学实绩的重要组成部分,也是教育质量的体现。因此,教学业绩应仍是评价教师的重要标准。这种弱化教学业绩的趋势导致科研业绩受到强调,而科研业绩又往往被窄化为以论文数量为主要评价指标,使教师荣誉评选产生了"唯论文"倾向。因此,骨干教师等荣誉评选往往最终依赖于论文数量,不符合政策精神的要求。

(五)向一线教师和农村教师倾斜,但存在优势富集效应

大多数文件要求评选教师需在一线教学岗位上工作,同时强调对农村教师的倾

斜。然而，具体分析显示，在实际荣誉评选中，优势富集效应仍然明显。领导层和特定类型的学校更容易获得荣誉，而农村教师的荣誉名额虽有一定保障，但总体数量仍然较少。在评选名额的分配上，领导层会被优先考虑，相对一线教师和农村教师存在优势富集效应。这种现象不符合教育公平的原则，应更公正地分配评选名额。

（六）评选程序缺乏广泛的群众参与和公开性

教师的荣誉感来源于社会的认可，因而学生、家长和社会的认可对于教师的荣誉感的获得至关重要。然而，在荣誉评选过程中，通常由上至下建立评选领导小组，名额确定采用“学校提名—专家评选—领导确定”路线。这种自上而下的评选程序缺乏广泛的群众参与和公开性。只有少数省份引入了学生满意度评估，但社会参与的评选机制尚未引入。缺乏广泛的群众参与会降低教师荣誉的社会价值，同时也可能存在评选不公的风险，降低了评选过程的权威性。

第三节 “三新”背景下普通高中实施发展性教师评价的策略

一、顺应“三新”改革要求，发展“素质评价标准教育”

新课程、新高考、新教材的全面实施意味着对教育评价的改革已是箭在弦上不得不发。教师评价作为教育改革的关键一环，理应受到重视，它的合理与否直接决定着改革能否高效完成。本章节以“三新”改革为视角，就当前普通高中教师评价存在的问题提出相应的对策建议，以期对教师评价及教育改革提供一定的参考。

（一）摒弃唯分数论理念，扭转社会功利思想

在我国，唯分数论、唯论文论、唯学历论等思想由来已久，其中对教师所教授的学生的分数尤为关注，这主要是因为我们的学校是存在等级的：小学有名牌小学、重点小学等，中学有普通中学、重点中学、示范中学、星级中学等，大学有职业大学、重点大学等。学生所在学校的等级从根本上决定了其争夺优质教育资源的能力，而优质资源的分配方式便是考试。在这种情况下，我国的家长普遍存在教育焦虑，为了孩子的未来心神不宁。孩子如果上不了好小学，就进不去好初中，没能到好初中，就不能到好高中，到不了好高中就进不去好大学，进不了好大学就没有好工作，没有好工作就没有好人生。为此，家长在孩子刚入学时就已经产生了焦躁心情，担心自己的孩子在资源的争夺中处于劣势，同时家长对于学校的教学质量的关注点绝大多数都在于分数，由此导致了学校对教师的评价奖励等高度关注分数。再者，社会媒体对“高考状元”的过度关注与宣传也加剧了此类思想。片面追求分数并非家长之错或学校之责，而是制度出现了问题。现今新高考制度强调不再区分一二类本科批次、多元评价、等级赋分制，一定程度上弱化了成绩的区分度。这其实就是向社会释放信号，分数已经不再作为衡量学生的唯一标准，在这个时代，国家更加关注的是学生的综合素质，如实践能力、兴趣爱好、人格养成等。在这种情况下，无论是学校抑或是教师，都应该积极地仔细地去研读新课程、新高考、新教材的政策措施，领会其基本精神，贯彻其基本要义，向家长、学生解释其基本内涵，功利之心需调整，关注点要从学生成绩转向综合素质。除此之外，教师也要扭转过去紧盯学生成绩的思想，转而去了解学生想成为怎样的人，思考学生能成为怎样的人，帮助学生扬长避短，为他们设计更具针对性的培

养方案。相应地，学校亦要调整过往的教师评价方式，由奖惩性教师评价转向发展性教师评价，引导教师转变行为，保障改革顺利进行。

（二）加强教师培训，引导教师转变育人观念

"三新"改革在全国范围内实行已不容逆转，它导向明确，学校教育要回归育人的本真追求，培养个性健全、全面发展的人才。这样的转变与过往的管理、教学在一定程度上不相匹配。然而，不同学校之间的差异又决定了各校在新课程、新高考、新教材背景下的各项应对方略只能借鉴而不能照搬，作为学校一定要及早布局，主动作为。新高考制度的实行、新课程理念的贯彻、新教材内容的调整，最终的执行者都是教师。因此，教师对于"三新"的深度理解及观念转变就显得尤为重要。为此，学校要及早将教师培训提上日程，让教师理解明确"三新"精神，引导教师思考在新高考制度下自身所承担的学科在教学上会有哪些转变，可能出现怎样的困境，及早规划，避免不必要的慌乱。学校可以开展诸如"各科在新高考制度下如何进行教学改革""新课程改革下教学行为如何转变""新教材究竟新在哪里"等培训。在一系列的培训中让教师转变原有的育人观念，积极探索新型的教授方式。同时，学校亦要提高对教师评价的关注度，开展诸如"新高考制度下教师评价何去何从"的研讨会，倾听教师的呼声、了解教师的需求，在明确各方观点的基础上思考如何有效地对教师进行评价。更重要的是，在与教师们研讨的过程中，让教师明白学校进行评价的目的、内容、步骤等，体会学校进行评价的初衷是促进教师们的发展，同时明确学校愿成为教师们进行教学改革的强大后盾。毕竟教师评价对教师行为具有导向作用，没有合理的教师评价制度，再好的教学方案、发展方向都无法顺利推行。

二、依托信息化技术，开展教师评价

当前高中教师考核往往需要教师提交大量的材料，学校要组织人员审核材料，要组织师生进行投票表决等，因此教师要等待较长的时间才能得到反馈结果。这导致无论是学校管理者还是教师都普遍认为，当前考核教师的方式费时费力，效率比较低，并且这种考核评价方式的信息也不易提取，更不易保存。计算机技术和信息化技术迅猛发展，在应用到教育教学领域的同时，也应用到了教师的考核评价体系中，我国很多普通高中已经开始了利用信息化技术进行教师评价的尝试。教师考核评价信息化能够尽可能节省教师时间，缩短资料准备及考评的时间，提供即时性的考评结果。以下是常州市第一中学与重庆市星湖学校开展的信息化助力教师评价改革的实践探索。

案例1

常州市第一中学“龙城正学”教师综合素质评价指标体系

为破除“五唯”，常州市第一中学创造性地依据习近平总书记所提出的“四有”好教师标准构建全面发展指标体系，同时设计相匹配的项目活动。与此同时，为了让教师的考核更加简单科学，常州市第一中学运用信息化技术构建教师发展的评价系统。

学校以习近平总书记“四有”好教师讲话精神为理论依据，参照《中国好教师》(周洪宇著)中对“四有”好教师的具体论述，集中专家、教师等团队力量打造了能够促进成员全面而有个性发展的“龙城正学”教师综合素质评价指标体系。该体系包括4个一级指标、16个二级指标和26个三级指标(图6-1)。以道德情操为例，我们认为一个师德高尚的教师，不仅应该是在自己的教师工作岗位上、在学校中为人师表，更应该在社会和家庭之中以身作则，树立良好的教师社会形象，为人正派，弘扬正能量。同时还应该是和同事有良好的合作关系并且顾全大局的人。因此我们将其分为职业道德、高尚情操、合作精神这三个二级维度。

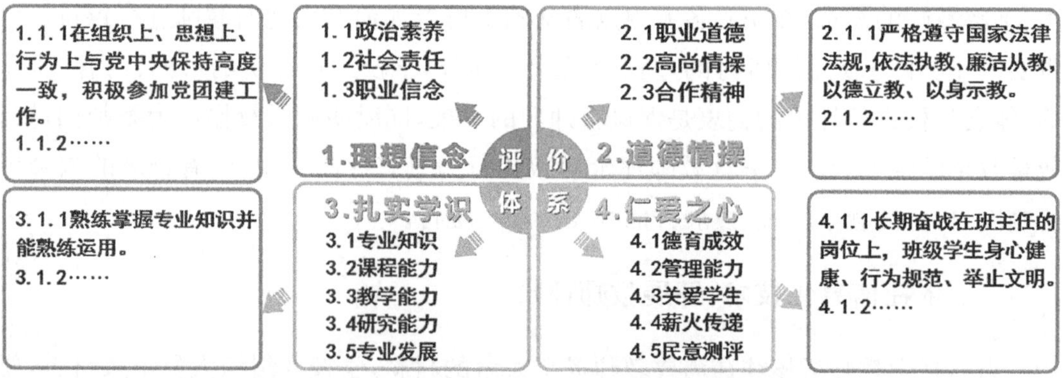

图6-1 “龙城正学”教师综合素质评价指标体系

为解决师德评价缺乏依据、只重结果不重过程的问题，学校研究设计出与指标体系对应的项目活动，让师德考核有抓手，看得见，留下痕迹，促进教师反思。例如，学校组织了师德建设“六个一”活动：一次系统学习，一次全员考试，一次师德巡讲，一份庄严承诺，一项排查治理，一次专项师德督查。对教师的参与性进行过程性考核，将学习笔记、考试成绩、活动照片、签到记录、督查情况等作为考核依据，并赋予基础分。同时制订终结性指标，如教师所获得的各级师德荣誉，根据等第进行加权赋分。

案例2

星湖学校的“智慧画像”综合评价体系

重庆星湖学校认为，在未来，教师不应只是“传道受业解惑”之人，而应担负起示范者、教育者、教学者、学习者、研究者、传播者、共育者、汇聚者、管理者9种角色，以更好地培养学生，实现立德树人的核心目标。基于以上教师角色定位，星湖学校结合学校发展目标，明确了各维度评价指标。

根据这9个教师角色维度、32项指标，结合新时代教师专业特点，星湖学校设置各项指标评价权重，让教师评价内容综合化、立体化。例如，“示范者”从师德师风、获奖、荣誉方面进行考核，“教育者”从学生日常行为表现方面进行考核，“教学者”从教学常规、辅导学生、学业评估方面进行考核，“学习者”从“六能六会”方面进行考核，“研究者”从课题研究、科研成果、图书出版或论文发表、试题命制方面进行考核，“传播者”从传播学术和传播健康理念方面进行考核，“共育者”从家长满意度、家长资源整合方面进行考核，“汇聚者”从课程资源汇聚、社会资源汇聚方面进行考核，“管理者”从管理自我、管理他人、管理学校方面进行考核。

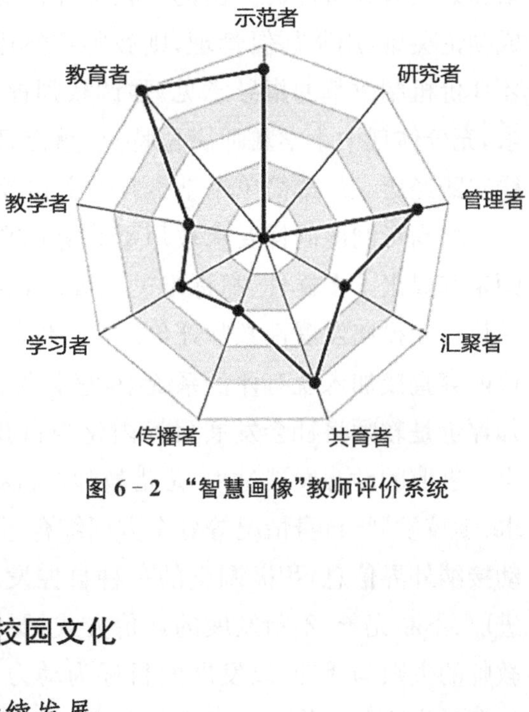

图6-2　“智慧画像”教师评价系统

三、改善学校管理，培育民主、和谐校园文化

（一）淡化评价管理功能，促进教师持续发展

目前，很多教师对于职业的满意度是很低的，最突出的原因是教师压力大。腾讯新闻曾对417 196名教师做过调查，其中有八成教师表示自己压力大，因此教师压力问题必须引起足够的重视。然而教师压力很大程度上源于对教师的不当考评。有些教师认为教师评价是为了监督教师，让他们倍感压力，觉得不被信任。事实上，在我国要想成为一名教师是需要教师资格证书的，这本身就是一次选拔；而在真正从业前，学校又会再次筛选，从拥有资格证书的这一批储备军中挑选更合适者，使其真正成为教师。基于此，能够进入教师队伍的人其实都是相对优秀的人，完全没有必要利

用“末位淘汰”等如此激进的方式来逼迫教师前进，造成教师不必要的压力。再者，新高考强调学生的身心健康，倘若教师惶惶不可终日，在其熏陶下的学生又怎会有积极阳光的心态呢？所以，学校应当给予教师充分的信任，相信教师有一颗热爱教育事业、关爱学生、愿意主动发展的心。同时，学校也要意识到评价只是发现不足、促进发展的一个过程，如果让其承载过多的功能就会使教师不堪重负，从而带来种种负面影响。

（二）评价跳出奖惩，抓住发展性教师评价精髓

新高考制度强调“分类考试、综合评价、多元录取”，目的在于增加人才多样性，培养创新型人才。然而，墨守成规、执着于教学成果的教师对于人才多样性、创新性的培养是具有灾难性的打击的。教师评价对于教师行为具有导向作用，若依旧以学业成绩论英雄，用奖惩促管理，则教师定然逃不开故步自封的结果。《关于分类推进人才评价机制改革的指导意见》强调教师评价要适应中小学素质教育和课程改革新要求，充分体现中小学教师岗位特点，重点评价教育教学方法、教书育人工作业绩和一线实践经历。严禁简单用学生升学率和考试成绩评价中小学教师。

新高考制度同样要求教师要不断促进学生身心发展，关注教师专业能力发展，对师生都提出了多样性、高标准的新要求，这需要学校跳出奖惩性评价的固有思路，转而将目光投向发展性教师评价。发展性教师评价并非简单地将其中的一项或几项评价内容直接加入现有评价系统中，它需要我们把握其基本精神、精髓所在。发展性教师评价是教师将社会发展目标内化为自我实现目标的过程，它是一个不断进取—反思—进取的动态发展过程，是指教师在自我监督，他人指导、支持和帮助下，在社会要求、学校发展、自身情况等各个方面综合考量下设计自我发展目标，而后主动实践、主动接纳外界信息，积极调整的一种自控发展的过程。这实际上是一种激励教师不断进取、不断完善、不断发展的评价方式，要求评价者用长远的发展的观点去正确看待教师的失败与成功，以发展的目标为动力，纠正奖惩性教师评价的弊端。然而，有些学者认为这种评价方式过于温和，可能会滋生教师的惰性。其实，我们大可不必过于担心这个问题，只要专注于发展性教师评价的精髓，鼓励教师自主发展，多应用形成性评价，给予教师发展的时间和空间，辅之以适当的引导帮助，就能尽可能减少惰性的滋生。发展性教师评价并没有反对评价、反对奖惩，只是要求评价目标要正确，杜绝功利性的、只为管理服务的奖惩，评价过程中尽量减少结果性评价的使用，关注教师的平时表现，时刻谨记评价的终极目标是促发展，而非仅仅对教师工作的判定。在评价中可以设置“最佳发展奖”“最强合作奖”“最受学生信任奖”等多方面、多角度的奖项，对教师们在工作中的任何成长都给予肯定；对于有待发展的教师虽不宜公开点名批

评,但也可与其单独谈话,了解情况,提出期望,给予鼓励,限定期限等,以此来促进其发展。

(三)创建学习型校园文化

教师存在于校园网络关系中,与领导、同事组建成不同的人际关系网络。不同的人际关系会有不同的情感体验,若关系融洽,则有利于加强同事之间的凝聚力,教师们互相帮助提点、携手共进,共同提高工作效率;若人际关系紧张,则会导致教师之间隐瞒防备,破坏教师们愉快的工作体验,不利于学校的长远发展。因此学校应鼓励教师互助学习,促进教师个人发展。如今社会分工不断细化,各类知识如潮水般更替迭代,越发使人认识到“尺有所短,寸有所长”,个人英雄主义早已不再适用,合作交流、团结协作、形成合力才是明智之举。学校教育是一项系统工程,工作对象又是待发展的人,新高考制度更是明确要求学生需全面发展、多维成长、有所专长,这更加需要教师们通力合作,仅凭一己之力,恐难以面面俱到,进展缓慢。倘若全体教师通力合作则可以集百家之所长,更易突破教学难题,更能确保较高的教学质量,对于新政策的实行亦能提供最大的支持。发展性教师评价也一再强调:完成师生双方的发展需要依靠教师的主动性、合作性以及凝聚力。为了实现这一点,学校组建了学科小组。为了促进小组成员成长,小组内的布局要合理,尽量包含不同发展层次的教师,但避免将相同科目的教师统统划分到同一组,至少要组成两个小组,彼此参照竞争,以此来避免削弱对教师的危机意识、竞争意识和责任意识。小组成员之间彼此鼓励,互相帮助,以小组为单位参与竞争,实行整体考评,避免小组内人员相互竞争。关于职称评定,大可不必是同校教师间的竞争,转“选拔式竞争”为“合格性考评”。首先,将全部教师分为三个级别:新手教师、成熟教师和专业化教师。刚入职的教师便是新手教师,除此之外,其他层级都设置有严格的准入标准,全校评定达标即可进入更高层级,没有名额限制,但是要限制只有专业化教师才有评高级职称的资格。这样,教师们的竞争对手就不再是同事,而是自己,他们需要不断鞭策自己前进、团结一切可团结的人员共同向更高一级标准发起冲刺。总而言之,学校应该营造一种“学校一家亲”的和谐氛围,为教师们营造良好的工作环境,让他们有良好的情感体验,同事之间更多的是互帮互助、共同进步的战友,而非一较高下的对手。

四、激发教师主体意识,充分释放发展性教师评价功效

(一)共同构建学校发展愿景,把学校和自身发展合二为一

教育实践证明,当学校与教师的发展愿景一致时,教师被尊重的需要和自我实现的需要更容易被满足,此时教师在工作中将会表现为自主自动、团结协作、勤于思考、

乐于创新、不偏信不盲从、积极进取等。这些表现也正是教师所应具备的核心素质，若教师不具备这些素质，新高考制度的实行必将受挫。正如我们在调研中发现的那样，教师并不清楚学校的发展愿景是什么，对此也漠不关心，这也可以用来解释为何新高考制度出台许久，教师们仍然没有对其产生深刻的认识，没有将它与学校及自身发展联系起来。

学校与教师实为利益共同体，二者发展愿景一致时所呈现出的力量是巨大的。学校要明确告知教师学校的发展愿景，鼓励教师将自身发展与学校发展融合起来，同心协力、共铸辉煌。这就要求在评价过程中，学校表现出对教师足够的重视，主动倾听教师的声音，尝试理解并满足他们的合理需求，提高教师的参与度，教师才会主动思考学校的发展问题，考虑学校发展与自身发展的融合问题，设法在帮助学校实现发展愿景的同时实现自我发展、完成自我提升。学校与教师的充分沟通以及提高教师的参与程度是完善教师评价体系最直接和最具体的手段。评价者在与教师交谈时，要注意角色的转换，平等交流、和平对话，而不是将自己看作是高高在上的决策者、领导者，这样才有利于教师畅所欲言，评价者也才可能听到教师真正的心声，若教师对学校发展愿景不清楚、不理解、存疑惑，也可以尽早发现，及时澄清。

（二）协商制定教师评价标准和内容，正确把握评价目标发展性

1. 评价因人而异，分层分类

教师的工作具有全面性、长期性、复杂性、个性化等特点，这些特点决定了教师评价不可以是一个评价内容片面、标准单一的孤立体系。倘若对新手型教师、熟练型教师、专家型教师采用同样的评价标准，显然是不合理的。因此，评价要关注教师的不同层次、不同需求，对不同层次的教师采用不同的评价标准。评价内容要多元，最基本内容要包括基本素质、师德修养、育人成果、协同工作情况、教学科研成效这五大类，然后再将其进行细分，设定基本档次。

2. 评价标准制定，鼓励参与

学校要鼓励教师参与到评价标准的制定与实施中，这样既可以保障教师对评价标准内容有明确的认识，又可以避免教师对评价目标产生误解。一所学校中，不应出现管理人员与教师对于评价目标的理解存在差异的问题。

3. 评价内容多维度，促进发展

在此着重强调的是评价体系的多重维度。我们在调研中发现，普通中学普遍忽视了教师的科研成果与发展情况，这应当引起相当的重视。如今的世界飞速运转，不断有新知识、新理论、新政策、新技术出现，作为教师要乐于接受不断变化的世界和多样的学校及学生，要及时更新自己的教学内容来满足学生的不同需求，紧跟时代的步

伐,持续发展,终身学习。发展已是时代主题,教师更应顺应时代潮流。教师评价存在的价值在于促进教师劳动的增值,其评价过程本就是一个自我提升的过程。教师发展的情况应作为重要项目记录到评价内容中,督促鼓励教师不断前进。与此同时,教师的科研能力也是其能力中重要的一部分,它侧面展示了教师的创新意识、思考能力、钻研精神、对自己工作的认识深度等。故此,科研成果这一项目不该被忽视,但亦不可苛求,放宽范围,恰当引导,鼓励教师们研究与本职工作相关的项目,比如相关教具的设计开发等。但谨记要规避科研成果这项评价内容落入重数量、轻质量,或者科研主要看文章的评价陷阱,防止逼迫教师们急功近利,出现花钱挂名发表文章等不良现象,这不仅妨碍公平竞争,还会造成心灵扭曲。学校应鼓励教师们潜心研究、长期积累,专注于教学内容、教法创新等多方面、多层次的研究,遏制饮鸩止渴的短期行为。还应完善同行专家评价机制,积极探索建立以代表性成果和实际贡献为主要内容的评价方式,将具有创新性和显示度的学术成果作为评价教师科研工作的重要依据,禁止学术不端的现象。

（三）改进教师评价方式方法,提高教师参与评价的积极性

1. 重视质性评价并注意评价语言的合理性

发展性教师评价是一种面向未来的过程性评价,基本的精神是以教师为核心,激发教师主体精神,促进其主动发展。当下的新高考制度也需要带领学生“一起跑”的教师的参与。倘若过度关注量化评价,结果仅仅是冰冷冷的数据,试问:教师如何从中具体了解到自己的优势与不足?尤其是不足,究竟是哪方面、哪部分、哪些因素导致不足?在认识模糊不清的情况下,何谈发展?甚至,教师在长期不理解自己评价结果的情况下,会产生暴躁、焦虑、对抗的情绪,进而启动“自我防御机制”,认为评价有失公平,不具有可信度,这会严重阻碍教师发展。故此,质性评价必须引起相当的重视,因为它的描述性手段、多元评价标准以及注重主客体之间的交流沟通等特点可以有效规避上述问题。同时,质性评价能关注到教师的主体差异与不同需求,更能有针对性地反映教师的所处困境及发展要求。比如为教师建立发展性档案袋就是不错的选择。它可以大量且灵活地收集信息,让教师看到自己一路走来所遇到的困难挫折、进步成果、不足和优势,鼓励他们规避已犯错误,保持自身优势,不断前进,充分体现了以人为本的评估理念。

质性评价是一种描述性的评价方式,在应用过程中要关注教师的处境与需要,照顾教师感情,切勿以逆耳忠言来掩饰不当评价语气对教师的伤害。评价主要是为了告诉教师需要改进的地方,饱含着领导、同事对他的尊重与期望,应该让教师体会到关怀与鼓励,若将其变为批评指责则是十分不明智的行为。然而,现今评价论述中存

在着一些病理性及权威性语言，比如“不准、禁止、必须……”这些言辞忽视了教师的主观能动性，禁锢了教师的创造力，用词生硬刻板，缺乏对教师情感体验的考虑，忽视了对于教师的人文关怀。如果执行评价仅仅是为权威确认既定目标实现了多少，执行到了何种程度，就会使得教师沦为被动的聆听者、被审查者，进而专业自主性被淹没，不利于教师专业素养和教育自豪感的养成。故此，在评价教师时，要确保公正、公平，每一位评价者都应该保持客观独立的态度，对教师的工作、行为、道德等各个方面进行如实评价，提出建设性意见，并对被评价人员进行相关反馈，让被评价者可以体会到评价者的良苦用心，认识到自己的不足，明确发展方向。

2. 注重评价结果的保密性，消除教师后顾之忧

评价结果的保密性在一定程度上会决定后续教师评价是否能顺利进行。评价结果是否保密将直接决定教师对评价者的坦诚程度，保证评价结果的保密性是争取教师积极参与评价过程的关键措施。在英国，按照《保密法》规定，教师评价结果均被视为个人保密文件，只供评价者、评价对象及学校负责人翻阅，除此之外，任何人不得接触。在评价过程中，只有得到教师的充分信任，保证他们的坦诚程度，评价结果才能更贴近事实。在实际操作中要赢得教师的绝对信任，就必须要求每一位评价者转变观念，将教师评价的相关材料视为教师个人的保密文件。除此之外，学校要加强管理，评价人员亦要严格执行保密职责，禁止无关人员以任何不正当形式接近教师个人保密文件，避免因管理不当造成信息泄露，引发信任危机。在评价结束后，应将各类评价材料放置到指定存放地点，并安排特定人员看管，把好保密工作最后一关。

3. 帮助教师制订合理发展目标，培养教师自我评价能力

(1) 增强教师主体意识

教师普遍是受过高等教育的人，对于他们而言精神激励比物质激励更有效，内部激励比外部激励更持久。外部的压力只能迫使他们达标，而不能促使他们变得优秀。再者，教师是一群具有学习能力的专业人员，只要学校给予他们足够的重视，让教师获得足够的信息与有效的建议后，他们便能充分发挥主体意识，最终达到学校及自己的预期水平。一旦教师主体意识觉醒，他们便会爆发出较高的职业热情、极大的创造力、不竭的发展动力，热衷于自评，不断总结经验以改进教学、科研活动，不断完善自我。

(2) 不断提升教师自评能力，确保教师自评依规进行

波特·马金曾说：“真正的主体评价依靠的是教师内在的自我改善的渴望，对自身行为的控制与自省，而非外部强制的监控和督促。”教师工作具有复杂性、创新性、灵活性、任务多样性、工作对象特殊性与多变性等特点，这些特点都使得教师需要真正的主体评价——自评。因为只有教师知道自己在工作中是否努力，在每一项工作

中花费了多少心力、做过多少尝试、遇到多少困难、需要哪些帮助，也只有教师自己清楚整个工作背景以及工作对象在某一段时间内的具体情况。另外，教师自评更能充分地调动教师参与评价，发挥教师的创造性，激励教师持续发展。自评也能让教师更清楚地知道自己的优势与不足在哪里，该如何改进、如何突破，也更能让教师体会到学校及领导的信任，这是一个自我教育、自我完善的过程。教师的发展首先就是基于教师对自身的反思、评价与改造。首先，依据教师专业标准，制定教师自评标准，划分时间段，评价教师在相应时间内的教学实践活动。其次，教师为每一项评价项目做出解释，数字表示或言语描述均可，以此来证实自己的评价合规合格。最后，总结过往的成功或失败经验，以此为鉴，并根据目前学校学生状况以及自身情况，对自己提出新要求新期许。

(3) 及时跟进教师发展现状，帮助教师制订合理发展目标

成功不是一蹴而就的，它需要日积月累不断修正打磨，逐步发展，持续积累。那么，在订立发展目标时就不可脱离实际，要做到“仰望星空，脚踏实地”，订立不同阶段不同时期的发展目标。目标过于简单，没有挑战性，会使教师成长缓慢；太难达到又可能挫伤教师自尊心、自信心，使其长久体会不到成就感，最终自暴自弃。恰当的发展目标对于教师的发展具有指向、激励、促进的作用。故此，在制订发展目标时，可以集合各方力量，制订切合实际的发展目标，确保教师订立的目标“跳一跳，够得着”，这样有利于督促教师积极发展。同时，了解教师发展进程，帮助教师调控目标，分析问题，整个团队也便于及时给予教师针对性的反馈并进行相应指导，帮助教师克服在实现目标过程中的种种困难。

参考文献

[1] 欧阳俊. 高校教师评价的现状、存在问题及对策[J]. 佳木斯教育学院学报，2013(7)：221－222.

[2] 曹宗清，赵德成. 我国基础教育教师荣誉评选政策的特点、问题与建议[J]. 广东第二师范学院学报，2022，42(5)：11－20.

[3] 张雅静. 中小学教师工作负担的来源与排解[J]. 教育科学论坛，2019(4)：59－64.

[4] 刘云生. 让教师在阳光评价中幸福成长[J]. 天津教育，2003(12)：18－20.

第七章

以学生成长促进教师专业发展

在关于教师发展的研究中，不少学者认为，只要将教师培训做好就可以培养出好的教师，很少有人意识到学生也能够促进教师专业发展。其实，学生作为教师教学的直接参与者，可以成为教师专业发展的资源。教师的专业性也应该通过教育教学来体现，并从学生身上得到检验。教学是教师和学生之间双向互动的活动，学生也可以影响和促进教师的专业发展。尤其是在新课标、新教材、新高考的背景下，对教师专业发展的要求发生重大转变，更加强调教师在教育思想和理念、教学方式和方法上的转变与更新。基于此，本章从学生角度出发研究教师专业发展，把学生作为促进教师专业发展的重要力量，寻求学生促进教师专业发展的途径与方式。

第一节 学生成长促进教师专业发展的理论依据

一、合作教育学理论

20世纪80年代后期，以阿莫纳什维利、沃尔科夫等为代表的教育家针对当时苏联在教育教学的实践中过多强调教师的权威和主导而忽视学生的作用提出了合作教育学理论。合作教育学倡导一种新型的师生关系，这种师生关系建立在师生合作的基础之上。教学作为一种由师生共同组成的双边活动，这种关系强调师生之间的平等合作。

合作教育学在教育教学实践中倡导师生之间平等、民主、合作，使得教学过程向民主化迈进。合作教育学所批判的是在教学过程中过分强调教师的主导和权威作用，使得师生之间失去真正的合作，阻碍了教师和学生的发展。而合作教学强调师生必须遵循教师和学生协调劳动的原则，这也是合作教育学成功的必备条件。它要求教育者和受教育者在一种相互尊重、信任的气氛下相互合作、共同进步。在教师的领导下，教师(教育者)与学生(受教育者)在一起创造性地解决共同的切身实际问题与完成教学教育任务，改善自己与周围人的生活。教师和学生在人格上是完全平等的，学生是有独立自主权利的人，教师和学生共同面对教学中的困难，共同解决困难。教师必须了解学生的兴趣，并且以积极、乐观的心态对学生敞开自己。这种师生关系也改变了教学中以教师为主导、学生被动接受的教学方式。因此，在一定意义上，合作教育学构建了一种新型的教学方式和师生关系。

将合作教育理论运用在教师专业发展中，是指在教育教学实践中要注重学生在教师专业发展中的作用。教师和学生在教学活动中必须相互信任和尊重，并且在互相理解的基础上把教学过程当作师生共同活动的过程。因此，在这个过程中师生面对共同的教学任务和困难，相互合作，共同取得进步。学生作为教学中教师合作的对象，学生对于教师的尊重、信任也影响着教师的教学状态。师生共同合作把师生从相互怀疑和恐惧之中解放出来，采用一种真正民主的方式，使师生关系在充分交往和对话中达到一种更加良好的状态，使得师生双方在真正的合作中共同发展。

二、师生学习共同体理论

1995年，博耶尔首次提出了“学习共同体”的概念，指出它是一个由学习者共同构建的组织团体。在该组织内，学习者相互交流、沟通，分享学习资源，共同完成学习任务，解决学习问题，并且在互动过程中形成相互影响、相互促进的人际关系，最终促进个体成长。这样的新模式在教育领域应该被提倡。师生之间学习共同体的建构对于学生与教师的成长都有着积极的正向促进作用。

师生之间构建学习共同体一般可从以下方面入手：

第一，营造良好的师生共同学习环境。教师要给学生营造安全、温暖的学习环境，师生彼此都能够放心地在这样的环境中互相提问、解答，这样让越来越多的学生安心地沉浸在学习中，教师也能更好地做到“教学相长”。

第二，构建以倾听为主的课堂。在具体的课堂教学过程中，师生双方都要善于倾听，尽力抛却原有知识结构、文化熏染带来的成见，敞开心扉沟通，实现彼此促进。倾听不只是用耳朵去听，还要用心去体会、共鸣和反思，倾听不但需要谦逊的姿态，更需要敏锐、睿智的思维。在教师良好的倾听示范、智慧串联下，构建学生之间相互倾听、彼此互学的关系网络，也会慢慢形成师生彼此学习的良好生态。

第三，创设互利共赢的学习机会。学习共同体课堂的一个重要的标志是每个人都能获得公平的学习机会。因此新手教师的课堂，应放慢节奏，把课堂时间结构进一步优化，教师应减少讲授时间，精选 2～3 个学习任务，留足学生独立学习的时间，通过设置挑战性问题、减少公共发表的时间，留足小组协同学习、修订反刍的时间，让课堂的节奏慢下来，使学生的学习充分展开。

第二节　学生成长促进教师专业发展存在的问题

很多时候，教师和学生虽然认识到学生在教师专业发展中的作用，但在教育教学实践中，将学生转化为促进教师专业发展的资源方面还存在着不少问题。这些问题主要表现在“教师缺乏将学生成长作为自身发展资源的积极性”和“学生缺乏对教师发展的主动参与意识”这两大方面。

一、教师层面：缺乏将学生成长作为自身发展资源的积极性

学生是促进教师专业发展的重要资源和力量，教师只有合理利用这种资源才能够有效地促进自身专业发展。但是一些教师并没有意识到学生能够促进教师专业发展，因此并没有将学生与教师专业发展建立联系。当教师缺乏这种意识时，就不会采取行动让学生成为促进教师专业发展的力量。这种问题具体表现为“教师给予学生参与教育教学的权利不足”和“教师主动向学生学习的意识薄弱”这两方面。

（一）教师给予学生参与教育教学的权利不足

让学生参与教师的教育教学实践，就是在促进教师的专业发展。一方面，教师在这个过程中更加了解学生的需要，从而有根据地补充相关专业知识、调整教育教学方法、设计教育教学活动。另一方面，学生的多样性对于教师的挑战往往更大，当教师战胜这种挑战时，对于自身发展的促进也就更大。

如果教师能够在课程前主动征求学生的意见和建议，就会更加了解学生的兴趣和需要，从而更好地设计适合学生的教育教学活动，否则在教学过程中容易形成教学的专断性，教师和学生之间就会缺乏一种民主性的关系。学生是教师教育教学的对象，但是当教师遇到教学困惑时总是询问教育专家的意见，忽视了学生的意见。学生才是教师教育教学的当事人，学生最清楚教师的教学是怎么样的，教师教学中遇到困惑、要改进教学时，最直接的应该是问问学生如何改进。

一些教师在入职初期会主动征求学生对于自身教育教学改进的意见，让学生以匿名的方式给教师写纸条，然后根据学生的意见对教学进度、教学内容和方法进行调整。但是随着教龄和教学经验的增加，教师很少再主动征求学生意见。很多教师表

示会根据自身的教育教学经验和对不同层次学生的了解，主动改进相关内容和方法，认为学生的意见对于自身已经没有了价值，或觉得完全可以预知学生提出的意见。还有部分教师认为，由于工作繁忙，闲暇时间较少，所以就不会主动征求学生的意见。在教育教学实践中教师很容易忽视学生的发展性，教师教育教学的经验不断丰富，学生也在随着时代的变化而不断变化。学生的需求是不断变化的，教师忽视学生教育教学意见就是忽视可以帮助自身发展的资源。教育教学的过程和改进缺乏学生的参与，这也说明教师没有给予学生充分参与教育教学的权利。

（二）教师主动向学生学习的意识薄弱

一般意义上，学者们将年轻一代向长辈学习的文化称为"前喻文化"，这也是教学过程中师生之间传递文化的主要方式。但是教育教学的过程不仅仅是教师向学生输出的过程，也可以是学生向教师进行文化反哺的过程。这种长辈反过来向晚辈学习的文化被称为"后喻文化"，也就是年轻一代将知识文化传递给长辈的过程。教育教学过程并不只是教师向学生单向输出的过程，在这个过程中教师也要认识到向学生学习的价值。然而在现实教育活动中，教师主动向学生学习的意识较为薄弱。

许多学生更喜欢学校新来的年轻教师，因为年轻教师和学生们容易沟通，没有代沟。师生之间代沟的出现往往是因为教师没有及时学习和了解新一代学生所形成的"儿童文化"。教师只有了解学生每天想什么，才能把学生教育好，因为这样才有共同语言。当你不了解学生的世界，上课只讲解你的知识，学生就会觉得陌生，认为师生在一起没有共同语言。

只有教师有向学生学习的意识才会主动向学生学习。当教师主动向学生学习或愿意为了学生主动学习相关知识，这也就促进了教师主动追求自我发展的意识和行为。不仅在知识方面，学生也有许多行为品质值得教师去学习。学生就是教师的一面镜子，通过学生，教师才能看到自身的优点和不足。因此，教师首先要有向学生学习的意识，发掘学生身上值得自己学习的地方，再将这种意识落实到教育教学实践中，促使自身进步。这个过程也是教师和学生实现平等交流的过程。

二、学生层面：缺乏对教师发展的主动参与意识

教师专业发展需要学生支持，学生也要具有参与教师专业发展的意识。因此，在将学生转化为教师专业发展的资源与力量时就需要学生发挥自身的主动性，参与到促进教师专业发展的活动中。然而，学生在促进教师专业发展方面的主动性还是有所欠缺。

（一）和教师建立联系的主动性欠缺

不少教师由于教学任务比较繁重，在教学工作之外没有太多课余时间，因此寄希望于学生能够主动和教师建立联系，这样会更容易促进教师专业发展。教师除了平时的教学工作，每周还有教研活动、听评课，参加各种学习培训和竞赛、党务学习活动等。因此，教师除教学任务之外的课余时间较少，部分教师还要在教学任务完成之后承担照顾家庭的任务，繁重的教学任务和家务劳动更使得教师身心负担较重。

教师工作具有一定的复杂性，一个教师在课堂上往往要面对几十个学生，面对学生之间的差异性，教师不能在课堂上或课堂外及时了解到每一个学生对于学习内容的掌握情况、学习效果的反馈，以及内心的想法。此时，就需要学生发挥自身的主动性，主动和教师建立联系，给予教师教育教学的建议，告诉教师作为学生自己的真实想法或将自身了解到的新鲜事物与知识反哺给教师。其次，教师虽然是成人，但也有遇到困难的时候，这时也需要学生主动走向教师，关心、帮助教师，给予教师精神上的鼓励，帮助教师渡过难关。

（二）成人与儿童文化在互相期待中的矛盾

教师代表成人文化，而学生代表儿童文化。当学生不认同教师的教导时，在教师的教导下自然也难以产生行动的变化。这种不认同的出现可能是成人文化和儿童文化之间的矛盾。成人和儿童之间由于角色、代际、价值观、文化方面存在差异，教师以自身的标准理解学生的需要，给学生提出要求，而学生往往因为两种文化的差异并不能理解教师。因此，在教师和学生的互相期待中就产生了学生不认同教师教导的现象。

从总体上来看，大部分学生能够遵从教师的教导并积极改变，但是总有让教师苦恼的学生。教师站在自己的角度认为对学生的要求是为了让学生更好地成长，但学生站在自己的角度无法接受并遵从。这种矛盾的缓和需要教师从教学出发，理解成人文化和儿童文化之间的差异和联系，在了解学生的兴趣和需要的基础上设计教育教学活动。而学生也要站在教师的角度去理解教师的出发点，教师的教导可能在方式上存在问题，但是教师的出发点没有错，学生可以和教师多沟通，减少这两种文化之间的冲突。

第三节　学生成长促进教师专业发展的方法与路径

教师专业发展有许多的影响因素,需要教师的自我发展追求,也需要来自学生和学校的支持。在教育教学实践中学生不仅仅是教师的教育对象,更是促进教师专业发展的重要资源,利用好学生资源可以更好地为教师发展服务,从而促进教师专业发展。但是在学生促进教师专业发展中仍存在一些问题,学生、教师和相关管理部门并没有充分发挥自身的作用。因此,必须选择一定的途径与方式来更好地将学生作为教师专业发展的资源,既要教师从自身出发寻求学生促进其发展的机制,又要学生主动来支持教师专业发展,还要寻求学校相关管理部门的支持和保障。为了更好地促进教师专业发展,我们可以从以下几个途径与方式做出努力。

一、建立完善周密的制度保障

学生不仅仅是教师专业发展的受益者,更可以成为参与者、合作者,是教师专业发展的动力所在。因此,学校必须在相关制度层面赋予学生参与教师专业发展活动的权利,充分利用学生在学校变革中的价值,做好相关保障和支持工作。

(一)完善科学的学生评教制度

让学生参与到学校评教活动之中是促进教师专业发展的重要途径。学生评教的目的是帮助教师进行自我反思。学校要能够正确认识到学生评教的目的,充分利用学生做好教师的评教工作,才能真正地促进教师的专业发展。学生作为教师教学的全程参与者,让学生参与教师的教育教学评价非常地合理和必要。但在教育教学实践中,很多学校的学生评教流于形式,没有充分利用学生的评教反馈信息,将评教结果与教师职称晋升和绩效考核挂钩等,致使评教功能的异化。虽然学生参与了学校的评教活动,却没有在真正意义上助推教师专业发展。这方面就需要学校在组织和管理层面建立科学的评教制度。

学校要正确认识学生评教的作用是促进教师专业发展,而不是搜集教师在教育教学中的失误来评判教师,用于人事决策。教师的成长就是把教育失误变成教育财富的过程,学生评教不仅为教师提供反馈信息,更为教师进一步改进教育教学工作提供建议，为教育管理者提供帮助教师发展的依据。因此，教育管理者要科学设计评教问题以期得到科学合理的评教反馈结果。在此，要充分利用学生评教的反馈信息，及时让教师了解自身在教学中的方法和具体教学情况的优势及不足。教育管理者可邀请教育教学方面的专家对学生评教方面的数据和意见进行分析，发现教师教育教学中出现的问题，依据学生的反馈信息给予教师改进教育教学的意见。学校可就学生对于教师的反馈信息组织有针对性的教师培训活动、制订教师的教育教学活动改进方案，再次对于教师的改进效果提供反馈信息，实现跟踪、反馈、再指导，以帮助教师更好地发展。学校作为学生评教活动的组织者，要让学生评教的结果反馈充分发挥作用以帮助教师专业发展，这样才能体现学生评教的价值。

学校作为教师专业发展活动的组织者，不仅要发挥组织者的作用，更要在这个过程中起到推动的作用，使得学生对于教师的反馈意见真正发挥帮助教师成长的作用。学生不仅是教师的教育对象，更是教师专业发展的重要资源，要让学生能够促进教师专业发展，学校就必须给予学生参与的机会并且保障这个过程的推进，发挥学校管理者和组织者的作用。

（二）建立学生参与教师教研的制度

学生作为教师教育教学最直接的体验者，通过自身的体验最清楚知道教师选择何种教学方式最合适，但是在学校变革中，拥有关键声音的学生往往是被人们忽视的力量。学校作为教育教学活动主要的组织者和管理者，必须保障学生参与教师专业发展活动的权利、建立学生参与教研的制度，以创造出更多有利于学生促进教师专业发展的契机。

学校可以充分利用学生的价值，发掘新的制度和方式，给予学生参与教师专业发展的机会，征集学生对于教师和学校设计、管理的意见，寻找更多促进教师专业发展的可能性，以更好地促进教师专业发展。

总之，教师专业发展的目的是促进学生的成长和发展。学生在促进教师专业发展的过程中也具有可开发的潜力和价值，忽视这部分的资源则会造成巨大浪费。在教育教学实践中充分利用学生来促进教师专业发展，需要学生、教师和相关管理部门共同努力。只有多方共同关注学生在促进教师专业发展中的作用，充分尊重学生的主体性和话语权，探究如何能够最大限度发挥学生的作用，才能让教师和学生在这个过程中相互促进、共同发展，真正实现促进教师专业发展的目的。

二、筑牢和谐友好的师生关系

教师是学生成长道路上的引路人，对于学生不仅仅进行知识方面的传授，而且在人格方面具有引领作用。在教育教学过程中，教师要尊重学生在课堂中的主体地位，把课堂还给学生，才能促进学生的发展。而学生更要尊重教师，通过师生之间的密切交往让教师获得作为教师的尊严，在这个过程中激发和唤醒教师的职业成就感。

（一）培育学生主动走向教师的意识和能力

学生应该主动关心教师。教师作为成人也需要学生主动地关心和理解，生活中看似很平常的小事，却能给教师内心带来莫大的欣慰，这就是推动教师专业发展的不竭动力。新入职的教师面对学生会感到紧张和迷茫，面对学生的问题也会不知所措，如果学生能站在教师的角度换位思考，去理解、关心，甚至安慰教师，这对于教师来说就是莫大的精神鼓励。每个教师都是从入职初期慢慢成长，初任教师可能更需要学生的情感支持。入职初期的教师还处在早期生存关注阶段，主要关注自身对于教学的胜任能力以及作为一个教师如何“幸存”下来，处在对于教学、学生迷茫、探索的时期。如果遇到愿意主动走近并关心教师的学生，处于此阶段的教师更能加强其对于选择教师职业的信念，这种信念就会使他更加愿意留在教师行业。比如，当教师生病时学生的主动询问和探望，毕业后发给教师的感谢短信，节日时赠予教师的小礼物，等等，这些事情细小又琐碎，却深深地触及教师的内心，在这个过程中传递的是学生对于教师的感恩之心。师生之间建立的联系不仅仅是知识授受之间的关系，更是一种情感上的联系。教师与学生之间不断建立的是超过知识授受之上的师生关系，这种情感上的联系会使教师获得情感上的支撑，获得一种精神上的满足感，这种对教师的情感支持就能够推动教师发展。师生之间形成良好关系后，教师的专业成长将获得持续的动力。

常州市特级班主任、龙城“十佳”班主任倪莺老师常年在办公桌上放置历届毕业生的照片，每年都有毕业生主动返校探望，逢年过节都会收到祝福短信。班主任凭借循循善诱的教育耐心赢得一批批学生的尊重，学生对班主任的感恩之心也支撑着倪莺老师克服职业倦怠，二十余年如一日，勤勤恳恳做好学生的“引路人”“点灯人”，帮助学生在学业、品性上都取得长远进步。作为回报，倪老师自己也取得众多专业领域的荣誉，攀上教育生涯的一座座高峰。

江苏省正高级教师、特级教师陈新华老师在拔尖创新人才培养上很有秘诀，总能带出取得高分的学生。其实整个班级每一个学生的高位发展，才是陈老师追求的终极目标。每当问及陈老师培养尖子生的秘籍，她总是微微一笑：“没有秘籍，就是爱和鼓励，以及个性化的指导和帮助。每个学生都是不一样的，没有一种方法可以放之四海而皆准。”2009 年高分考入北京大学的夏同学，每次考数学前必定要和陈老师聊天，调整心态。2012年考入上海交通大学的杨同学，在每次考试后都要请陈老师分析。只要学生需要，无论何时，她从不推却。陈老师的付出，也让她收获来自学生的温暖，这也是陈老师热爱教师这个职业的重要原因。她说："没有什么比收到来自各地学生的祝福更让人开心的了。"毕业后的学生最关心的都是陈老师的身体。2014年毕业的蒋同学说："陈老师注意身体哦，我会一直记得您的鼓励，还有您那温暖的笑容。"2017年毕业的施同学说："精彩而丰富的高中生活有您的陪伴真是一件幸运的事，陈老师多多休息，注意身体哦！"学生的关心与体贴也成了陈老师追求卓越的不竭动力。她说："只有我自己更优秀，才能为我的学生提供更好的教育，我的学生才能更优秀。"她的这种理念也融入了物理教研组的管理之中，作为教研组长，她真诚地对待每一位同事，关心爱护青年教师，打造了一支团结、敬业的优秀团队，该物理组连续8年被评为校优秀教研组。她自己也被评为"苏教名家"培养对象，于2023年喜获江苏省五一劳动奖章。

学生要主动和教师沟通。每个教师都期望与学生建立起良好的师生关系，而良好的师生关系需要教师和学生的共同努力。只有教师和学生之间建立起良性互动才能够促进教师的发展，而师生间的沟通就是这种互动的表现之一。当学生愿意主动和教师沟通交流，表明学生已经充分信赖教师，这种沟通往往能够使教师和学生之间建立良好的互动关系，更有利于良好师生关系的形成。

当学生愿意主动走向教师时，教师也会更加亲近学生，而师生之间畅通的沟通渠道能够帮助学生在学业和品性上取得更大进步。

我校正高级教师张捷曾参加常州市教育局援疆支教团队，赴伊犁州尼勒克第一中学支教。有一次，他注意到，班里的一位同学骨瘦如柴，生活上也是节衣缩食，通过沟通才得知他父母离异出走，他和弟弟只能跟着年迈的奶奶艰难生活。学生的遭遇触动了张捷老师的内心。为了给这位学生补充营养，张捷老师自掏腰包每周一为这名学生买好一周的牛奶和面包，并经常与其谈心，鼓励他积极上进，刻苦学习。这位同学是个心思缜密、敏感多虑的孩子，非常在意别人对他的看法，并常常因此而失眠。细心的张老师及时发现了这一问题，主动与他进行心理沟通。渐渐地，这位同学经常会主动找到张老师，向他倾诉内心的种种感受。在办公室、走廊、校园林荫道上经常可以看到他们在一起交谈的身影。在张老师的长期鼓励和引导下，他的情绪越来越稳定，身体也比以前壮实，两次考试均名列年级前五。而张老师也将这段特殊的师生情感作为未来教学的重要心理资源。

学生主动走向教师就是对教师工作复杂性的一种体谅，师生之间的情感互动也是相互的，学生更加体谅教师，这对教师来说就是一种精神鼓励，这种对教师情感上的鼓励就是支撑教师不断追求自我发展的内在动力。

（二）强化师生角色作用和定位

学生遵守基本礼仪规范是对教师的基本尊重。教师资格证要求教师的行为规范必须符合教师的职业道德，那么作为学生的行为规范也必须符合学生的身份。学校的每间教室都明确了学生的基本行为规范，这是对“做学生”的基本要求。学生在学校的行为符合学生行为规范的基本要求就是对教师的基本尊重。在学校中学生对教师的一个微笑、一声问好等一些微小的行为都能够让教师体会到自身的身份得到了学生的认可，这就是对教师的一种尊重，同时这些也在不断地激励教师做好为人师表的角色。

要尊重教师的权威和地位。学生在教育教学中尊重教师的权威和地位并不是唯师是从，而是在自身主体地位和话语权得到保障的基础上更加尊重教师，这两者并不冲突。比如，在课堂上不公然顶撞、挑衅教师，给予教师应有的“面子”。学生在课堂上公然挑衅教师权威，不仅会破坏师生关系，更会使教师厌恶教师职业，甚至怀疑自己的职业选择。因此，学生和教师都要清楚只有心理上的彼此尊重才能够形成良好的教学和师生关系。

要尊重教师的劳动成果。尊重教师劳动成果就要求学生认真对待教师的每一节课。教师最主要的任务就是教书育人，学生尊重教师的教学工作就要认真上好教师的每一节课，这是对教师劳动成果的最好回应。学生尊重教师是教学关系中对于学生的基本要求，也是学校师德建设的必要一步。在学校中学生对于教师的尊重，能够使教师获得从事教师职业的尊严感。而教师这种尊严的获得会使得教师能够不断地去认同教师的职业，坚定做教师的职业信念，从而愿意坚守在教师岗位上。

三、推进课堂教学的持续变革

（一）实施参与式教学

传统教学方式主要以教师讲授为主，教师更多地控制课堂，掌握课堂教学中的权威。这种教学方式重视教师的“教”，忽略学生的“学”，教与学之间缺乏互动性。因而导致学生的学习方式以被动接受为主，在课堂中主动参与的机会较少。而当教师在课堂中放权给学生时，往往能从学生的智慧中得到意想不到的收获。

在课堂中教师采用的教学方式往往和教师自身的教龄、教师专业发展阶段、教育观、学生观密切相关。但是学生是具有复杂性的教育对象，教师课堂的预设性和生成性往往与教师的教学方式有着密切的关系。当教师尝试控制课堂时，教学过程中的预设性往往大于生成性，而当教师将课堂对学生开放，让学生的思维在真实的教学情境中发散，这时教学中的生成性往往大于预设性。而正是这种在教学过程中的生成性才能让教师不断深入了解学生思维，从而开阔教师的思维。当教师将课堂对学生开放，采用对话、探究式的教学方式，这对于教师的挑战往往比讲授式的教学方式更大，这意味着教师要应对学生的各种问题并对学生的各种回答给予恰当的回应。

在这样的课堂中学生不仅有独立思考，也有与他人进行合作学习探索的过程，学生真正参与到教师的教学过程中。在这种教学模式中，师生关系也应发生变化，教师不再只是知识的传授者，而是引导学生学会独立思考、自主学习的促进者。这也需要教师克服面对学生的恐惧，不断进步，具备更高的智慧。在这个过程中学生和教师往往能够建立起良好的互动，即学生与教师、学生与学生在相互交往中共同成长的关系。

（二）培养与教师期望相匹配的学习行为

教师期望效应是指教师对学生的期望会在学生的学习成绩等方面产生效应。这种期望表现在课堂中，即当教师想对学生传达出某种期望，对学生传递的行为和态度自然会发生变化。当学生感受到教师的期望，学习行为的呈现自然就会发生变化。当学生行为结果的呈现符合教师期望，就会对教师产生激励性反馈。教师不断提升自身的专业水平，那么学生的学也应该与教师的教相匹配，这样才能够使教师和学生相互促进。

学生要在教师的教诲下积极改变。教师渴望学生能够在自己的教导下成人、成才，每个学生个体都有其独特性，学生能够在教师的教导下有所进步就是对教师付出最好的激励性反馈。当一个学生在教师的教导下产生一点点的变化和成长时，教师就会为这种细微的变化而欣喜，这就是教育所产生的魅力。哪怕这些变化仅仅是一个内向的学生开始敢说话、一个总爱迟到的学生迟到次数慢慢变少、一个自卑的孩子慢慢变得自信等，这些微小的变化能够使得教师获得作为教师的成就感和价值感。而这种从学生身上获得的成就感和价值感与作为教师获得的利益带来的感受是完全不一样的，它会让教师有一种发自内心的充实感和满足感。孔子曾言："其身正，不令而行；其身不正，虽令不从。"因此，作为教师要更加明确教师的角色和职责。教师要让学生在自己的教导下积极地改变，教师的道德示范与表率作用就显得尤为重要。教育工作者对于学生展现的是全部的人格魅力，教师在教育教学实践中更要率先垂范、言行一致，学生亲其师自然会信其道。

学生要积极参与教师的教学过程。教育教学过程中学生是给予教师反馈最主要的主体，学生积极参与教师的教学过程不仅能够给予教师教学情况的反馈，而且能够帮助教师建立职业自信。在课堂中学生的积极参与主要指课上积极回应教师，这并不是指要学生盲目地回答来衬托热烈的课堂气氛，而是要在思考之后给予教师相应的回应。在课后学生的积极参与主要指认真对待教师布置的任务，这是作为学生的基本要求。这种课上和课下对教师教学过程的积极参与和反馈，对教师而言就是调整教育教学方法、进度的主要依据之一。教师往往是被学生的用心所感染才更加认真地教育教学。学生的这种积极回应能够给予教师一种激励性反馈，从而使教师更加喜欢教师职业。

在这个过程中，教师也应该结合学生的特征和需要对不同学生建立不同的期望目标，使学生在“最近发展区”基础上取得进步。这样教师也会从学生的成长和变化中获得作为教师的成就感和价值感。如此不断地循环，必然会使得教师设定的期望和学生产生的积极行为进入良性循环之中，更加有助于师生共同成长。

参考文献

[1] 李瑾瑜. 教育的儿童观基础及其现实问题反思[J]. 中国教育科学，2015(1)：91 - 111.
[2] 王鉴. 课堂研究概论[M]. 北京：人民教育出版社，2007.

第八章

信息化赋能教师专业成长

在信息化时代，教育领域经历着深刻的变革。我国教育信息化经过1.0和2.0阶段的发展，正迈向熟练应用与创新的新时期。《中国教育现代化2035》等国家教育战略文件明确了教育信息化的发展方向，体现了国家对教育信息化的高度重视和坚定决心。为适应教育信息化的要求，教师专业成长需构建信息化模式，包括提升教育信息化理论知识与技能、提高教学应用与创新能力、培养主动学习的意识等。教育信息化为教师专业成长提供了新机遇，也带来了新挑战。教师要顺应时代潮流，更新理念，提升能力，主动适应教育信息化发展的要求，以更好地推动教育事业的改革与进步。

第一节　新时期信息化环境下的教师专业成长

一、信息化时代的要求

信息技术的不断发展推动了世界范围内的信息化，随之而来的是信息化在各行业的大范围应用。尤其是2000年以来，互联网逐渐深入世界各地普通人的生活中，人类与社会的发展都因信息化进程而加快。人们看到了信息化带来的便利，因此更加注重信息化在生产生活方面的应用。在教育方面，基础教育与信息化相结合、基础教育利用信息化资源对自身进行改革已成为世界各国教育事业发展的趋势，且各国已做出了不同程度的努力。我国信息化发展迅猛，其与教育进行融合已成为教育事业发展的必然之势。以教育信息化发展规划为开端，历经信息化1.0和2.0阶段，我国教育信息化从基础建设时期逐渐走向熟练应用与创新时期。基础能力、可持续发展能力、优质数字资源、国家管理系统、学校能力等各方面的发展状况都对教育信息化发展的程度及速度有直接影响。而在国家教育战略层面，《中国教育现代化2035》清晰表明国家对教育信息化发展的高期望。一系列文件的出台及相关通知的发布，都能够让我们清楚地看到我国推进教育信息化发展的坚定决心与做出的切实努力。教育信息化既是我国教育事业的发展方向，也是当前需要我们深入研究的主题。

我国教育信息化蓬勃发展，这既给教育带来了生机，也带来了冲击和挑战。与此同时，这也对教师的专业知识、能力、理念等提出了较高要求。我们要对教师专业发展有新思考、新定位。当前的现状是：作为与教育信息化息息相关的群体之一的教师，他们的专业发展现状却与信息化发展的势头不相匹配。教师专业发展缓慢的状态在我国教育信息化迅猛发展的现实情况下显得更为突出，教师队伍的专业发展水平必须得到较大的提升才能更好地适应我国教育事业的发展、变革以及顺应世界教育的发展潮流。

二、信息化时代教师专业成长的挑战

2019年，中华人民共和国教育部发布了《关于实施全国中小学教师信息技术应用能力提升工程2.0的意见》，突出强调了信息技术应用能力是新时代高素质教师的核心素养。自2013年以来，全国中小学教师信息技术应用能力提升工程的实施使得教

师的信息技术应用意识和能力普遍增强。然而，仍然存在信息化教学创新能力不足、乡村教师应用能力不强、支持服务体系不够健全等问题。同时，随着时代的发展，大数据、人工智能等新技术变革对教师信息素养提出了新要求。具体来讲有以下几个方面的不足：

（一）与学生的发展匹配不足

随着学生自身信息化技能水平和身心发展水平的显著提升，教师的专业发展水平与学生发展速度和程度却不相匹配。为适应信息化时代和网络环境下成长的学生，教师需积极学习互联网技术，探索并运用信息技术，提高信息素养，运用先进的信息技术进行教学改革，这是实现教育现代化的必要途径，也是助推教师专业发展的重要推手。

（二）对新时期教师专业能力的认识不足

部分教师认为信息技术与教师专业发展无关，对信息技术持消极态度，不愿意学习和应用。这种思想多见于观念保守的教师。这些教师的认识存在偏误，以为只需具备写、说技能，以及解读教材、设计教学、执行教学方案、管理学生等传统教学技能即可，对信息技术不重视。也有些教师因畏难情绪而对信息技术抱有排斥态度，觉得网络资源繁多，学习信息技术困难，不认为它是老教师应学习的内容。这种观念导致教师对信息技术的学习、探究和应用持消极态度，使得其教学理念陈旧、手段落后，专业发展停滞不前。

（三）城乡教师信息技术能力差距较大

乡村教师在信息化技术方面的应用能力薄弱，主要体现在以下几点：首先，受限于乡村地区的设备和资源条件，教师很难接触到先进的信息技术设备和丰富的教育资源，这导致他们在实际教学中难以充分利用信息化手段。其次，缺少技术培训，致使乡村教师对于信息技术的掌握和应用能力相对较弱，这使得他们在面对新兴技术时显得捉襟见肘，难以灵活应对教学挑战。再次，由于乡村地区对信息化教育的投入较少，教师们在实践经验和案例积累方面相对不足，这也限制了他们在信息化教学中的创新能力。因此，为了提高乡村教师的信息化技术应用能力，需要加大设备与资源投入，加强技术培训，并鼓励教师进行实践探索和经验分享。

（四）信息化创新能力不足

部分教师认为信息技术无所不能，信息技术能够取代一切，对信息技术的认识盲目偏激。这部分教师认为，只要拥有信息技能，就可以完成课堂上的主要任务，解决课堂上的主要问题，传统的东西就无须再关注了。这类想法一般出自年轻教师。在课堂上出现盲目、激进的问题，很多时候都是为了使用而使用，把“人灌”变为“机灌”，教学过程中出现教师过分依赖网络、教学缺乏独立思考、教学活动片面强调课件制作、教学设计忽略对活动的细节设计等现象。这使得教师在教学过程中难以充分利用信息化手段进行有效的教学设计与实施，对教育资源的整合和应用能力较弱，导致教学内容和教学方法缺乏创新。还有教师缺乏信息化教学的实践经验和案例积累，以致难以形成系统性的教学创新方法。此外，受制于传统教育观念和教学评价体系的影响，教师在信息化教学过程中往往过于关注知识传授，而忽视培养学生的创新精神和实践能力。因此，提升中国教师的信息化教学创新能力，需要从提高技术熟练度、提升教育资源整合能力、丰富实践经验以及改革评价体系等方面入手，进一步推动教育信息化发展。

三、现代化教育时代下教师专业成长的信息化模式

（一）提升教师教育信息化理论知识与技能

梁伟雄、罗儒国和叶澜等学者的著作提供了信息化时代教育发展的理论支撑。教师需要掌握基本技能，如 Windows 基本操作，Word、Excel 使用，压缩文件处理，微课制作和录屏软件运用等。此外，熟练使用教学设计辅助软件，如 PPT，以及其他教学设计软件，如 Focuky、备课大师等也是对教师的合理要求。教师只有掌握新时代教育教学手段才能适应现代化教学模式。

（二）提升教师的教学应用与创新能力

丰富的教学资源平台为教师提供更多教学应用和创新的参考资源。教师应熟练运用互联网资源查找教学资料，如电子教案和学术文献。他们还可以利用互联网查询论文发表信息，拓展论文投稿范围，而不局限于线下投稿。教师应抓住信息化 2.0 时代的发展方向，运用大数据、云计算和人工智能等技术，如 Pathon 语言等，快速获取教学数据。教师还应熟练掌握使用信息技术制作授课课件、录制微课和检测教学成果等基本技能。教师的专业发展体现在教学应用和创新能力的不断提高上，这是教育领域变革的推动力。

（三）培养教师主动学习的意识

在专业发展的关键时期，教师应树立新理念：无畏困难，不惧障碍，主动探索，想方设法。教师应积极参与教育信息化的学习与培训，包括阅读相关书籍、参加专家学

术讲座，以及利用“学习强国”等平台提供的慕课学习信息技术课程。在学习过程中，教师需保持良好的学习心态，具备能学会的自信心和必须学会的决心。学习的知识应及时应用于教学实践，并在实践中得到更真实的启发。最终，教师才能够将信息技术手段与个人教学风格相结合，形成独特的教学模式。

第二节　信息化工具的应用和赋能策略

一、信息化工具运用与教师的信息能力培养

当前信息技术已经深入渗透到教育领域的方方面面。信息化教学工具的出现，极大地改变了传统的教学方式，为教育带来了革命性的影响。信息化教学工具的作用不仅体现在提高教学效果上，还在于能激发学生的学习兴趣，培养创新思维，同时也为教师提供了一个更加便捷、高效的教学途径。《全国中小学教师信息技术应用能力提升工程2.0校本应用考核指南》中将教师的信息化技术应用能力分为三个环境以及四个维度，包含30个能力点，对教师应掌握的能力点均提出了相应的要求，当前的各种软件数量可以用数以万计来衡量，因此每一个能力点的实现均可以找到相应的信息化教育工具加以辅助。

常州市第一中学为了提高教师的信息化能力，依托《全国中小学教师信息技术应用能力提升工程2.0》开展了针对全体教师的培训。培训中选择了8个最常见的能力点进行讲解和实践，同时提供了相应的数字化学习工具，以帮助教师将所学的信息技术技能融入教学实践当中。表8-1展示了这些数字化学习工具与能力点的对应关系，供教师参考选择。这些数字化学习工具包括在线课堂平台、云端备课、课件制作、学生作业管理、在线评测、学习资源检索和在线讨论等。通过这些工具的使用，教师可以更好地实现课程设计、课堂教学、作业布置、学生评价等多个方面的数字化教学，从而提升教学效果和学生的学习体验。表8-1虽然只列举了极少数的常用工具，但这些都是当前教师教学中最常用的工具，对应功能的新数字化学习工具的性能都向着适应新的网络环境的要求发展，即普遍易于可视化操作并快速建立教育资源库，可便利且高质量地在网上发布教育信息，甚至直接在网上处理文档或建立个性化学习环境，能在教育资源中灵活添加各种形式的交互。

表 8-1 能力点与相应的实践应用技术

能力点	教师实践应用技术
技术支持的学情分析	问卷星、极课大数据、希沃易课堂、Excel、QQ群、微信群
数字教育资源获取与评价	百度搜索、谷歌搜索、昵图网、知网搜索、百度文库、学科网、组卷网
演示文稿设计与制作	101教育PPT、PPT、希沃白板5
微课程设计与制作	Camtasia Studio、Focusky、Aexslide、Storyline、Explain Everything、万彩动画大师
家校交流与合作	QQ群、微信群、YY语音、问卷星
跨学科学习活动设计	STEM理念 、项目式学习理念、QQ群
创造真实学习情境	百度全景、360度全景摄影、无人机应用、IMMEX(Interactive Multimedia Exercises多媒体互动测训平台)
基于数据的个别化指导	科大讯飞、轻智慧课堂、组卷网、极客数据、智学网等

二、信息化工具的作用

(一)信息化工具有助于提升教学效果

传统的教学方式往往局限于讲述理论知识和书本上的例题,难以满足学生的多样化需求。而信息化教学工具,通过引入多媒体、网络资源和虚拟实验等手段,使得课堂内容更加丰富多元,使学生在感官和认知层面得到更多的刺激,从而提升理解和记忆效果。传统的教学是教师将教学内容利用口头讲授加上粉笔书写的方式传达给学生,因为课堂时间有限,严重影响了教学效率。有了新媒体教学工具之后,减少了教师的书写时间,提高了教学效率。同时,信息化教学工具还可以让教师轻松地跟踪学生的学习进度,针对学生的不同需求和特点进行个性化教学,提高教学质量。

(二)信息化工具能激发学生的学习兴趣,培养创新思维

传统的教学方式往往是单一的、缺乏互动性的,容易使学生产生厌倦情绪。而信息化教学工具采用图像、动画、音频等多种表现形式,为学生呈现出更为生动、形象的学习内容,使学生在轻松愉悦的氛围中学习,增强了学习兴趣。此外,信息化教学工具还能利用网络平台,在学生之间创造交流互动的环境,让学习变得更加有趣和具有互动性。信息化教学工具有助于培养学生的创新思维。在信息时代,是否具有创新能力已经成为评价一个人综合素质的重要标准。信息化教学工具可以让学生在学习过程中主动探索、积极参与,提出自己的看法和想法,不仅有利于培养学生的创新思

维，还能在一定程度上培养他们的团队协作能力、沟通能力和自主学习能力，为他们未来的发展打下坚实的基础。

（三）信息化工具能促进教师专业发展

在信息化教学环境中，教师需要不断地更新自己的知识体系，掌握先进的教育理念和教学技能。通过使用信息化教学工具，教师可以更好地拓展教学资源，获取最新的教育信息，进而提高自己的教育教学能力。同时，信息化教学工具为教师提供了一个便捷、高效的教学途径。在传统的教学过程中，教师需要花费大量的时间和精力准备教案、布置作业、批改试卷等，而这些烦琐的工作往往影响了教师对教学方法和策略的研究。信息化教学工具可以有效地减轻教师的负担，让他们有更多的时间投入教育教学实践和教育科研中，从而不断提高教育教学水平。信息化教学工具还促进了教师之间的交流与合作。在信息化教学环境中，教师可以通过网络平台分享自己的教学心得、教学案例和教学资源，从其他教师的经验中汲取养分，实现资源共享和优势互补。这种教师间的交流与合作有助于形成教育教学的良性循环，提高整体教育质量。

三、数据分析和人工智能在师生评估和反馈中的应用

随着科技的发展，数据分析和人工智能技术已经成为教育领域的利器。它们的应用不仅改变了传统的教学方式，提高了学生的学习效果，还在教师评估和反馈中发挥着越来越重要的作用。通过数据分析和人工智能，教育工作者可以更加客观、准确地评估教师的教学水平，为教师提供更有针对性的反馈，从而不断提高教育质量。

（一）当前相关软件应用

当前市场有众多相关软件，其中为中小学生和中小学教师提供支持的数据分析和人工智能软件越来越受欢迎。这些软件旨在帮助学生提高学习效果，同时协助教师优化教学方法和管理教学活动。

其中，作业帮、小猿搜题、一起作业、知到和趣学习等软件主要关注学生用户的需求。作业帮为学生提供在线作业答案和解析，以及个性化的学习资源和辅导。小猿搜题则利用大数据和人工智能技术分析学生的学习习惯和需求，为他们提供个性化的学习建议。一起作业专注于提供在线作业服务，覆盖多个学科，结合智能批改和辅导功能帮助学生提高学习效果。知到是一款在线学习平台，利用人工智能技术分析学生的学习数据，为他们推送个性化的学习资源。趣学习则是一款涵盖从小学到高

中各个年级、学科的在线学习资源和教育服务平台，为学生提供在线一对一辅导和答疑服务。

另一方面，超星尔雅、智慧树和优课教育等软件更加关注高中教师用户的需求。超星尔雅为教师提供丰富的教学资源和教学管理工具，通过数据分析帮助教师了解学生的学习进度、成绩和参与情况，从而调整教学策略，同时减轻教师的工作负担。智慧树则是一款在线教育平台，利用数据分析和人工智能技术为教师提供学生的学习数据和成绩分析，以便教师及时调整教学计划和方法，并提供在线考试、批改作业等功能。优课教育专为高中教师设计，提供教学资源、教学管理工具以及学习数据分析，使教师能够更有效地进行教学。这些软件通过运用大数据和人工智能技术，帮助学生和教师获得个性化、智能化的学习和教学体验。

（二）数据分析在教师评估中的价值

通过收集和分析教师的教学数据，如学生的成绩、参与度、满意度等，教育工作者可以全面了解教师的教学实践，从而对教师的教学水平进行客观评估。此外，数据分析还可以体现出教师在教学中的优势和不足，为教师提供有针对性的改进建议。这种基于数据的教师评估方式，相较于传统的主观评价方式，更加公正、客观，能够有效地激发教师的积极性和创造力。通过应用人工智能算法，教育工作者可以对教师的教学数据进行深入挖掘和分析，从而发现教师在教学过程中的习惯和潜在问题。例如，人工智能可以帮助教育工作者识别教师在课堂上的教学策略、组织能力、沟通技巧等方面的优点和不足。基于这些信息，教育工作者可以为教师提供更具针对性的反馈和指导，帮助他们不断提升教学水平。此外，数据分析和人工智能还有助于实现教师评估的智能化和个性化。在传统的教师评估过程中，往往需要投入大量的人力和时间，且评价结果受主观因素影响较大。而数据分析和人工智能的应用，可以在短时间内对大量教师进行评估，降低评估成本，提高评估效率。同时，这些技术还可以根据每位教师的个性特点和教学风格，为他们提供定制化的反馈和建议，有助于激发教师的潜能，推动他们达到更高的教学水平。此外数据分析和人工智能在教师评估和反馈中的应用还有助于推动教育领域的创新。通过对教师的教学数据进行深入分析，教育工作者可以发现教育教学中的潜在规律和趋势，从而引领教育教学的改革和发展。例如，基于大数据和人工智能的研究成果，教育工作者可以制定出更加科学、合理的教育政策和教学模式，提高整体教育水平。

当前，我国的一些高等院校已经开发了教师评价系统，主要集中在高等大中专院校，而普通高中则相对较少，这主要是因为高校与中学的信息化技术水平存在差异，但是目前很多普通高中已经开始了利用信息化技术进行教师评价的尝试。利用信息化技术开发教师评价系统，实现教师考核评价信息化，能够尽量节省教师的时间，而且能够极大地简化考核评价会议的流程，缩短考核评价会议的时间，获得即时性的考评结果。现阶段，常州市第一中学与重庆市星湖学校已开展了信息化助力教师评价改革的实践探索，其中星湖学校建立了融教师基本职能、教师专业发展、学校管理效能为一体的“智慧画像”综合评价体系，将评价的导向、激励、调控等作用发挥到最大，进一步助力教师专业成长。学校在“云上星湖”智慧评价板块开发了教师“智慧画像”云端平台。教师的相关信息可随时录入 9 个评价板块中，智慧评价平台根据内容、时间、空间等维度对数据进行统计分析，实现数据的图像化、可视化，立体、全方位地呈现教师的教育教学现状和发展情况，星湖学校所有教师都有一张属于自己的实时评价雷达图。

为了给教师提供更智能、科学的评价，同时减轻教师和评审人员的负担，常州市第一中学在构建教师评价体系的基础上开发了数字化评价平台，建立了教师综合素质评价系统，该系统体系包括 4 个一级指标，16 个二级指标和 26 个三级指标。该系统可以让教师进行自我分析、对比和评价，常态化采集教师阶段性成长数据，为教师进行数字画像。教师将过程数据录入评价体系的 26 个子项目中，智慧平台根据各类维度对数据进行统计分析，以可视化方式全方位呈现教师教育教学现状和专业发展情况，并给出相应的分析报告以便教师基于系统反映情况及时改进。市一中教师既可以从“四有”好教师的维度得知自己的发展状况，又可以和全校教师平均水平进行对比，还可以自主选择其他教师进行比较，从而更加客观地审视自己的优势与不足。例如，孙老师自主选择了与张老师、陈老师进行比较，通过数据得知自己的优劣情况，努力改进，从而明确下阶段的奋斗目标。

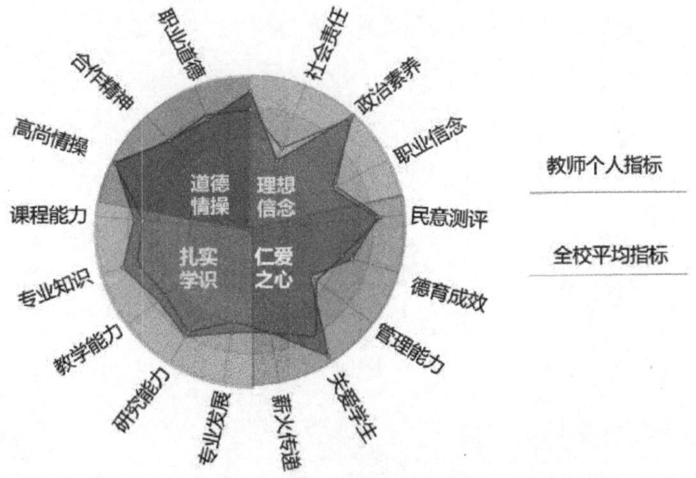

图 8－1　常州市第一中学教师综合素质评价指标

同时，该评价系统对教师年度工作进行总结盘点，并生成年度报告及个人发展提示。例如：系统分析孙老师发展的下一级目标是“学科带头人”，基于事先录入的学科带头人评选要求，系统会告知孙老师对照“学科带头人”的达标情况。若孙老师担任班主任条件不足，系统会提醒孙老师“学科带头人需5年班主任管理经验，您已经担任4年”，尽快弥补短板。通过信息化技术建设教师画像式综合评价系统，学校将评价的导向、激励、调控等作用发挥到最大，进一步助力教师专业成长，对当前教师评价过于关注结果，评价内容片面，评价结果不够及时、不够清晰、不够客观等问题有所改善。

总体而言，利用计算机技术实现中学教师考核评价信息化不仅提高了考核评价的效率，还给教育教学工作带来极大的便利，尤其是信息化能够极大地方便考核评价信息的即时提取和长期保存，基于大数据的精准分析给予教师更加准确的评价。因此进一步促进中小学教师考核评价系统的建设，可以简化中学教师考核评价的管理程序，进而提高教育的管理效率，加速推进教育管理信息化，使教师将精力放到教育教学工作中。

第三节　信息化赋能教师专业成长的实践探索——常州经验

一、建设概述

自 2012 年以来，常州市在教育领域进行了一场意义深远的数字化转型。通过全面推进数字化学习研究，常州市大力提升师生的信息素养，以推动学校内涵发展和区域教育的优质均衡。十多年来，这个城市在教育布局的顶层设计和基层力量的汇聚上下了大量功夫，创建了师、生、校、区智慧发展的区域教育新生态。在 2020 年 8 月 5 日，常州市被教育部确定为“国家级信息化教学实验区”，旨在为教师提供更多的实践机会、研究资源和平台以及保障体系，使教师可以在实践中探索新的教学方法，提升自己的教学技能，使教师可以进行深入的教育研究，促进自己的专业发展，为信息化赋能教师成长提供了常州样本。

二、建设策略

为了更好地推动教育信息化发展，常州市精准施策，践行了四种策略。首先，组建智慧教学攻关团队，形成了以“学校自主—教研引领—技术支持”为主导的团队协作模式。其次，将智慧教育云平台和教育管理信息化纳入“智慧城市”体系，运用大数据分析方法，开展精品教育的创新与实践探索。再次，以 100 个教育信息化建设项目为龙头，打造 100 间支持教学转型的智慧教室，培养 1 000 名助推信息化教学转型的骨干教师。最后，实现城乡教育信息化建设的一体化均衡发展，适度向乡村及薄弱学校倾斜。

具体来讲，常州市精准定位了五个领域。这五个领域包括基于数字化学习的课堂转型、面向未来的课程建设、利用“AI＋大数据”构建智慧评价体系、数字化学习推动学校高品质发展，以及数字化学习推动区域教育优质均衡。通过精准发力，常州市实现了一系列突破。首先，通过实验区建设，汇集了一批区域教研成果、校本研修成果和学校实践案例，提炼出全学段、全学科、多场景的数字化学习范式。其次，收集、改造、开发了多学科工具软件包，为学科教学提供了所需的技术支持和数字化资源服务。再次，建设了教育资源公共服务平台，汇集了覆盖所有学科、所有学段的数字化学习资源，开发了新平台以支持学生学习空间和教师教学空间的创建。借助这一平台，师生共建共享课程学习资源，基于课程逻辑，汇集了体系化、结构化和普惠性的地方课程资源和特色化的校本课程资源，实现了跨学校的师生协作学习。此外，创建了数字化学习水平的评价模型，用“参与、爱好、获益”三个层次质性评价数字化学习水平，并引入人工智能和大数据技术尝试量化评价。最后，常州市打造了百个“一校一品”特色项目，培育了千名教学信息化先锋教师，提炼形成了能复制、可推广的高品质学校发展策略，构建了可移植的区域教育信息化发展生态圈。在这个过程中，常州市的教师不仅提升了自身的教学技能和研究能力，也为推动教育信息化的发展做出了积极的贡献。常州市的这一系列举措，为信息化助力教师的发展这一构想提供了有价值的参考和借鉴。

通过这四个方面的策略，常州市在解决当前教师信息化教学创新能力不足，乡村教师应用能力薄弱，支持服务体系不够健全等问题上取得了显著成效。

三、具体实施

（一）顶层设计

常州市教育局成立教育信息化领导小组，理顺教育信息化工作推进机制，强化电教教研与学科教学融合，将数字化学习研究落到实处。在领导小组的组织协调下，《常州市教育局教育信息化工作领导小组成员单位工作职责》（常教办〔2014〕9 号）、《关于加快推进常州市教育信息化建设的实施意见》（常教发〔2018〕14 号）、《常州市教育信息化基础环境建设指南（2021 试行版）》（常教计〔2021〕16 号）等一批规范性文件发布，教育信息化建设的系列规章、标准得以建立和完善。

（二）区域联动，项目推进

在十多年数字化学习研究进程中，逐步凝练形成“区域联动、项目推进”的教育信息化建设策略。

区域联动，即在常州市教育局统领下，各辖区建立彰显区域信息化特色的项目培育基地，带动全市各教育单位围绕数字化学习研究的主题，参考区域特色，结合自身实际明确需要聚焦的问题、研究的方向，坚持问题导向、应用驱动，形成人人关心、校校参与、协同创新、百家争鸣的研究局面。

项目推进，即强化教育信息化对教学改革的支撑与引领，提升信息技术应用实践相关研究成效。常州市教育局于 2018 年 11 月立项 200 多个教育信息化建设项目，在全市各教育单位中优选百个教育信息化建设项目，通过项目申报、展示、评估等具体活动，强化教育信息化对学校推进教学改革的服务与支撑，实现信息技术与教育教学和教育管理的常态化、全方位、深层次融合，推动新技术支持下的教学模式变革和教育生态重构。

（三）师资培养多级支撑

为了培养一批能够熟练掌握当代信息化技术的教师，常州市从省级培训、市级培训以及校级培训三个层面全力建设信息化培训项目。

支撑项目一：中小学教师信息技术应用能力提升工程2.0

常州市高度重视能力提升工程2.0，首先加强考核，要求所辖市区各地各校必须完成且必须完成好“能力提升工程2.0”校本应用考核工作，对工作时间节点要清晰界定，“市—区—校”三级项目要协同推进；其次提高政治站位，通过考核工作梳理本地本校教育信息化存在的问题，寻求解决路径，促使信息技术与学校教育教学融合创新发展迈向新台阶；最后是高效落实主体责任，常州市、区项目管理办公室，各学校项目管理办公室均组建高效工作团队，制订详细的工作方案及流程，扎实推进结项的各方面工作。在高效的推进措施之下，常州市各校第一批次及第二批次的培训均达到百分百结项成绩。

支撑项目二：“拥抱技术，变革教学”培训

常州市教育局特别开展教师信息化培训项目——“拥抱技术，变革教学”培训，构建常州教育信息技术学习圈，倡导使用实用易学、能提高工作学习效率的技术，主张以信息工具的使用来提升教师的信息素养，提高教学效率，变革教学方式，从而推进教育信息化扎实前行。培训的目标是“经过一次培训，完成一个作品，掌握一项技术”，力图通过市级、校本两级培训使广大教师掌握能融入教育教学活动的信息技术。每学期都会根据学科特点组织教师进行集中培训学习，尤其是注重加强简单易用的实用极简教育信息技术培训，并对教师培训情况进行考核。还及时给各学科组发布培训项目，并做好教师的报名、培训、考核等相关工作，让教师通过集中培训学习的机会，提升学科信息化应用能力。

支撑项目三：个别培训，学以致用

在各级部门的联动之下，常州市各校推行教育首席信息官(CIO)制度，在每个学校建立以CIO为核心的教育信息化管理团队。依托常州市教育信息化项目建设，推动“一校一品”，促进学校形成自身的特色办学品牌，实现学校高品质发展。校内培训遵循问题导向原则，当教师遇到技术问题才有解决问题的需求，因此校内个别培训仍将遵循问题导向原则，帮助教师及时解决教育教学中的问题，让教师能够学以致用。

四、建设成效

十多年来，自上而下的布局与自下而上的汇聚形成合力，“师生校区”四层面智慧发展的教育新生态已初步建立。

（一）教师层面

从教师层面看，提升了能力，优化了教学。通过江苏省中小学教师信息技术应用能力提升工程培训与实用极简教育信息技术培训两大活动，常州教师信息化教学能力显著提升。连续举办了十年的常州市信息化课堂教学展评活动为常州教师提供了展示自我、证明自我、提升自我的平台，常州市在江苏省信息化教学能手大赛中累计获特等奖或一等奖 24 个，为实现“常有优学”目标做出积极探索。

（二）学生层面

从学生层面看，丰富了经历，培育了素养。建设“教学新视野”“数字化学习实验平台”，聚集本地教师精品课程，开展“一师一优课”“名师空中课堂”等国家省级平台应用活动，为全市学生提供优质学习资源。以项目推进、协同攻关的形式，组建跨学校、跨区域的课程开发研究团队，让常州学生拥有人工智能等前沿技术的学习体验。举办常州市中小学生数字化学习成果系列展评活动，培育学生的创新意识与数字素养，力图使每一位常州学生有数字化学习经历，具备数字化学习能力。

（三）学校层面

从学校层面看，营造了环境，提升了品质。对标江苏省智慧校园，持续优化校园智能环境，全市有 362 所学校成为江苏省智慧校园。推行教育首席信息官（CIO）制度，在每个学校建立以 CIO 为核心的教育信息化管理团队。

（四）区域层面

从区域层面看，促进了教育均衡，实现了教育公平。以政策扶持、资源倾斜等方式，加快缩小区域、城乡、学校之间的“数字鸿沟”，统筹推进“双师课堂”“名校网络课堂”“一师一优课”“教育云直播”等活动，通过教育信息化使乡村师生平等拥有获取优质教育资源的权利，促进地区教育均衡发展，实现教育公平。

当下，科技发展日新月异，知识更新瞬息万变，未来已来！直面业已到来之未来，常州以教育信息化引领教育现代化，将继续坚持建设既贴合地方实际又具有前瞻视野、重发展可移植的区域教育新生态，实现公平而有质量的教育。

参考文献

[1] 王生虎.“互联网＋”背景下的教师专业发展[J]. 宁夏教育，2017(10)：27－28.
[2] 范竹青. 师范生教育技术公共课学习现状调查研究[J]. 上海教育评估研究，2015，4(1)：45－48.
[3] 曹务芳. 教育信息化时代 2.0 优化教师专业成长发展[J]. 现代职业教育，2020(20)：160－161.
[4] 张力. 数字化学习工具的发展对信息化教学的作用分析[J]. 电化教育研究，2008(9)：27－30.

第九章

教师专业发展的成效及展望

为全面深化新时代教师队伍建设改革的要求，常州市教育局深化实施“常有优师”行动计划，持续探索高水平教师发展机制，奋力打造师德高尚、业务精湛、结构合理、充满活力的高素质专业化创新型教师队伍。

第一节　“常有优师”的内涵

一、什么是“常”

（一）常州的城市定位

江苏省是教育强省，常州在江苏、长三角拥有得天独厚的区位优势，是教育强市。常州的城市定位是“国际化智造名城、长三角中轴枢纽”。从“制造”到“智造”体现的是一个城市的发展转型，那么“智”从何来？从教育来。教育是启智最原始也是最根本的动力。常州的制造业为城市摘得“工业明星城市”桂冠，常州的教育也应为常州取得“教育明星城市”荣誉。所以，“常有优师”中的“常”，首先解答的是定位问题。

（二）百年大计的奋斗常态

百年大计，教育为本。党的二十大报告指出，教育、科技、人才是全面建设社会主义现代化国家的基础性、战略性支撑。培养什么人、怎样培养人、为谁培养人是教育的根本问题。建设教育强国任重而道远，教育既要立足当下，更要放眼长远。常州教育工作的奋斗是“常态的”“长期的”。“道阻且长”，但“行则将至”，行而不辍，未来可期。常州教育人立下愚公移山志，风雨无阻勇向前。

二、什么是“有”

（一）享有教育公平

教育公平是最大的公平。习近平总书记指出：“教育公平是社会公平的重要基础，要不断促进教育发展成果更多更公平惠及全体人民，以教育公平促进社会公平正义。”常州教育人始终把“更大范围更有效率地均衡教育资源供给”放在第一位，充分说明常州对教育公平的重视；“推进基础教育资源布局优化”是为了保障每个学生都享有受教育的权利，是保障机会公平；“全面推进城乡教育一体化”是为了优化与均衡教育资源，追求区域公平；“提升社会力量办学质量与水平”则是确保公办、民办学校享有同等的法律地位，这是享有资源、地位公平。让每个孩子享有平等受教育的机会，让人民享有更好更公平的教育，是党和国家为人民办教育的初心和使命。

（二）拥有幸福体验

解决了“有学上”的问题后，下一步便是思考如何让孩子“上好学”。习近平总书记说：“人民对美好生活的向往，就是我们的奋斗目标。”常州教育人一直以“办人民满意的教育”为目标。2021年国家出台了“双减”政策，常州教育人结合实际，认真贯彻落实，不断提升学生受教育的幸福感，提高人民对教育的满意度。

三、什么是“优”

（一）发挥独特优势

在新能源汽车动力电池领域有这样一个说法：世界看中国，中国看常州。制造业是常州这座城市的最亮特色、最大优势、最强竞争力，新能源产业是常州锻造发展优势的“制胜之道”和“独门绝技”，成为常州的新名片。而常州教育是常州永不褪色的一张重要名片。常州有着优质的教育资源、全面的课程设置、良好的校园文化，十分注重对学生综合素质的培养，并积极与大学及社会接轨。发挥好常州产业、教育的优势，推进产教融合发展、协同合作，将助力常州提升城市综合竞争力。

（二）怀有忧患之心

怀有忧患之心是常州对“优”的另一层解读。习近平总书记指出：“当今世界的竞争说到底是人才竞争、教育竞争。要更加重视人才自主培养，更加重视科学精神、创新能力、批判性思维的培养培育。要更加重视青年人才培养，努力造就一批具有世界影响力的顶尖科技人才，稳定支持一批创新团队，培养更多高素质技术技能人才、能工巧匠、大国工匠。”基础教育亦承担着培养拔尖创新后备人才的重任，常州教育人也在不断思考和谋划。既要看到自己的优势，也要怀有忧患之心。常州培养的学生应该是社会需要的，常州的教育理念与专业设置也应该是具有前瞻性的。在教育事业上，常州教育人常怀忧患之心，多虑长远之事。

四、什么是“师”

习近平总书记指出：“有高质量的教师，才会有高质量的教育。”教师是教育的第一资源，是建设高质量教育体系、实施高质量教育的根本力量。“教师”中的“师”是指具有较高学识水平、能够对学生进行指导和教育的专业技术人员。教师的“师”具有为人师表，师德楷模的内涵，要求教师不仅要有专业的知识和技能，还要具备高尚的道德品质，能够成为学生的榜样和引路人。

第二节　常州市教师专业发展的成效

一、教师专业发展的机制逐步完善

常有优学，强师为重。常州市全面加强新时代教师队伍建设，大力实施“常有优师”行动计划，持续探索高水平教师发展机制，奋力打造高素质专业化创新型教师队伍，努力让“常有优学”的中坚力量更加强大。

（一）分层培养，分类培养

优化领导干部“双培养”机制，建立由教育高层次管理人才、“双培养”对象、学校中层干部、后备干部和青年人才构成的干部培养梯队，培养造就一批有引领力、有影响力的教育管理人才。

建立教师编制“周转池”，试点跨校、跨学科任教方式，不断提高编制使用效能。优化“龙城教育英才”引育实施办法，试点优秀高中毕业生报考师范生项目，创新研发教师培训“AI场景演练系统”，启动优秀师范生定向委培机制，畅通紧缺学科教师、特需领域教师、高层次教育人才引进渠道。实施“中小学名师工作室”培养模式，推进分层培养“五级梯队”建设，分批建设乡村骨干教师培育站，省级优秀教师、骨干教师、教学名师占比持续提高。

持续深化“县管校聘”“局管校用”的管理体制改革，实现教师编制管理、教师招聘引进、岗位设置管理、绩效工资分配“四个统筹”，促进教师由“学校人”转变为“系统人”，推动教师岗位能上能下、人员能进能出，不断激发教师队伍活力。

（二）区域联盟，均衡培养

优秀教师城乡牵手行动是常州市乡村教师支持计划的重要内容。该行动包含特级教师乡村支持行动和优秀教师牵手成长行动，以江苏省特级教师、常州市特级教师后备人才、常州市学科带头人等骨干教师为主体，由管辖市（区）教育行政部门结合骨干教师本人意愿，在本区域或本市范围内选择乡村学校或薄弱学校与骨干教师结对，骨干教师与相关学校在常规教学、班级管理、教育科研等方面开展共建工作。

常州市建立了较为完善的城乡教师牵手结对的长效考评机制，持续推动城乡师资优质均衡发展，完善城乡互动的教师双向交流轮岗机制，推进区域内或跨区域的集团化办学，强化乡村学校内涵建设指导，加快学校治理、教师管理、课程教学、教育科研城乡一体化发展，促进乡村学校教育质量整体提升。

近年来，常州市教育局持续推动形成“振兴乡村教育”与“教育振兴乡村”的互动机制，全面激发乡村教育改革发展的动力；常州市教师发展学院项目化推进乡村教师“本土化”培养，有效促进了教师在乡土化教育实践中的主动发展。在振兴乡村的新时代背景下，开展基于乡村生活场景育人方式变革的前瞻性实验，将有效促进乡村教育的发展和美丽乡村的建设。

（三）研教结合，协同发展

坚持“教研与培训”相结合，落实“教—学—评”一致性研究活动。倡导“研究就是学习，学习就是研究”和“研究为了教学，教学促进研究”的理念，增强教研力度。常州市各校各学科组每周都有固定的教研和集体备课时间，组织同一学科或同一备课组的教师进行研讨交流，共同研究课程标准、教材整合、教学计划、教学方法和课件制作等方面的问题。教研活动或以课堂教学问题为中心，研究解决这些问题的途径和方法；或开展观摩课、公开课活动，在交流与对话中完成思想与经验的交锋，把改进教育教学方法与提高教师科研能力和教学水平结合起来。这些活动旨在让教师互相学习，自我反思，扬长补短，共同进步。

二、教师专业发展的举措不断创新

常州市教师专业发展采取了创新的举措，初步建立了多元化、层次化的平台体系，以满足不同教师群体的专业成长需求。这些举措包括建立青年教师导师制，培养学科领军教师，推出“名师导教”计划，打造“四有”好教师团队，以及建设教师发展示范基地校等。这一综合性平台体系旨在促进教师的专业成长和提高教育质量，为培养杰出的学生提供强有力的支持。

（一）建立青年教师导师制

首先，让青年教师自主设计自我成长方案，内容包括自身优势分析、个人发展目标、实现目标的措施及需要学校提供的帮助等。然后，组织有经验的骨干教师对青年教师个人发展规划分类给予指导，并通过“青蓝工程”师徒结对活动，为参加教育工作未满三年的年轻教师聘请有经验的教师作导师，开展“师徒结对”拜师活动，借此加强对青年教师的教学常规培训，以“传帮带”的方式使青年教师迅速成长起来，从而尽快实现由受教育者到教育者的角色转变。开展新老教师一对一的带教活动，师徒合作学习、合作教研、合作教学，并以此作为活动的载体，让青年教师迅速成长，稳步提升。

（二）培养学科领军教师

常州市学科领军教师培养项目自2021年12月正式启动以来，根据《关于常州市普通高中学科领军教师培养项目实施的通知》（常教科院〔2021〕2号）文件精神，共评选出普通高中学科领军教师培养对象50位，旨在培养一批具有国际视野、创新能力、责任担当的学科领军教师，为普通高中拔尖创新后备人才培养提供人才支撑。

（三）推出“名师导教”计划

常州市教育局直属学校首批“名师导教”团队的研究指导工作，是常州市教育局新教师培养和学校薄弱学科建设采取的新手段，是常州重点扶持青年教师成长、整体提升教师队伍素养、促进区域教育优质均衡发展的重要举措，必将为常州基础教育新格局的形成提供强有力的人才支撑。14位师德高尚、理念先进、业务精湛、科研示范、被普遍认可的优秀教师组成首批“名师导教”团队，他们将以导教的学科组为单位，定期开展专题研讨、考察交流、小型讲座、微课题研究等研修活动，注重集体备课、听课、评课，关注作业研究、命题研制等内容，手把手指导青年教师成长。

（四）打造“四有”好教师团队

“四有”好教师团队建设是贯穿常州市“十四五”时期教师队伍建设的重大举措和重点工作。强国先强教，强教先强师。2019年，为深入贯彻习近平总书记关于做“四有”好教师、做学生引路人等指示的精神，江苏省教育厅启动了“四有”好教师团队建设。常州市积极研究、广泛发动，确立首批32个“四有”好教师建设团队，并以此为依托，加强教师队伍建设，不断寻求深化改革的突破口和着力点，取得了突出的成绩。2021年12月17日，常州市首批“四有”好教师团队建设阶段性评估活动在常州市教师发展学院隆重举行。各团队精彩翔实的阶段性汇报，充分展示了常州市首批“四有”好教师团队的建设风貌。评估活动促进各团队提炼经验，体现特色，突出创新，培育典型，进一步推动了团队建设工作向纵深发展。

（五）建设教师发展示范基地校

从2018年起，常州市组织推进了省、市、县三级教师发展示范基地校建设工作，整体成效显著。目前全市共有两批50所市级教师发展示范基地校。常州市教师发展示范基地校注重示范、引领作用的发挥，在教师道德修养、业务能力、教育理念和学校治理能力等方面加强建设、做出示范。2021年，常州市在全省第一、第二批省级教师发展示范基地校中期考核中，有9所学校获得优秀等次，优秀比例为全省第一。

三、教师专业发展的意识明显增强

（一）青年教师英才培养计划

根据《常州市中小学教师队伍建设“十三五”规划》，常州市从教育事业发展和师资队伍建设的需要出发，坚持高起点、严要求、重实效的原则，采取公平竞争、择优遴选、滚动培养的动态管理模式，制定《常州市青年教师英才培养方案》。由市教育局组织专家进行评选，每两年评选一次，对经评选确定的常州市青年教师英才培养对象颁发证书、建立档案。邀请高层次教育人才作为导师，每位导师帮带4～5名青年教师英才培养对象，每2年进行一次过程性考核。通过培养，不断提高培养对象的能力和水平，并从中遴选出一批常州市学科带头人及以上人选。

（二）高校访问学者计划

常州市教育局发布《常州市优秀教师赴高校访学实施意见》，选拔一批优秀教师赴省内外高校进行脱产学习。该项目主要采取导师指导、集中研修、自主研修等形式，通过聆听专家报告、阅读指定书目提升理论修养，通过导师指导、名校名师跟岗学习、定期开展公开课锤炼教育实践能力。研修期内，在高校导师的指导下，每位学员要制订访学期间的学习计划，以参加科研活动为主，选听导师开设的课程或本学科相关课程及学术讲座。同时进行项目研修，选择合适的课题，开展为期一年的研究。自访学入学起2年内，教师们要在省级及以上期刊发表论文2篇，其中中文核心期刊1篇。这一项目旨在促进我市优秀教师及时跟踪了解学术前沿动态和发展趋势，提升教师的学术水平和教学科研能力，培养一批具有国际视野、创新能力和能够担当重任的优秀骨干教师，为学校提升办学水平提供人才支撑。

（三）博导工作站

2018年，常州市教育局为推进师资队伍建设，首开创新之举，成立基础教育博导工作站。工作站诚邀国内名师、南京师范大学教育科学学院课程与教学论专业学科带头人、博士生导师杨启亮，义务教育课程方案修订组组长、华东师范大学课程与教学研究所所长、博士生导师崔允漷分别共同建设“杨启亮教授博导工作站”和“崔允漷教授博导工作站”，并在全市教师中遴选学员。博导工作站面向全国高校引进具有正高职称的博士生导师，带领具备市“特级教师后备人才”及以上称号的优秀教师，开展有针对性的项目研究。在三年设站期内，会有80%以上的成员成为本研究领域有一定学术专长和学术造诣的“知名教师”。

（四）名师工作室（成长营）

常州市名师工作室起步于2005年，以3年为一个运行周期，至今已运行到第六期。工作室基本采用了“1＋10”模式，即一个领衔人加10个成员，并强调成员来源学校的多元性。工作室课题覆盖面广，研究项目新颖、丰富、多元，其中囊括了“劳动教育”“幼儿园创意戏剧”“数学实验”“学科关键能力”等反映课程改革和素质教育的项目（课题）。各工作室成员均能在各级教育教学比赛中取得优异成绩，在各级各类刊物上发表高质量的论文，主持各级各类项目，开展讲座，开展多次公开课、示范课。

（五）优秀教师跟岗学习计划

优秀教师跟岗学习计划是常州市教育英才队伍培养工程的重要内容之一。自2018年起，常州市首次启动优秀教师跟岗学习计划。参与跟岗的指导教师均以市内名校名师为主，兼有省内外名校名师。学员在导师的指导下，制订跟岗锻炼的学习计划，以课堂教学实践能力提升为主线，观摩导师教学、进行课后交流、协助导师收集教学素材、参与教学设计、在导师指导下阅读相关书籍。跟岗锻炼结束后的学年内，学员需在区级及以上层面进行教学展示。跟岗后，数十人获得市学科带头人、市骨干教师称号。

四、教师教育理念的转变成效显著

（一）精准化教学

致力于研究设置符合新课程、新高考理念且切合学生的教学目标，实现教育教学理念的创新，推动学生学习方式的变革，探索激励学生自主发展的多元化评价方式，达成精准教学的课堂目标。授课教师们精心设计教学过程，充分利用多种教学方法激发学生学习兴趣。以学生的认知兴趣和需要为基础设计单元主题，提供主题探究的素材或资料，营造促进学生探究和交流的学习环境。专家型教师能有效引导、精准点拨，提升学生思维力；骨干教师能深入解读教材，关注学生的学习过程，培养学生的核心素养；新秀教师能注重情境设置，激发学生的学习兴趣，营造良好的课堂氛围；德育课堂紧紧围绕“立德树人”的育人目标，设计丰富的教学环节，引导学生积极主动思考。

（二）研究性学习

常州市历来重视教育实践探索，为进一步推动中小学综合实践活动课程实施，市教育局每年都会举行中小学研究性学习优秀成果评选。研究性学习是实现素质教育、提升学生核心素养的必要手段，以活动促学习、以活动促发展，实现科学精神、人文底蕴、实践创新、责任担当等核心素养的养成。研究性学习采取任课导师制，由学科教师作为指导教师，指导项目开题、整理研究综述、把关项目实施、撰写研究报告，摒弃绝对性的研究结论，激发学生的辩证思考，培养学生主动参与、合作共赢的精神以及探究能力与实践能力，为打造知行合一的创造型人才奠定基础。

第三节　常州市教师专业发展的展望

一、充分发挥党校在教育中的主阵地作用

加强市委教育工委党校建设，更好地承担“为党育人”的光荣使命。第一，加强党校师资队伍建设。加大力度引进优秀人才，搭建专业发展平台，不断完善教育工委党校师资的遴选聘用、培养支持和评价激励机制，通过系统加强思想淬炼、政治历练、实践锻炼和专业训练，不断提高教育工委党校教师的思想政治素质、师德修养、理论功底和专业素养，建设一支德才兼备、高素质的党校教师队伍。第二，加强党校智库建设。成立全市教育系统党建研究中心，在教师、校长队伍建设和党组织建设等方面开展深度研究，在思想引领、理论建设、决策咨询等方面发挥更大的作用。第三，加强党校资源建设。加强与国内著名高校、优质干部培训基地和“常州三杰”纪念馆、新四军江南指挥部纪念馆等红色教育基地的合作，充分挖掘全市中小学校相关的红色资源，组建市委教育工委党校“青教先锋”兼职讲师团队，不断优化干部教育培训资源供给。筹建常州教育党建馆暨干部培训实境课堂，包括常州教育党史长廊、先进党组织展示室、优秀党员事迹陈列室和党建知识测试室等。

创新优化干部培训，助力打造常州教育高质量干部队伍。第一，全链条开展干部队伍梯队化培养。通过系统规划、分段实施、问题聚焦、行动改进等策略，完善从优秀青年人才、中青年干部、新任校长、“双培养”对象到高层次教育管理人才的全链条、梯队化干部教育培训体系。第二，全体系构建干部教育培训协同机制。市委教育工委协同推动，高校专业支持，市教师发展学院整合资源，市、区协同推进，基层学校积极参与，构建以市委教育工委为核心、多方协同的干部教育培训机制。完善干部教育培训管理专业团队，为干部成长提供伴随式专业服务。第三，全平台创新干部教育培训方式。定期开展干部发展情况及培训需求调查，动态掌握我市干部的成长情况，做到精准化施训。创新培训模式，探索基于中小学网络党校的高效的线上线下混合式培训。优化采用案例教学、情景模拟、结构化研讨、工作坊等参与式培训方式，完善跟岗研修、现场学习、入校诊断等培训形式，注重提升干部的教育实践能力。整合培训目标与个人发展目标，探索基于学习成果证据的干部培训目标达成考核。第四，全过程探索校长“数字画像”绘制。探索从个人发展数据、领导特质、性格特性、管理成效、队

伍建设等方面，借助人工智能技术对校长进行精准化“数字画像”，准确呈现校长个人及区域校长队伍的专业成长情况，进而支持精准化的校长培训。

二、全面树立正确的教育人才观

党的二十大报告指出，“教育、科技、人才是全面建设社会主义现代化国家的基础性、战略性支撑”，要“把各方面优秀人才聚集到党和人民事业中来”。这一表述，体现了党对社会主义现代化建设规律的深刻认识。推动高质量发展、不断塑造发展新动能新优势需要以创新来驱动，创新必须依靠科技进步，科技进步必须依靠人才，人才又必须依靠教育。全面树立正确的教育人才观至关重要。

要把道德教育和品德培养作为教育的首要任务。学校作为教育的主要场所，需要深刻认识到，学校的核心职责不只是追求高分数或提高升学率，而更应该将立德树人融入思想道德教育、文化知识传授和社会实践等各方面，贯穿基础教育、职业教育和高等教育的各领域。学科体系、教学模式、教材编写和管理机制都应围绕这一目标进行设计，而教师和学生也应该以此为中心。对于不同年级的学生，应该科学确定道德教育的目标，合理规划道德教育的内容、途径和方法，确保道德教育能够贯穿各个层次，有机衔接，以促进社会主义核心价值观内化于心、外化于行。同时，需要引导家长、学校和社会等各方，提高他们对教育的认识，积极推动政策的实施，促进学生素质的全面发展。要建立多元学习评价模式。

一是学校评价改革，学校评价要摒弃唯分数论，注重学生的综合素质和全面发展。在评价学校时，要将学生的品德、学业、兴趣特长以及身心健康等方面纳入考核范围，以全面评估学校的办学质量和水平。同时，要加强对学校管理、课程设置、师资队伍等方面的评价，推动学校深入贯彻党的教育方针，落实立德树人根本任务。

二是教师评价改革，教师评价要强化师德师风的考核，将教师的思想政治素质、教育教学能力、教育科研水平以及对学生的关爱和指导等方面作为评价的重要内容。要引导教师关注学生的个性化需求，注重培养学生的创新精神和实践能力，以实现教育的根本目标。同时，要加强对教师职业操守和行为规范的监督和管理，确保教师队伍的素质和水平。

三是学生评价改革，学生评价要注重学生的综合素质和全面发展，不仅关注学生的学业成绩，还要考虑学生的思想品德、实践能力、创新精神等方面的发展。要建立科学的学生评价体系，采用多元评价方式，充分发挥评价的激励作用，引导学生树立正确的人生观和价值观。同时，要注重学生的个性差异和特长发展，鼓励学生发挥自己的优势和特长，实现个性化发展。

三、努力营造教师成长智慧生态

打造系统性、多元化、高品质的教师培训，既服务于教师，又服务于学生。

（一）优化建设“常有优师”专业发展支持系统

勇于改革创新，建构具有国际视野、常州特色的“三全”教师专业发展支持系统，一是全方位，支持教师发展的各个方面，让教师样样可学；二是全链条，支持教师发展的各个环节，让教师处处可学；三是全过程，支持教师职业生涯发展全过程，让教师时时可学。

（二）创新教师专业发展资源建设

持续推进常州市教师发展信息化平台建设与课程资源建设，优化教师网络学习空间，满足教师的个性化学习需求，提升教师培训的品质。建立师德示范基地，全力培育新时代“大先生”，在全市中小学遴选并建立 20 个师德示范基地，发挥基地在师德师风全员培训常态化推进中的主阵地作用，全面提升中小学教师思想政治素质和育德育人能力。

（三）技术赋能促进教师专业成长

将人工智能技术与教育教学实践相融合，积极推进青年教师 AI 场景化演练项目，构建开发“AI 场景演练系统”，助推青年教师专业发展与快速成长，形成“人工智能＋教师教育”的常州经验。继续推进信息技术应用能力提升工程 2.0，引导教师拓展“互联网＋”在教学领域的应用与实践。

（四）尝试建立大数据支持下的教师专业发展评价体系

全域推进教师发展档案库建设，探索开展教师线上年度考核，拓展各类教师评审功能。借助大数据、人工智能等技术，探索形成教师专业成长“数字画像”，为教师专业成长提供个性化指导。

四、积极构筑“常有优师”人才高地

（一）聚焦卓越教师培养项目

精心组织实施我市教育领军人才和骨干教师团队建设高端项目，如常州市青年教师英才培养高研班、龙城名师高研班、龙城名班主任高研班、“四有”好教师团队领衔人培训等，为我市高质量教育发展提供坚实的人才支撑。

（二）锚定高端人才培育工程

以新发展理念为指导，创新培养模式，培养和造就一批有影响力的名校长、名师和名班主任。成立龙城教育名家成长研究中心，以资助著作出版、提供展示平台等孵化方式帮助我市有潜力的优秀校长、优秀教师和优秀班主任凝练经验、提炼思想，更快地成为教育名家。

在新发展阶段，常州基础教育肩负时代重任，踔厉奋发，勇毅前行。

参考文献

[1] 许文芳. 以校为本的教师专业发展：认识、举措和成效[J]. 教育导刊，2006(1)：56 - 57.